心理健康教育模式创新研究

李冲 宁萌 李亚宾 主编

贵 州 出 版 集 团
贵州人民出版社

编委会

主 编

李　冲　西藏自治区西藏藏医药大学

宁　萌　齐齐哈尔大学

李亚宾　河南省西平县宋集初级中学

副主编

杜锦雄　广州市南沙潭山中学

赵丽娜　郑州市国防科技学校

孙立岩　北京市蓝凯盟商贸有限公司

兰传钦　福州佰瀛医药科技有限公司

陈　鹏　深圳市龙岗区最爱华学校

前　言

在大力提倡素质教育的今天，广大学生家长和学校高度重视学生的全面发展，因此在教育教学过程中，不仅要关注学生的学习情况，也要注重学生的心理健康教育。青少年是国家的未来、民族的希望，青少年健康成长是国家的根本大计。近年来，我国儿童青少年心理健康问题发生率和精神心理疾病患病率呈增高趋势，青少年心理健康问题已成为影响青少年健康发展的重大公共卫生问题之一。

许多学校和老师对学生心理健康的重视程度远远不及学习成绩，成绩至上已成为老师们的通病。对学习好的学生百般骄纵，对成绩不好的学生冷嘲热讽，这种现象容易滋生"好学生"的骄傲和虚荣心理和"坏学生"的自卑和逆反心理。这种陈旧观念对青少年的心理健康和茁壮成长是有害的。当下的各类时事热点中，青少年打架斗殴、口出脏话、沉迷网络、考试作弊、厌学等各种不良现象层出不穷，这与青少年存在不健康的心理有着密切关系。因此，加强青少年心理健康教育是新时代教育的必然趋势。

国家教委新颁布的德育大纲明确提出"德育即政治、思想、道德与心理健康教育"。中小学生的可塑性很强，是接受教育的最佳时期。在此成长阶段，心理健康教育工作的展开可以为青少年营造健康的成长氛围，有助于青少年树立正确的三观，培养尊老爱幼、乐于助人、勤俭节约、努力学习等优良品德；反之，不良的环境容易在学生心中埋下一颗黑暗的种子，日后可能发展为严重的心理疾病。因此，我们必须认真积极地开展青少年心理健康教育工作，有效促进学生的身心健康。

新时代青少年承受着沉重的升学压力，业余时间被各种补习班占满，学习气氛紧张，作业量大，学生容易产生厌学、焦虑紧张、学习动力不足等负面情绪。我们应当针对不同的问题展开科学有序的心理辅导，及时疏导、化解学生不良的心理倾向。建立健全青少年心理健康教育体系，可以为孩子提供寻求帮助的平台，让孩子从小树立远大理想，明确学习目标，培养他们良好的心理素质，这也是他们奋发向上、全面健康成长的重要前提。

积极有效的青少年心理健康教育是一种新视角的教育方法，它既能帮助青少年解决成长道路上的烦恼，又能培养青少年积极健康的优良品质。因此，加强重视青少年的心理健康教育，帮助他们树立正确的世界观、人生观、价值观，培养他们成长为健康积极向上新一代青少年，是新时代教育发展的必然需求。

本书从高校、中小学等各年龄段阐述心理健康教育的重要性，全书共分为七章：第一章为大学生心理健康教育发展，介绍了心理健康教育内涵、大学生心理健康教育发展历程、发展现状及原因、规范化发展；第二章为认知心理学对大学生心理健康教育的影响，介绍了认知心理学理论发展、具身认知、家庭关系、算法推荐对大学生心理认知的影响；第三章为大学生心理健康教育与大学生思想政治教育，介绍了大学生心理健康与思想政治教育的现状、大学生心理健康教育与思想政治教育的联系、区别及协同发展；第四章为积极心理学的发展，介绍了积极心理学的诞生、理论基础、干预方法与意义；第五章为积极心理学视角下的大学生心理健康教育，介绍了积极心理学视角下大学生心理健康教育的内容、原则与意义、对策及主观幸福感的提升；第六章为中小学德育与心理健康教育的融合，介绍了德育与心理健康教育的关系、心理健康融入中小学德育的意义与路径；第七章为家庭教育对青少年心理健康教育的影响，介绍了家庭教育对青少年心理健康的影响、提升家庭教育的有效路径。

本书由李冲、宁萌、李亚宾担任主编，杜锦雄、赵丽娜、孙立岩、兰传钦、陈鹏担任副主编，具体内容安排如下：

李冲负责第一章至第三章内容的编写，共计10万字；

宁萌负责第四章至第五章内容的编写，共计6万字；

李亚宾负责第六章内容的编写，共计3万字；

杜锦雄负责第七章内容的编写，共计1万字；

赵丽娜、孙立岩、兰传钦、陈鹏参与编写。

由于时间限制，书中难免存在不妥及疏漏之处，敬请读者指正批评。

编者

2024 年 3 月

目 录

第一章 大学生心理健康教育发展

随着经济社会发展的日益加速，大学生作为人力资源的重要储备，面临着越来越大的心理压力。然而我国大学生心理健康教育起步晚、发展慢，未能充分发挥对大学生心理健康的调节作用。因此，对我国大学生心理健康教育现状的分析，对于完善大学生心理健康教育的功能，具有重要的现实意义。

第一节 心理健康教育内涵

一、心理健康教育

心理健康教育作为一种新型的教育方式，内涵十分丰富，对其概念的阐释也各具特色。关于心理健康教育的概念，在林崇德《心理学大辞典》中解释为："普及心理健康相关的知识、树立心理健康意识，初步掌握心理健康常识，认识异常心理现象并了解简单的心理调适方法。"心理健康教育不应简单地等同于德育工作，要防止医学化和学科化的倾向。在中共中央的文件中解释如下：1994 年发布的《关于进一步加强和改进学校德育工作的若干意见》（以下简称《94 意见》）中第一次正式使用了"心理健康教育"一词。20 世纪 80 年代，国内针对心理健康教育就提出了"心理卫生教育"和"心理教育"的概念。最初这三个概念的含义是相通的，"心理卫生教育"和"心理教育"的提法逐渐被"心理健康教育"取代。1999 年教育部下发文件中，对心理健康教育的概念阐述为："心理健康教育是根据学生的生理、心理发展特点，运用相关的心理教育方法和手段，帮助学生提高心理素质，促进身心全面健康和谐发展的教育活动。"石国兴在《心理健康教育新论》中认为，心理健康教育是指一切促进受教育者心理健康的教育实践活动。黄希庭等人编写的《当代中国大学生心理特点与教育》一书认为，心理健康教育是为培养人们良好的心理素质而进行的教育工作，根据人们的身心发展特点，帮助人们圆满完成心理发展任务，妥善解决人们在各个发展阶段的心理问题，促进自我潜能开发的教育活动。

综上所述，心理健康教育是对受教育者进行旨在促进其身心健康发展、防止心理疾病发生的教育。随着社会的发展，心理健康教育不断扩充自身内涵，注重在解决学生各种心理问题的基础上，挖掘学生潜能，实现自我价值。与"心理健康教育"相似又不同的概念是"心理健康服务"与"精神卫生工作"。心理健康教育侧重于促进学生的身心健康成长，提高学生的社会适应能力；心理健康服务侧重于社会层面，指联动整个社会资源，为整个社会的心理健康服务；精神卫生工作则侧重医学层面，即对出现的心理问题进行诊治，通过药物或心理治疗帮助患者解决，从而达到心理健康的水平。

二、大学生心理健康教育

大学生心理健康教育，是指以大学生为教育客体开展的培养其良好的心理品质、塑造健全人格的教育活动。首先，要注重培养良好的心理品质，既要坚持对大学生理想自我的提升，给他们提出和推荐具有亲切性和感知度的榜样，引领他们理想自我的发展，又要坚持增强大学生自我意识调控的能力，让他们具备调节情绪、抵抗挫折的素质。其次，要着力塑造健全人格。现今的大学生群体以 00 后为主体，他们大多为独生子女，不曾经历苦难。进入大学之后，他们面临着如何整理自己的物品，如何规划自己的时间，如何面对学校的纪律和规定等问题。处理它们则成为 00 后大学生要克服的难题，而这些问题的解决都是以人格的不断完善为基础的。如果大学生不具备较为健全的人格，则极易表现出偏执、病态的行为，因而在大学生心理健康教育中，塑造健全人格就显得格外重要。

第二节 大学生心理健康教育发展历程

一、初创探索发展阶段（改革开放以来—1993 年）

随着我国改革开放的深入，高校心理健康教育得以快速发展。在初创阶段，高校心理健康教育经历了从无到有、从不被关注到逐渐获得支持的艰难探索过程，这充分展现了高校心理健康教育作为新事物的强大生命力和广阔的发展前景。高校心理健康教育的发展并非是一蹴而就的，而是众多力量相互碰撞、相互推动的结果。

随着精神卫生工作的持续进步，心理知识逐渐普及，精神卫生工作成为推动人类社会发展的重要工具。自20世纪70年代末我国实行改革开放以来，社会环境发生了翻天覆地的变化，青年学子在应对更加复杂的社会环境时，其心理活动也越发复杂。社会环境的变迁导致大学生更容易产生心理危机与心理疾病。

1980年，我国精神卫生工作与世界卫生组织展开国际协作，在世界卫生组织的积极支持与协作下，我国精神卫生工作取得了显著成就。在世界卫生组织的影响和支持下，我国精神卫生工作研究领域逐渐扩展到各种心理卫生和行为问题的研究，并开始寻求与心理学家、教育学家的合作。高校教育者开始关注学生中存在的心理问题，探索采用心理咨询的方式来解决学生的心理问题，心理咨询逐渐进入教育者的研究视野，并成为我国最早的心理健康教育方式。

沈琪瑶指出，1981年我国某高校就已开始探索心理咨询活动，尝试运用心理咨询方法解决学生心理问题。1982年，杜殿坤、采石强调在德育中应重视"心理卫生"，即关注大学生的心理变化。1983年，凤肖玉提出教师应注重因材施教，促进学生的心理健康发展，加强对学生的思想教育，并与家长沟通合作，共同解决学生出现的各种心理障碍。这种以学生心理为出发点的教育方法，对于解决学生的思想问题具有独特效果。

为解决学生在成长过程中出现的心理问题，部分高校开始探索开展心理咨询工作，即早期的心理健康教育。一些高校开设了心理学讲座、选修课；有些高校设立了心理学专业；有些老师对学生进行心理调查，开展心理咨询活动等。例如，浙江大学于1983年开始筹备建设心理咨询中心；同济大学党委办公室于1984年发文强调要重视学生的心理问题；1984年，湖州师范专科学校成立我国高校第一个为学生心理服务的咨询机构；等等。

1985年，中国心理卫生协会的成立推动了我国心理卫生事业的发展。此后，我国多地高校纷纷成立心理咨询机构，为高校学生服务。如上海交通大学的"益友咨询中心"和北京师范大学的"心理测量与咨询服务中心"。短短两年内，清华大学、中国人民大学、北京医科大学、浙江大学等也相继成立心理咨询机构，为学生提供心理咨询服务。与此同时，一些高校开始了心理卫生课程的探索。1986年，大连轻工学院在品德课中开设心理学课程。次年，浙江大学等院校开设心理卫生类课程，这标志着心理卫生课程作为一门独立课程在高校中诞生。此后，众多高校开始在学生中开设心理卫生教育课程，普及心理健康教育知识。此外，高校心理健康教育工作者还积极承担国家课题，出版书籍，创办刊物宣传心理健康教育。

1986年，第三十九届世界卫生大会把精神卫生作为重要专题，并提出要对教师进行适当的心理学培训，协助医生发现学生心理问题。会议的召开，提高了我国对精神卫生工作的重视，推动了我国精神卫生的工作开展。同年，我国卫计委筹建精神卫生协调组织，此组织已有教育部、司法部等政府部门参加，这表明我国精神卫生事业开始受到教育部门的重视和支持。同年，我国召开第二次精神卫生会议工作，陈学诗指出心理健康和社会功能完好也是精神卫生（心理卫生）工作的重要任务，会议将我国的精神卫生工作置入社会主义精神文明建设层面，指出心理健康的重要性。

1987年，我国参加WHO举行的会议，会议指出要制订针对青少年的身心健康计划普及相关精神卫生知识。我国为更好地推进精神卫生工作，根据WHO的精神卫生计划，修订我国"七五"时期精神卫生工作的内容。1988年6月，上海交通大学举办首届关于"咨询教育理论与实践"的研讨会，此次研讨会的开展对推动我国高校心理咨询工作具有重大意义，是我国高校心理咨询工作兴起的标志。此后几年，诸多高校积极举办心理研讨会，学习其他高校的探索经验。截至1988年，我国有48所高校为学生开展心理咨询服务，有的高校甚至配备心理测量仪等先进设备辅助开展心理咨询活动，这在当时是前所未有的。学界也将注意力转移到高校心理咨询工作上，学者们纷纷论述对大学生进行心理咨询的重要性以及必要性。

与此同时，多地开展对大学生心理健康状况的调查。1988年，天津市调查的5万名大学生中，有不同程度心理障碍的学生人数占比高达16%；1989年杭州市关于"心理卫生问题"的课题数据显示，大学生存在心理问题的人数占总数的25.39%，心理障碍的发生率远高于初高中学生；同年北京市16所大学的调查数据显示，有相当一部分的学生存在心理问题和精神疾病，十年间因心理精神疾病而休学和退学的学生人数占比37.9%和64.4%，因精神疾病退学人数占退学总人数的三分之二，这个比例引起专家以及教育部门的重视；同时期，清华大学以及兰州地区关于精神疾病的调查数据都表明，我国大学生存在不同程度的心理障碍以及精神疾病，大学生存在心理困惑、精神疾病的学生不在少数；1989年，国家教委关于青少年的心理报告也证实学生的心理问题日趋严重。以上相关数据表明，加强对学生的心理健康教育，对学生普及心理健康知识，已成为当前学校工作必不可少的一个环节，也反映了学生在心理发展上的内在需要，为高校心理健康教育的发展提供初始的推动力量。

1989年，《人民日报》发文指出，大学生心理障碍应该引起社会重视。《人民日报》作为由中国共产党中央委员会主管的报纸，说明大中学生的心理问题已经开始引起我党的重视。教育主管部门开始对我国心理卫生事业给予一定的支持，这对我国后续高校心理健康教育事业的发展提供了极大的帮助。

1990年6月4日，国家教育委员会（已更名）颁布的《学校卫生工作条例》指出，要加强学生心理卫生工作，心理卫生工作已逐渐走入教育主管部门的视线，这对早期开展心理工作的人员无疑是莫大的鼓励，更为高校心理健康教育工作的开展奠定了基础。1990年11月，经中国心理卫生协会批准，"中国高校心理咨询专业委员会"成立，并积极召开学术交流年会，推动高校心理健康教育事业的发展。同年，杨德广等人主编的《中国高等教育改革的实践与发展30年（1978—2008）》指出，开展心理咨询活动，促进学生的心理健康应作为高校思想政治教育（德育）改革实践的一部分，高校思想政治教育工作不再局限于政治、思想和品德教育，还应包含个性心理教育的培养，用心理科学为学生服务，对学生普及心理知识，并提出要开展心理咨询教育，促进学生的心理健康。

1992年，陈秉公在《思想政治教育学原理》中也指出思想政治教育的内容应包含心理健康教育。相关学者的观点引起了诸多思想政治教育工作者积极研究心理健康教育的兴趣，这对早期高校心理健康教育的发展起了不可或缺的推动作用，同时这也是我国早期心理健康教育工作者有很大一部分是思政教师的主要原因。在高校心理健康教育的探索发展阶段，心理咨询作为西方心理工作的产物引入我国，开始扎根中国大地。作为一种全新的教育方式，其发展取得了令人可喜的成绩。在这一阶段，大学生的心理疾病被意识到，高校开始重视大学生心理健康教育工作。我国教育主管部门对心理健康教育的开展有一定的支持，国家其他政策的颁布对高校心理健康教育的发展也起到了间接的推动作用，教育主管部门以及政策的支持对高校心理健康教育的发展具有深刻影响。但这一阶段，高校心理健康教育在我国的发展尚处于探索与初创阶段，工作随意性大，相关的心理咨询与服务的政策法规还没有形成，整体的专业、规范水平较低。

二、快速普及推进阶段（1994—2000 年）

1994 年至 2000 年期间，我国的高校心理健康教育在经历初创阶段后，进入了普及推进的新阶段。尽管在这一阶段中，仍面临着一些实际问题和挑战，但在相关政策文件的推动下，各方面的工作均取得了明显的进步。

在这一时期，高校心理工作者和各类心理协会组织付出了巨大的努力，使得高校心理健康教育得到了党和政府的高度重视。心理健康教育工作被正式纳入学校的德育工作体系中，为高校心理健康教育的发展指明了方向。党和政府通过实际行动，表达了对高校心理健康教育的深切关注，国家教委更是积极牵头，在各地举办了形式多样的心理咨询培训班。

1994 年 5 月，教育主管部门在江西师范大学成功举办了我国首届高校心理教师咨询的培训班。这一举措标志着政府及教育部门对高校心理健康教育工作的重视，也为各地高校培养输送了一批优秀的心理健康教育研究人才，有力地推动了高校心理咨询教师专业素质的提升和心理咨询工作的深入开展。

同年，中共中央印发了《94 意见》，文件首次明确提出了"心理健康教育"的概念，并将其纳入德育工作的范畴。这一决策不仅明确了心理健康教育在德育工作中的重要地位，还强调了心理健康教育在引导学生适应社会、实施素质教育中的关键作用。同时，文件对德育工作者提出了新的要求，提倡通过谈心、咨询等方式开展工作，为德育工作者提供了新的工作思路。

此外，《94 意见》还明确指出，针对不同年龄阶段的学生，应采用多种途径进行心理健康教育，以提高学生承受挫折、适应社会的能力。这一要求与我国实施素质教育的目标高度一致，标志着国家开始全面重视心理健康教育。

在这一阶段，中国心理卫生协会及其他心理协会也积极行动，举办了多次学术研讨会。1995 年 7 月，中国心理卫生协会医学心理和心理评估专业委员会举办的学术年会就是一个典型例子，会议重点强调了加强青少年心理卫生研究的重要性。同年 8 月，心理学教学委员会在北京师范大学举行的"面向 21 世纪心理学教学研讨会"也得到了国家教委的高度重视和支持，推动了心理学人才的培养。

同时，我国高校也积极参与国际心理学交流，如 1995 年 8 月我国高校和中国心理学会联合承办的亚太地区心理学交流会，加强了我国与其他国家和地区心理学界的合作，为我国心理健康教育事业的发展提供了宝贵的经验。

在这一时期，关于大学生心理健康教育的研究日益增多，中国心理卫生协会及其分支机构在一年内召开了 172 次与心理相关的学术会议。同时，许多学者也积极将自己的研究成果出版成书，如樊富珉、胡德辉、蔺桂瑞、汪元宏等，他们的著作不仅普及了大学生心理健康教育知识，还为其他高校心理工作者提供了宝贵的研究经验。

1995 年 2 月 27 日，国家教育委员会颁布《中学德育大纲》，明确将健康的心理素质、较强的心理调适能力作为德育工作的目标，将心理健康教育作为德育内容，并且要对学生做好日常的心理咨询与指导，此文件的发表再一次明确地将心理健康教育纳入德育工作的范围，并将心理健康教育工作变得可操作化、具体化，肯定了对学生实施心理健康教育的重要性。《94 意见》和《中学德育大纲》文件的出台，推动了我国高校心理健康教育工作的迅速发展，但在其文件草案讨论、修改的过程中，凝结了我国诸多学者的研究成果，尤其是马建青主持的"心理咨询与德育"的国家课题相关研究成果，提出了有关建议并被采纳。这直接体现了高校心理现实状况、实践成果影响着教育部政策的制定，同时，政策文件内容的要求又推动着高校心理健康教育的快速发展。在相关政策文件的支持下，我国高校开始更加重视学生的心理问题，对学生的心理健康状况展开普查或者抽查，调查结果均不尽如人意，某师范院校有心理焦虑倾向的人数占比 22%；某校大学生存在心理问题率的人数占比 15.2%，以抑郁症最为突出；国家教委的抽样调查中大学生的心理障碍率高达 20%；北京某校有心理问题的新生占比 24.62%，有一般心理问题的人数占比 36.31%。根据相关调查，高校学生的心理障碍患病比例呈上升趋势，这表明仍须加强对学生心理问题的关注。

1997 年，在各方的努力下，我国学校心理专业委员会成员成为国际心理专业委员会的成员，方便学习其他国家心理健康教育先进经验，推动我国学校心理健康教育的研究与发展。在此阶段，我国高校与各心理协会联手承办了一些国际国内心理学相关会议，许多会议得到了教育部社科基金的经费赞助支持，国家对高校发展心理健康教育事业的支持大大鼓舞了研究者的科研信心。1998 年年底，教育部在推进"跨世纪素质教育工程"中，提出加强和改进德育工作，要对学生实施心理健康教育，提高学生素质水平，再次将心理健康与德育工作结合起来。

1999 年，中共中央、国务院出台《关于深化教育改革全面推进素质教育的决定》（以下简称"99 决定"），再一次将心理健康教育置于德育工作中，同时落实在素质教育改革中，把心理健康教育工作置于素质教育的大背景下，引发了人们对高校心理健康教育方向的思考，即高校心理健康教育应该是培养学生良好的心理素质，以实现学生的素质全面发展为教育目标，要进一步改变前期为矫治心理疾病而对学生进行心理健康教育的认识。同年12月，中共教育部党组在学习《加强和改进思想政治工作的若干意见》时，发文指出"要处理好青年学生的心理品质问题"。在这一时期，相关文件的颁布，标志着对学生进行心理健康教育已经上升到国家教育战略层面，显示了党和政府对心理健康教育工作的重视，对心理健康教育工作给予了充分的关注与支持，直接推动各级各部门、各高校加大对心理健康教育的探索力度。

1999年，在北京航空航天大学心理中心的牵头下，建立全国大学生心理咨询网站。网站的建立直接将高校间的心理资源进行整合，以星火燎原之势推动了欠发达地区心理健康教育的发展。同时，我国大学生心理咨询专业委员会在这6年期间也举办了3次学术年会，推动全国各地区心理健康教育的发展。在这期间，各高校以及学者都加强了对学生心理问题的研究，各期刊中关于大学生心理健康的研究论文也日渐增多，但同时也反映着一个问题，学生的心理问题呈现愈来愈严重的趋势。加强和普及对学生的心理健康教育迫在眉睫，促进学生身心健康发展已经成为高校教育工作中不可或缺的一部分。

在相关政策文件的推动下，人们对心理健康教育开始有所接受和理解，在探索初创阶段大家广泛使用的"心理咨询"和"心理卫生工作"说法，也在政策和研究者的推动下逐渐更名为"心理健康教育"，这在我国高校心理健康教育发展的进程中具有重大意义。在素质教育改革的推动下，此后的高校心理健康教育在目标上更加注重全面发展学生素质。在这一阶段，国家对高校心理健康教育的名称、归属、工作内容和途径都有了新的要求，其发展有了质的飞跃。当然高校心理健康教育作为一个新事物，其发展不是一帆风顺的，仍存在学校不够重视、师资水平不够强、制度保障不强硬等问题。高校心理健康教育发展壮大任重而道远，仍需艰苦努力，积极探索。

三、规范起步提升阶段（2001年至今）

进入21世纪以来，学生的心理问题愈加凸显，高校心理健康教育受到广泛关注和重视。2001年，教育部印发出台《关于加强普通高等学校大学生心理健康教育工作的意见》（以下简称《01意见》），这是教育部出台的第一部专门针对高校心理健康教育的文件，该文件的出台推动了高校心理健康教育产生历史性的变化，在高校心理健康教育发展史上具有划时代的意义。《01意见》的出台标志着高校心理健康教育的发展真正实现了有章可循，标志着高校心理健康教育的发展正式进入由教育主管部门主动牵头推进的局面，标志着高校心理健康教育开始进入规范化发展的阶段。

（一）规范起步，纳入德育（2001—2010年）

认识是行动的先导。高校心理健康教育作为德育工作的一部分，能否有效发挥心理育人功能，关键取决于高校能否认识到对学生实施心理健康教育的必要性。只有明确对学生实施心理健康教育的重要性，把心理健康教育摆在高校教育工作的应有位置，才能有效地为学生的心理健康教育服务，为素质教育服务，为德育工作服务，为二十一世纪的人才竞争服务。虽然很多高校在政府的推动下设立了心理咨询机构，但据统计，在2001年，北京地区仅有40%以上的高校正式建立了心理机构。[1]在当时的条件下，历经十几年的探索，发展得不错。高校对心理健康教育工作的不够重视，在资源的分配上自然就给予不到应有的支持，这直接限制了心理健康教育独特育人功能的有效发挥，不能适应素质教育改革发展的需要。

为解决部分高校对心理健康教育工作的认识不到位、高校间发展不均衡等现实问题，充分发挥心理健康教育独特育人功能，教育部出台《01意见》，通过文件整体、系统地指导高校推进心理健康教育工作。如果说《94意见》等文件推动高校心理健康教育纳入德育工作，为高校心理健康教育在探索发展中指明了前进方向，那么《01意见》的出台就为高校心理健康教育发展插上了腾飞的翅膀。这一文件明确规定了实施高校心理健康教育的理论基础与实践要求，详细阐述了心理健康教育的重要性。文件还指出部分高校开展的心理健康教育得到广大师生的认可与支持，应继续加强心理健康教育，使之适应素质教育发展的需要，在借鉴国内外经验的基础上，继续探索推动高校心理健康教育的发展。最后提出要从德育经费中统筹解决心理健康教育工作经费，足够的经费支持能为工作的顺利开展提供物质保障，以此保障心理健康教育工作的顺利开展。

在《01意见》的指导推动下，我国高校心理健康教育开始规范化发展。各高校纷纷加大对心理健康教育的支持力度，开展形式多样的心理健康教育工作。有条件的高校为心理健康教育工作配备相应的硬件设备和软件设施，配备办公场所、

---

1 樊富珉. 大学生心理健康教育与心理咨询研究［M］. 北京：北京航空航天大学出版社，2001.

咨询活动场所以及心理工作所需的专业仪器设备等。同年，中国心理卫生协会召开第七届会议，会议总结过去经验，展望发展未来，积极探索具有中国特色的心理健康教育，推动高校心理健康教育事业的发展。与此同时，教育部联合高校开始不断加大对心理教师的培养，心理教师的专业水平与职业素养得到很大的提升。我国劳动部也正式推出《心理咨询师国家职业标准（试行）》，将心理咨询师正式列入《中华人民共和国职业分类大典》中，推动心理健康教育教师的专业化发展。

2002年4月，教育部根据《01意见》，印发出台《普通高等学校大学生心理健康 教育工作实施纲要（试行）》（以下简称《02纲要》）指导心理健康教育工作的开展。该文件对高校心理健康教育的指导思想、内容途径，尤其是领导工作方面做了更丰富的补充，并对心理健康教育提出具体、可行的工作路径，力求提升心理健康教育工作的质量。同年7月，劳动和社会保障部正式启动心理咨询师职业资格考试，要求心理从业人员持证上岗，没有经过培训考试的人将渐渐退出该项工作，这意味着我国的心理健康教育工作师资队伍建设正式迈向专业化和科学化的发展道路。相对而言，高校心理健康教育工作者在专业水平上有了一定的保障，为学生进行心理咨询与服务的质量也有了一定的保障。2003年，突发重大疫情使得学生的心理问题更加突出，较之前更容易产生惶恐心理，同时为防止高校发生因心理原因导致的学生致伤或致死的恶性事件，避免产生不良后果，教育部要求学校加强对学生的心理健康教育工作。心理健康教育工作要能够较好地防止学生心理伤害，同时要注重形成育人合力，发挥多方协同育人功能。同年，为适应社会形势发展的需要，全面贯彻党的十六大精神，教育部要求在"两课"中加强心理素质教育，以"两课"为载体，培养良好的道德品质与心理素质，提高学生的身心健康水平。

2004年8月，国家卫计委、教育部等联合发文指出青少年的心理问题以及灾后心理危机问题越发严重，提出要对重点人群以及青少年进行心理健康教育，加强心理健康宣传，同时要为青少年提供心理援助与辅导等。同年10月，国务院出台《中共中央国务院关于进一步加强和改进大学生思想政治教育的意见》（以下简称《04意见》），这是第一次将高校心理健康教育寓于思想政治教育的文件，再次指出一些学生心理素质欠佳，要深入实际对大学生开展心理健康教育，帮助大学生成长成才，引导其健康成长，同时要求健全心理咨询机构，配备足额老师。同年，为贯彻落实《01意见》和《02纲要》精神，大学生心理咨询专业委员会召开推动高校心理健康教育专业化发展的主题会议，通过总结经验，互相学习，推动高校心理健康教育的规范化发展。

2005 年 1 月，为贯彻落实《04 意见》，更好地推动心理健康教育工作的开展，教育部、卫生部、共青团中央联合印发《关于进一步加强和改进大学生心理健康教育的意见》（以下简称《05 意见》）。《05 意见》将高校心理健康教育作为思想政治教育的重要组成部分，指出高校心理健康教育是培养人才的重要途径，要加强心理咨询工作，重视师资队伍的建设，要配备专兼结合的师资队伍，与此同时开始建立多级工作网络，加强对心理危机预防与干预工作建设。同年 9 月，教育部心理健康教育专家指导委员会指导高校心理健康教育的建设发展。在规范化发展的五年间，一些高校在此阶段创建了专兼结合的师资队伍以推动心理健康教育工作的开展；一些高校开始探索三级工作网络——校级、院级和班级，动员一切可以动员的积极力量，联动整个学校的资源合力做好心理危机的预防工作；一些高校加大了对心理课程的探索，开设更多的相关课程，开设的班级也有所增加，范围由本科生向上向下拓展。高校心理健康教育在政策的推动下得到了较快的发展，地位得到空前提高。

2006 年，教育部提出高校辅导员要具有引导学生养成良好的心理品质的能力，这在一定程度上补充了心理工作者兼职队伍的建设。同年，在《中共中央关于构建社会主义和谐社会若干重大问题的决定》中指出，要注重促进人的心理和谐，加强对人文关怀和心理疏导，同时要加强心理健康教育和保健，健全心理咨询网络等，这在一定程度上唤起了社会对心理健康的关注，为高校心理健康教育工作的开展创造了良好的工作氛围。2007 年，大学生心理咨询专业委员会召开第十届学术会议，心理危机干预、网络依赖等成为学者们高度关注的问题，同时学者们的丰硕研究成果也展示了我国高校心理健康教育事业的蓬勃发展。同年，党的十七大报告中指出，要注重对青少年的人文关怀与心理疏导。2008 年，在《全国精神卫生工作体系发展指导纲要（2008 年—2015 年）》提出要将学生心理健康教育、预防学生心理和行为问题工作纳入学校日常工作计划，指明学生心理工作的重要性，推动各高校积极探索心理健康教育工作。2010 年，在《国家中长期教育改革和发展规划纲要（2010—2020 年）》中，明确提出要加强心理健康教育，高校应建立心理健康教育课程以及危机干预体系。其他如关于精神卫生工作、高校学生准则、就业等方面的文件也都侧面强调要加强对大学生的心理健康教育，提高学生的心理健康水平，可以说整个国家对心理健康教育的重视程度越来越高。

在 2005 年以后的五年中，没有关于高校心理健康教育的专项政策出台推动其规范化发展，但在精神卫生工作以及国家发展规划中都提出要重视心理健康，从整体的社会环境中营造重视心理健康的氛围，为高校心理健康教育工作的开展赢得社会的支持与协作。这一阶段我国教育主管部门出台的相关政策文件，明确了进行心理健康教育的具体要求，指明高校心理健康教育发展方向，为高校心理健康教育规范化发展提供了有力的政策扶持和制度保障。尤其是心理咨询师国家职业资格项目的进行，为我国高校心理健康教育工作提供了一大批专业的心理咨询从业人员，高校心理健康教师基本上达到持证上岗的条件。虽然在政策的支持下诸多高校都开展了心理健康教育工作，但有些高校心理健康教育工作形式化、学科化、医学化倾向严重，即使有些倾向放在现在，这种情况也依然存在。有些高校虽然名义上开设了咨询室，配备了教师，由于教育者在方法手段上不够丰富以及缺少对心理健康知识的宣传普及，学校的心理咨询中心并没有发挥其真正的育人功能，形同虚设，前去咨询辅导的学生更是少之又少，开设的咨询辅导中心仅作为应付上级检查的必备品。此外，仍有部分高校心理健康教育存在"矫治疾病"医学化倾向，受教育者因缺乏确切认知，存在患有精神疾病才能进行心理咨询的观念，使得一些学生在试图寻求心理咨询与辅导的过程中抱有"羞耻感"，徘徊犹豫最终放弃。这种防治障碍的医学模式使得学生对心理健康教育存在认知偏差，影响了高校心理健康教育的规范化发展。

（二）规范提升，心理育人（2011 年至今）

如果说在规范起步阶段，高校心理健康教育纳入思政阶段是为其发展指明方向，那么规范提升阶段厘清心理健康教育始终是高校思想政治教育的重要组成部分，即在于为其规范化发展确定方向。2011 年，为推进心理健康教育规范化发展，教育部办公厅印发《普通高等学校学生心理健康教育工作基本建设标准（试行）》（以下简称《11 标准》）。将高校心理健康教育的地位进一步拔高，置于国家强国、教育改革层面。文件对高校心理健康教育的七个方面进行了详细的规划建设，较以往的文件更加细节、具体、可执行，并且在课程建设和危机干预方面也有了相应的要求，要建立心理危机预防干预体系。同年为贯彻落实《04 意见》，根据其他会议、文件精神，教育部出台《11 标准》，对心理健康教育课程建设的目标、内容、方法等有了更加具体的要求。这两项文件的出台为高校心理健康教育具体工作的开展提供了具体、规范的操作建设标准，是其科学化、规范化发展建设水平迅速提升的直接推动力。同年全国教育工作会议指出，要重视心理健康教育，把心理健康教育作为培育时代新人的重要内容，把对学生的心理关怀与疏导贯穿于思想政治教育工作中，促进学生的心理健康发展。《11 标准》的颁布为此后高校心理健康教育工作的规范化建设与发展提供了更具体的标准，不管是在体制机制建设、师资队伍建设、教学活动建设方面还是在心理咨询与危机干预体系建设方面，文件都为心理健康教育各方面的发展提供了明确的制度标准。在以三级网络体系为基础的育人机制下，各高校开始探索四级网络体系的育人工作机制，高校心理育人网络体系也越来越完善。学校领导层面也越来越关注学生的心理健康状况，心理教师的专业水平得到重视，大部分高校在此阶段都开始定期对教师进行培训督导，促进教师专业水平的提升，推动教师专业化成长。

2012 年，教育部在《关于全面提高高等教育质量的若干意见》中提出，要推动高校关注学生的身心健康状况，设立为学生服务的心理健康教育机构。同年，在党的十八大报告中，首次提出要加强社会心理服务体系建设，从社会层面重视心理健康服务。2015 年，在"十三五"规划中再次提出社会心理服务体系。社会心理服务体系的建设为高校心理健康教育工作的开展提供了社会支持力量，增进大家对心理健康教育工作的认识。2016 年，在《"健康中国 2030"规划纲要》中将心理健康服务提升到国家发展的战略地位，强化心理健康服务体系建设。同年，多个部委印发出台《关于加强心理健康服务的指导意见》，要求各部门各司其职推动心理健康教育的发展，联动社会各界力量共同育人，这是首个提出加强心理健康服务的专项文件，有效促进了社会心理健康服务体系构建，推动了高校心理健康教育工作的开展。

2017 年，在党的十九大报告中，再次提出加强社会心理服务体系建设。同年国家取消对心理咨询师的认证，此举标志着我国心理健康教育师资队伍的建设从专业发展走向更加严格、规范、专业的发展。同时，为贯彻落实《"健康中国2030"规划纲要》，教育部出台《普通高等学校健康教育指导纲要》，指出要重视心理健康教育。2018 年，为贯彻落实推进心理育人工作以及加强社会心理服务体系建设，教育部党组印发《高等学校学生心理健康教育指导纲要》（以下简称《18纲要》）。《18 纲要》提出"育心育德相统一"的思想以及"四位一体"的工作格局，该纲要可以看作是对《11 标准》的深化与提升，对高校心理健康教育各方面的要求更加具体可操作化。2021年，教育部为提高心理工作的针对性和有效性，出台《关于加强学生心理健康管理工作的通知》，旨在提高学生的心理健康素养。在政策的指导下，我国高校心理健康教育职责、范围、重点也都更加明确，高校心理健康教育的硬件设施、软件设施也进一步得到保障，高校心理健康教育各方面发展更加科学、规范。至此，我国高校心理健康教育的发展发生了由量到质的规范提升。

在高校心理健康教育发展历程中，国家政策的支持与现实的问题推动高校心理健康教育进行发展与探索。与此同时，高校心理健康教育在探索和开展中所存在的问题与学生的心理问题也促使我国教育部门不断地研究和制定文件解决各类问题。解决发展过程中出现的问题与高校实践的探索以及国家政策的支持是一个多向互动的过程，是彼此相互促进发展的过程。

第三节 大学生心理健康教育发展现状及原因

一、加强大学生心理健康教育的意义

（一）有利于促进大学生身心健康发展

相关调查研究发现，部分大学生存在一定的情绪异常、性格缺陷、社交异常等心理问题。新时代心理健康教育可以引导大学生正确认识自我，解决心理问题，重塑个体的心理健康，提高自身的心理承受能力、抗压能力等。在新时代背景下，高校开展大学生心理健康教育，可以切实满足大学生成长的需要，使大学生能够拥有健全的人格，情绪稳定，能够有效建立自己的人际关系，能够更好地适应大学的学习和生活，能正确应对社会的变化和竞争，更有利于培养大学生积极的心理品质，促进大学生的身心健康发展。

（二）有利于丰富高校思想政治教育的内涵

新时代大学生心理健康教育是高校思想政治教育的重要组成部分，丰富了高校思想政治教育的内涵，是高校思想政治教育的重要保障。高校思想政治教育的目标是培养合格的社会主义接班人，而心理健康教育旨在引导大学生在实践中学会正确应对各种挫折，培养自身坚强的意志品质，使大学生更好地适应社会发展。传统的高校思想政治教育是教育内容理论型、教育方式单一型、教育效果简单型。在新时代高校思想政治教育中，大学生处于主导地位，教育者要结合大学生心理

健康教育的工作思路，要尊重学生的人格，要全方位了解和关注大学生的日常行为和心理动态，要根据当前大学生心理水平来开展针对性的思想政治教育，提高高校思想政治教育的实效性。

（三）有利于健全高校教育体系

新时代大学生心理健康教育是高校教育体系的重要组成部分，具有较强的基础性、保障性作用。传统的高校教育体系更多地关注"安全不出事"，培养模式相对不科学，教学内容也不完善，不能有效地培养大学生的综合素质。新时代高校教育的目标是培养"能成大器"的时代新人和"勇挑大梁"的国家人才，做好大学生心理健康教育工作，可以进一步激发大学生的内在潜能，推动高校教育系统化、全面化发展，为高校人才建设提供保障，是健全高校教育体系的必然要求。

二、大学生心理健康问题

在遭遇突发事件时，人群中会出现大规模的"社会连锁"与"心理连锁"反应，使人处于恐惧、不安、焦虑等负面情绪中，同时形成逃避、退缩等行为，所带来的心理创伤会影响到大学生的正常学习、生活，甚至带来诸多身心疾病或问题。当前，我国正处于改革开放的深水区，社会矛盾变为"人民群众日益增长的美好生活需要与不平衡、不充分发展之间"的矛盾。现实问题、社会矛盾，通过虚拟网络渗透到校园生活中，导致大学生出现各类心理问题。

第一，人际交往障碍。大学生容易接触新鲜事物，情感比较丰富，但由于心智尚不成熟，所以在遇到突发事件时，会出现较大的情绪波动而形成两极分化。即短期内出现情绪"消沉"或"高涨"。特别在新冠疫情期间，大学生普遍以居家学习为主，"娱乐""休闲""学习""生活"局限在网络虚拟空间中。长此以往，造成学生与外界的交流减少，不能适应外界工作与生活的节奏，从而出现社交退缩以及人际交往障碍，并且与教师、同学、室友难以建立良好的情感联系。

第二，自卑心理。在高等教育中，学生以及教师都明确自信是保障自身发展的前提基础。然而在教育实践中，很多学生普遍因"地区差异""家庭状况""学习成绩"等因素出现自卑心理。这种自卑情绪或心理会影响到学生正常的学习生活，使学生难以融入班级团体，限制了学生的发展空间。近些年，我国不少专家学者通过对大学生负面心理形成因素的研究，指出"区域迁移"是自卑心理生成的普遍因素。所谓"区域迁移"，即大学生在原有场域中拥有的优势地位与资源，随着空间区位的转变而丧失，继而使其出现诸多不良的心理情绪。譬如步入校园后，此类学生与能力、素质、家庭背景、经济条件好的学生形成对比，从而产生自卑心理。

第三，逆反心理。逆反心理是大学生常见的心理问题，主要表现是对社会秩序、校园秩序、家庭成员、社会环境的排斥或反对。究其原因主要有两点：一方面是家长错误的教育方式，如命令式、处罚式、必须式的教育方式，让学生情绪难以得到有效的排解；另一方面是学校教学方式老套，设施老旧，达不到学生的期望，从而使学生出现逆反心理。

第四，网络成瘾。网络是推动社会发展、创新创造的新场域，是引领教育技术发展的抓手，同时也是学生生活学习的有机组成部分。虽然网络能帮助学生获取更多的数据信息，增长自身的学识，但网络的"虚拟性""开放性""自由性"也成为大学生满足虚荣、娱乐享受、获得认同、情绪发泄的主要媒介。长此以往，将会导致学生沉迷于网络世界难以自拔。严重的甚至会影响到学生的心理健康，打破学生的生活、学习节奏，加大了学生与他人的隔阂，而且在某种程度上，使学生出现人际沟通障碍的问题。

三、大学生产生心理问题的成因

作为辅导员，关注学生心理健康问题是不可推卸的责任。辅导员在跟学生交流、给学生进行心理干预的过程中发现，大学生的不良情绪、严重心理问题的出现是由多种因素引起的，如家庭、学校等都会造成其心理异常，还有多种其他原因会使青年学生产生严重的心理障碍，使其不能正确认识自身、缺乏自我心理调适能力。因此，当辅导员发现学生存在心理隐患，要及时对他们进行正确引导，帮助他们解决困惑、烦恼，回归正常心理状态。

（一）家庭教育

大学生的性格大多源于家庭教育，家庭环境对于学生的影响是深远的，家庭成员的价值观念、脾气秉性、行为举止都会对其心理产生潜移默化的影响。父母关系不和、兄妹争吵不断等都会使孩子缺乏安全感，陷入焦虑状态，给年幼或者正处在青春期的孩子造成不良的心理影响。家庭中对孩子过于宠溺，致使其丧失独立自主的能力，面对失败承受能力差，极易产生挫败感，"父母大多只会关心孩子的成绩、升学，对孩子给予很高的期望，增加孩子的心理负担"。在子女较多的家庭中则存在重男轻女的思想，因经济水平发展落后家庭收入微薄、经济压力大、生活拮据，孩子间的差别对待都会使孩子的内心产生自卑感，很难感受到家庭的幸福与温馨，学生容易感到孤单，最终变得性格孤僻、敏感，内心容易被负面情绪影响。

（二）学校教育

在中学阶段，父母、老师过于重视成绩，分数成为衡量学生素质能力的重要标准，文体特长、人际交往往往被多数家长认为是提高学习成绩的阻碍，从而忽视了学生在德、智、体、美、劳综合素质上的发展。中学生处于青春期，敏感、极端、叛逆、脾气暴躁，有的老师依据成绩高低来评判学生的好坏，并差别对待，如"专座""体罚"，更有甚者对差生嘲讽、辱骂，丝毫不顾及学生的自尊心。其他学生在老师行为、语言的影响下，孤立、排挤他们，导致学生自尊心受挫，变得自卑、偏执、回避社交。进入高校后，他们可能无法融入新集体，对同学、老师存在偏见，看待问题过于极端，出现紧张、焦虑、抑郁等不良情绪。同时，无法适应老师上课的方式，产生巨大的学习压力，甚至出现抵触情绪，产生消极的情绪反应。

（三）对新环境的适应能力差

刚进入大学的学生需要经历身份的转换，要求他们不仅要在思想上独立，更要在生活上独立，学会自理、学会自立。大学前，生活较为简单，通过考试成为唯一目标，始终有父母陪伴，学生缺乏独立生活的能力。进入大学后，面对新环境，有些新生会不知所措，陌生的同学、陌生的环境使其变得格外内向、沉默寡言，甚至拒绝与人交往，"一时难以适应，从而出现心理问题，如抑郁、焦虑等"。面对这种情况，辅导员要及时发现问题，深入了解情况，对学生进行心理疏导，使其逐渐学会自我调节，帮助学生适应新环境，鼓励周围同学与其多交流，多聊生活、学习、兴趣爱好等话题，让学生慢慢融入新集体，并感受到友谊带来的温暖，变得积极、乐观。

四、大学生心理健康教育现状

（一）大学生心理问题呈现易发性、隐蔽性

大学生正处在学生期向社会期过渡的关键阶段。一方面，大学生思维活跃，精力充沛，敢于尝试新事物，具有较强的表现欲，具有较高的自我认同感；另一方面，大学生心理发展不够成熟，缺乏社会经验，处理问题的能力较差，抗压能力较弱，情绪控制能力不强。新时代社会环境日趋复杂，生活节奏加快，对大学生的心理承受能力提出了巨大的挑战。当大学生个体面临超出自身心理承受能力范围的压力时，可能会激化心理矛盾，出现烦躁、焦虑等负面情绪，甚至会出现

心理过激反应，造成不良影响，这说明当代大学生心理问题呈现易发性。当代大学生面临着多重压力，学业难度增加，人际关系不适应，就业竞争激烈，没有实现自身和家长的期望时，可能就会出现心理失衡，表现出不同程度的焦虑和不安。焦虑已成为当代大学生比较普遍的状态。如果自身心理调节能力差，情绪没有及时得到外在力量的有效干预，持续的压力和焦虑可能就会导致身体不适、睡眠质量不佳、情绪激动等问题，甚至会引发抑郁、自责、人格障碍等严重的心理疾病，导致学习效率低下、生活质量下降，甚至失去人生的方向。大学生的心理失衡状态，主要存在于个体的身体和心理，具有一定的隐蔽性，比较难被外界辨识。少数大学生在出现焦虑、抑郁情绪时可能会通过网络倾诉、酗酒、旅游、运动等方式进行调节，这也很难被外界察觉。另外，部分大学生在接受大学心理测试、参加课程学习和集体活动时也可能会刻意隐瞒自身真实的情绪和心理状态，这就使其心理问题更难被辅导员、心理教师和同学及时发现。

（二）网络环境错综复杂

随着新媒体的快速普及和应用，人们的学习、工作和生活方式发生了极大的变革，当代大学生对网络的依赖程度越来很高，网络环境因其虚拟性等特点，对大学生的心理健康有一定的消极影响。第一，部分大学生对网络过度依赖，可能会导致网络综合征和游戏障碍，沉迷于游戏和网络社交，丧失了其他的兴趣爱好，打乱了原有的生活节奏，严重影响学习效率，持续依赖后可能会出现抑郁、焦虑等症状，甚至会导致严重的心理疾病；第二，部分大学生过度依赖网络虚拟社交，以此逃避现实，获得短暂性的满足，回归现实后更容易出现冷漠、孤僻的现象，缺乏正常的人际交往经验，因而出现人际关系困难，甚至是人格障碍等精神疾病；第三，网络环境下，信息传播速度快、覆盖范围广，信息量庞大，其中充斥着大量难以辨识的信息，部分大学生可能无法辨别这些信息的真实性，轻信谣言，被非主流不良媒体和势力利用，很容易陷入消极的网络舆论场，动摇自身的价值观，危害自身的心理健康。

（三）家庭教育的异化

家庭是情感培养之地，是大学生成长的重要环境。家庭教育的方式和效果对大学生的心理健康影响巨大。然而，当代部分家庭教育出现了异化，对大学生的心理健康产生了不良影响。一方面，家庭教育缺失。社会竞争激烈，部分家庭父母为了生计而忙于工作，或不得不外出打工，出现了大量"留守儿童"，学生成长环境中缺少了父母的陪伴和关爱，内心深感孤独。社会的快速变迁导致了离婚率上升，不少学生成长于离异家庭中，家庭环境的变化也会导致学生更易出现焦虑、敌对、抑郁等情绪。亲子交流时间少，亲子关系不紧密，家庭教育缺失，进而危害大学生的心理健康。另一方面，家庭教育过度。新时代的大学生大多从小在父母的呵护和宠爱下长大，生活安稳、幸福，没有遭受过重的心理创伤，也没有经受过多的挫折。而父母深知幸福生活来之不易，对孩子付出了全部的心血，非常重视孩子的学业和教育，期望孩子能够考取名校，以便将来走入社会能找到理想的工作，获得较高的收入，过上幸福的生活。这种较高的期望和要求伴随着学生的整个求学历程。而在此过程中，家长一味地将自身的想法和规划强加到孩子身上，忽视了孩子真实的心理需求和感受，甚至对其进行道德绑架，压抑的家庭氛围给学生造成了巨大的心理压力。家庭情感教育的缺失可能会导致学生养成自私、冷漠的性格，心理承受能力差，敏感多疑，在意他人的评价，导致学生出现不良的人格，这也是造成当代大学生心理问题的重要因素。

（四）高校心理健康教育工作机制不完善

近年来，高校非常重视大学生心理健康教育工作，但是仍然存在一些问题。当前，部分高校仍然没有建立健全心理健康教育机制，心理健康教育工作落实不到位，开展心理健康教育工作存在一定的盲目性，没有形成系统化、专业化的教育体系。心理健康教育工作专业性很强，需要配备专业的心理健康教师。但是当前个别高校专业的心理咨询老师有一定的缺口，由部分辅导员、行政人员兼职担任心理健康教师，高校中的心理健康教育责任界限趋于模糊。专业能力不足，教育渠道的单一性、纯理论性讲授都会影响到高校心理健康教育的效果。甚至部分高校还没有建立完善的日常心理咨询服务体系，没有固定的心理咨询场所，无法对大学生开展有针对性的心理健康咨询，在一定程度上也影响了心理健康教育工作的开展。部分高校的辅导员、班导师、专业课老师等在心理健康教育工作方面的协同配合不够，没有形成合力，不能及时正确评估大学生的心理健康状况，缺乏有效的应急预案，在化解大学生心理危机的过程中可能会缺位，导致产生心理健康教育工作的"盲点"。部分高校尚未形成"学校—家庭—社会—医院"四位一体的心理健康教育工作长效合作机制，"早发现、早干预、早治疗"环节中仍存在大量"痛点"，多方力量需要强化联动。另外，高校的培养模式可能不够优化，没有充分发挥校园文化建设、各类专业课程、实习实践活动和日常管理等思想政治教育载体在开展心理健康教育中的功能，需要进一步拓展。

第四节 大学生心理健康教育规范化发展

一、政策制度化，健全评估机制

（一）加大工作支持力度

认识来源于实践，且能能动地指导实践的发展。因此，从事心理健康教育工作的领导阶层必须深刻认识到心理健康教育工作的重要性，并加大对其的支持力度，这是高校心理健康教育规范化发展的必要条件之一。部分高校能够顺利开展心理健康教育工作，主要得益于其全面贯彻落实政策，为心理健康教育工作提供强有力的支持，从而确保其顺利进行。

针对部分高校在政策落实方面存在的问题，教育主管部门必须推动心理健康教育政策的制度化，确保相关文件精神和要求以制度形式具体落实，以保障政策的有效执行。同时，教育主管部门应积极推动高校管理人员及专兼职教师队伍认真贯彻落实相关政策文件要求，将学校心理健康教育工作纳入学校工作整体规划，为其提供必要的保障，并积极推动其开展。

此外，国家和地方教育主管部门还应加强对高校心理健康教育工作领导的专业培训，定期召开交流会，提升其对心理健康教育工作重要性的认识，研究部署心理健康教育工作任务，解决学校心理健康教育工作中存在的问题。学校也应加强心理健康教育工作领导小组的权力，制定相应政策，保障其权力的发挥，以充分发挥学校心理健康教育机构的专业功能，促进高校心理健康教育的规范化发展。

（二）健全督查评估机制

为确保高校心理健康教育工作在政策的指导下得到切实落实，需要强化监督机制和评估体系。领导的重视虽然重要，但上级行政部门的监督力度和评估体系的完善程度更是决定性的因素。部分高校负责人反映，当上级部门到学校视察时，心理健康教育工作会得到短暂的重视和快速发展。因此，教育部门应定期对高校心理健康教育工作进行评估与督导，重点检查学校的重视程度、经费支持，以及队伍建设的专业性。这样可确保高校在心理健康教育上的投入保持高水平，促进工作的高效开展。

各级教育主管部门应加强对高校心理健康教育工作的监管，推动其向科学化、规范化、专业化方向发展。省级教育主管部门应结合高校实际情况，建立由专业心理健康教育人员组成的高校心理健康教育工作督查小组，对高校心理健康教育工作进行定期与不定期的监督和检查，并开展专业研讨。这有助于及时发现问题并解决高校心理健康教育工作中的问题，为高校提供指导。

各高校应积极响应政策要求，根据政策文件，制定相应的考核和奖惩机制，以推动心理健康教育工作的实施。同时，建立有效的工作评估制度也是确保心理健康教育工作落到实处的重要手段。通过采用合适的评估原则，可以及时发现高校心理健康教育工作中的问题，从而有针对性地确定下一阶段的工作重点，推动高校心理健康教育的持续进步。

二、人员专业化，强化师资建设

（一）明确角色定位与工作职责范围

对于目前高校心理健康教育教师存在的角色定位不清晰、工作内容繁杂等问题，高校应确定心理健康教育工作者明确清晰的工作职责范围，明确其工作内容，定位准确，高校心理健康教育工作者才能有的放矢地、专业地、规范地开展工作。作为心理健康教育教师，其工作职责有：制订学校心理健康教育工作计划；参与学校心理活动课程内容体系的制定、补充和调整；开展心理健康教育知识的宣传与普及、咨询与辅导工作，定期对学生开展心理专题知识讲座；组织师生进行心理健康状况调查、分析，并建立心理档案；准确地诊断师生的精神状况，是否有心理疾病，并能进行危机干预、转介；申报并参加学校心理健康教育工作课题研究等。明确心理健康教育工作的职责有利于心理健康教育工作者准确定位，学校的心理健康教育工作者是为整个学校的心理健康教育工作服务的，不应该被太多的事务性工作拖累，更不应该将其与行政工作人员的工作混为一谈，影响其专业工作的开展。清晰明确的工作定位能使教师在开展心理健康教育工作的过程中更加专业规范。因此，必须推动高校心理健康教育教师明确其工作职责范围，促进教师的专业成长，推动高校心理健康教育的规范化发展。

（二）健全专兼职心理教师工作队伍

在教育活动中，教师扮演着至关重要的角色，他们是推动教育进步不可或缺的力量。无论外部条件如何优越，缺少了高素质的教师队伍，所有教育计划的实施都将变得困难重重，如同无根之木、无源之水。为了改善教师队伍的状况，高校须紧密遵循政策指引，持续扩大招生规模，确保师生比达到 1：4000 的标准。即使达到这一比例，心理健康教育教师仍面临较大的工作压力。

因此，我们不仅要满足于国家规定的师生比，更应当借鉴我国港台及欧美地区的先进经验，努力缩小师生比，确保专职教师的数量充足。这样，他们才能从琐碎的事务性工作中解脱出来，更加专注于心理健康教育工作，实现精细化分工，使每位教师都能在自己的领域内发挥专长，为学生提供更高质量的心理健康服务。

同时，无论是专职还是兼职教师，其专业能力的提升都至关重要。特别是兼职教师，尽管他们在一定程度上缓解了专职教师数量的压力，但要想充分发挥其心理育人的功能，就必须对他们进行更加专业、系统的培训，并确保这种培训具有长期性和持续性。通过培训和考核，可以激励专兼职教师队伍积极提升自身专业水平，更加科学、规范地开展心理健康教育工作。

（三）完善队伍专业发展保障机制

良好的制度保障可以促进心理健康教育工作队伍高效、专心地工作。目前，在专业发展、职业晋升方面遇到的困难使得一些教师选择转岗，教师队伍不够稳定，对高校心理健康教育工作的开展产生阻碍，使得原本就比较薄弱的队伍雪上加霜。高校应加大对心理健康教育教师的关注，了解教师的需求和感受，给教师的专业发展以及职业晋升提供保障，以消除教师工作上的心理失衡。出于心理健康教育工作的特殊性，学校眼中的维稳部门，心理健康教育工作往往发挥的是润物无声、潜移默化的育人作用，其工作不像其他部门人员那样容易出成果。因此，需要上级教育主管部门能够出台相关文件给予心理健康教育工作者专业发展以及职业晋升的保障，如可以将在心理教师培训上做硬性规定作为高校发展的考核依据，帮助教师的专业化发展；可以根据教师的专业水平、工作经历、学校评价等对其进行职称考核，畅通晋升途径。心理健康教育教师专业水平的提高以及职业晋升途径的畅通可以使心理健康教育工作更加有工作动力，更专业地为学生心理健康教育服务，更有力量推动高校心理健康教育的规范化发展。

三、教学规范化，深化课程建设

（一）教学方法坚持理论与实践相结合

心理健康教育课程，相较于其他专业课程，其独特性在于它是一门跨学科的知识融合课程。其核心目标并非单纯的知识传授，而是要通过课程教学对大学生进行心理层面的积极干预，从而助力他们提升心理素质。心理健康教育课程应紧密结合理论与实践，但现有的教学状况显然未能充分满足学生的成长需求。因此，课程内容必须与时俱进，紧密结合学生的实际情况，贴近他们的生活与教师的心理辅导经验。这样不仅能增强教师对学生心理需求的洞察力，也有助于增强学生对心理健康教育课程的吸引力和认同感。在课程构建层面，应设立专门的心理健康教育教研室，并邀请专业的心理教师参与课程设计，共同推动课程的完善与发展。在授课方式上，建议采用理论与体验教学相结合的方法，以满足学生的心理需求为出发点，并根据他们的兴趣和需要开设更多元化的心理课程，从而更好地满足学生心理发展的需求。通过课程构建、内容与教学方法的创新，我们力求实现理论与实践的完美结合，着重培养学生的心理知识实践能力，使心理健康教育更加贴近学生生活，发挥潜移默化的积极影响。

（二）教学内容注重统一与多元相融合

"一切划时代的体系的真正的内容都是由于产生这些体系的那个时期的需要而形成起来的。"[1]处在不同时代的学生有着不同的发展诉求，心理健康教育教材作为充实课堂教学内容的重要支撑材料，也是学生接触心理健康教育内容的最直接渠道。因此，在教材的选取上必须在立足大学生心理发展需要，以及心理成长规律的基础上，把握主要基础内容不变，在教学内容基于教材内容情况下，合理保证教学内容的科学性。一方面，教育主管部门应该加强对心理教材出版的管理，防止高校在教材的选取上出现功利主义倾向；另一方面，教育主管部门要及时组织专家编写符合学生身心发展规律、贴近心理健康教育实际的教材，保证教材内容的科学性，以适应学生心理发展和课程建设需要。在教材建设中，在保证主要内容不变的基础上，更具有针对性、更贴近学生生活，根据现实的发展以及不同时代学生的心理发展的需要，定期更新教材内容，为高校心理健康教育提供高质量的教材，为学生心理健康教育提供更丰富饱满的教学内容。

（三）教学考核侧重科学与多样相持衡

心理健康教育作为一个动态的教学过程，其课程考核方式也应该显现出动态的发展过程。高校心理健康教育的课程考核体系理应构建以过程性评价和发展性评价为主的考核体系，科学考核学生接受心理健康教育的效果。在考核过程中，应该注重学生心理素质是否有所提升，学生是否学会自我心理调适，而不是注重

1　马克思，恩格斯．马克思恩格斯全集：第三卷 [M]．北京：人民出版社，1960：544.

学生掌握了多少知识，考试成绩的高低。知识的掌握量虽然在一定程度上能够体现学生在课堂中接受知识能力的水平，但心理健康教育是一门特殊的课程，重在培养学生的心理素质与能力。因此，在考核的过程中应改变传统的考核方式，增加过程性评价，注重学习过程中的体验和感受，从学生的课堂表现、实践活动、情景模拟、小组合作等活动中科学考核学生的心理健康水平，重点考查学生在学习过程中是否具备运用心理知识解决实际问题的能力，是否能够在学习的过程中学会助人与自助的能力，以学生适应能力的提高以及解决问题能力的提升作为评估考核的重点，通过多种考核方式，全面、客观、科学地评价学生在课程中的学习效果。

四、预防精准化，提升干预质量

（一）重视危机前预防，精准应对干预事件

《11标准》以及国家在精神卫生工作方面颁布的一些文件中都强调，在学生心理健康教育中要强调预防为主，要重视心理危机的预防工作，将学生的心理问题化解在源头。因此，高校在心理健康教育工作中要应用积极心理学的方法指导高校心理危机预防与干预工作，加强对学生持续不良心理状况的关注，预防学生心理危机事件的发生。

首先，高校需要加强对学生的生命意义教育工作，心理教师以及其他专业教师要积极地指导学生群体探索生命的价值与意义、生存与发展的问题，将心理健康教育与生命教育贯穿于学生学习生涯的全过程，以适应学生的成长发展需要。

其次，在日常工作中要提前做好准备，尽最大努力做好危机预防工作，特别是要做好特殊时期学生的心理危机预防工作，加大心理危机预警体系的建设，比如在学生心理变化的关键期，也就是开学周、考试周、考研季、工作季等学生心理变化频繁阶段，做好对学生的心理危机普查工作，预防心理问题的发生。

最后，高校要做好对心理问题重点人群的心理危机预防工作，定期对重点人群做好心理咨询与辅导，有效推进心理危机预防工作。此外，对于心理健康教育工作者来说，要加强自身能力的建设，提高专业水平，能够准确甄别学生心理问题的严重程度，有效做好心理危机的早期识别干预。

（二）坚守干预中原则，树立科学伦理理念

多数高校在学生危机事件发生后，都会启动危机干预流程，但现实的情况是，高校在危机干预工作中往往需要面对伦理困境冲突，如需要坚守伦理规范、坚守

保密原则等。

首先，高校应该充分发挥参与危机干预流程工作者的能力，加强对高校心理工作者的伦理知识的培训与督导，提高其化解伦理困境的能力，这是解决心理咨询与危机干预过程中伦理困境的重要手段。其次，加大对心理健康教育工作者的培训与督导，让心理健康教育工作者对工作过程中的伦理规范内化于心，外化于行，为更高效地开展以生为本的心理工作打下坚实基础。最后，我国教育主管部门应该加大对高校心理咨询与危机干预工作的政策支持，确保其工作开展的独立性。行政干预过度，心理中心缺乏自主性、独立性等使得伦理工作开展的保密性丧失，只有加大对心理咨询与危机干预工作独立性的支持，才能保证更安全保密地为学生的心理健康服务，促进心理健康工作专业化发展，推动整体心理健康教育工作规范化开展。

（三）关注危机后问题，建立危机维护体系

在对学生进行危机干预后，对学生进行后期追踪是检验危机干预效果的重要手段，也是对危机干预效果再巩固的有效方式，体现了高校在心理育人工作中以生为本的育人理念。高校心理危机预防干预体系中的所有人都要加大对危机干预过学生的心理状况的关心，帮助学生恢复健康的心理水平，避免过于功利化问题，在危机后多关心学生的状况而不是学校声誉、责任谁担问题。特别是对经历严重心理危机后返校复学的学生的心理状况，学校应对其复学后的学习和生活妥帖安排，使其感受到来自学校的支持。在日常生活中，安排辅导员、心理委员以及寝室同学等对其密切关注，及时了解学生的心理变化，预防学生心理危机事件的再发生。此外，高校应该加大对危机干预后的科学研究，减少危机干预的重复研究，为后续危机干预事件提供处理经验，也为完善危机预防干预体系做积极探索。

五、体系完善化，打造"三全"格局

（一）深化育人意识，全员联动心理育人

全员育人，即充分利用所有相关人员的育人功能，不仅限于学校内部教职工，还包括社会各界成员，共同承担教育职责。首先，应确立学校内部的全员育人机制，高校须深入挖掘心理育人要素，构建以心理健康教育机构为核心、辅以二级学院辅导站、延伸至各班级和寝室的全员心理育人团队。其次，建立以专兼职教师为主体，辅导员和任课教师为辅助，其他教职工及学生共同参与的全员育人队伍。通过这一核心向四周扩散，形成全校范围内的全员育人队伍结构。最后，在构建

全员育人格局时，家庭成员亦扮演重要角色。应充分利用家庭成员在家校共育中的互补作用，引导他们树立育人意识，承担育人责任，从而有效增强全员育人力量，共同推动全员育人新局面的形成。

（二）遵循育人规律，全过程衔接心理育人

实现全过程育人，就是从时间方位上体现心理育人的持续性。在坚持学生身心发展规律的基础上，根据不同年龄阶段的特点和需要，有针对性地开展心理健康教育，突出教学重点，并注意各个学段之间的有效衔接。首先，要保证各学段的有机衔接，也就是向前追溯至中小学阶段，向后延伸至其工作阶段，即将心理健康教育的理念贯穿于学生的终生。在不同阶段皆建立心理档案，并将其纳入学籍档案，做好入学前和毕业后档案的交接工作，方便全过程育人。其次，要在心理健康教育的过程中做到精准施策，因材施教，满足不同阶段学生的心理需要。比如在大一阶段主要针对学生入学适应、学习等开展主题教育，在大二阶段注重人际关系的培养等，大三阶段针对人生规划等，毕业阶段针对就业择业等，做好不同学段的心理教育，将解决学生的心理问题与实际发展需要结合起来。最后，要将心理健康教育与其他学科教学有机融入，通过学科教师发挥心理育人功能，将心理育人贯穿于学科教学中，同时让学科教学变得有温度。

（三）凝聚育人共识，全方位协同心理育人

实现全方位育人，即从多个方面探讨育人渠道，构建多维度、立体化的多部门协同育人格局，发挥课堂上下、线上与线下、家庭与社会的整体联动机制，对学生实现全方位的心理育人。在课堂上下的育人过程中，理论育人与实践育人是开展心理育人的主要方式，在构建全方位协同育人格局下，应打通课程教学与实践教学的"两个一体化"，即理论课程与实践性课程教学一体化、心理育人与心理工作一体化，将理论课程与实践教学有机融合，从教学上发挥协同育人功能。在线上线下协同育人方面，利用互联网优势，搭建心理育人平台，积极整合线上线下资源，探索符合大学生喜闻乐见的育人方式，使校园心理育人工作更加贴近学生。在家庭与社会协同育人机制上，要积极打造家校共育合作模式以及社会氛围辐射模式，习近平总书记在党的十九大报告中提出要"培育自尊自信、理性平和、积极向上的社会心态"，在整体和谐的社会氛围中，通过家庭和社会的联动参与，助力全方位协同育人，共同推进学生的身心健康发展。

第二章 认知心理学对大学生心理健康教育的影响

第一节 认知心理学理论发展

一、认知心理学起源

纵观人类文明发展历程，人们对于心智的探索有着漫长而丰富的积淀，不论是东方文化还是西方文化，都可以找到大量关于心智的思想和理论记载。和可追溯到古罗马时期或更早的哲学相比较，脱胎于哲学的心理学历史短暂，一直到 1879 年，世界上首个心理学实验室落成，心理学才正式被视作一门独立科学。德国实验心理学家赫尔曼·艾宾浩斯（Hermann Ebbinghaus, 1850—1909）就曾感慨形容心理学为一个历经时间长河的积淀，但真正的历史却并不悠久的学科。心理学实验研究始于莱比锡大学里孔维特楼的小房间里，由德国实验心理学家、生理学家兼哲学家威廉·冯特（Wilhelm Wundt, 1832—1920）开启。可以说，冯特开创了人类运用科学实验的方式观看心智现象的新篇章，使得对于人类心智的研究进入实验心理学时代[1]。

20 世纪以来，历经内省主义（Introspectionism）和行为主义（Behaviorism）的心理学已然从一门新兴的实验科学成为主流，被引入越来越多不同的学科和领域，并产生重要影响。心理学与人的紧密联系，获得社会各界的关注，其理论被广泛应用到日常生活实践中。作为认知科学的重要组成部分，认知心理学的思潮是在 20 世纪 50 年代中期兴起的，它一出现就占据心理学研究很大部分。1967 年，美国心理学家乌尔里克·奈瑟尔（UlricNeisser, 1928—2012）出版的《认知心理学》（*Cognitive Psychology*）是它的一个诞生标志。维基百科对认知心理学的定义认为，"认知心理学是对诸如'注意力、语言使用、记忆、感知、解决问题、创造力和思维'等心理过程的科学研究"。

1　邵志芳.认知心理学：理论、实验和应用［M］.上海：上海教育出版社，2006.

20 世纪 60 年代，在新兴的计算机和人工智能等学科的影响之下，一场浩荡的反行为主义运动在心理学领域开启，称认知革命（Cognitive Revolution）。行为主义落幕，认知主义胜利，是这场革命最终的结果。认知心理学从此接替行为主义心理学，成为西方心理学主流。认知心理学摒弃行为主义心理学的那种完全不管心智的实验研究方式，人的心智过程不再被排除于心理学研究之外。在这场改革中，认知心理学家仿照计算机科学，把人类大脑比喻为计算机，人类大脑的认知过程则被简单当成计算机软件。就这样，计算机科学为心理学家们的研究方向提供了一种全新的思考模式，它的出现可谓恰逢其时。计算机的运作模式就像一面镜子，仿佛照清了即使拍片、解剖也看不清的人类大脑的图景，它可以合理化解释当时认知心理学家所疑惑的几乎全部人类心智运作的过程。这种思维模式把认知心理学从更偏主观学科带往更偏客观的科学，它使得认知心理学更有逻辑。这种计算范式自引入心理学以后，就作为一种基础性语言长期影响着后续进入心理或认知研究的工作者，它相当于每一个研究者在开启相关研究之前必须阅读的第一本书。事实上，直到今天，尽管认知心理学已经发生了重大转向，很多人也还是给认知心理学与信息加工心理学画等号。

二、认知心理学范式演变

人类的大脑可不像计算机那么简单，它具有计算机所不具备的动态性、不确定性和其他模糊性的特征。因此，随着技术的发达和研究的深入，认知心理学的范式转变不可避免。20 世纪 80 年代开始，认知心理学领域的部分研究者提出了不同意见，不和谐的声音指向过度追求实证研究的心理学。信息加工理论的合理性遭到批判，如何踏出迷局是认知心理学的重要议题。这些年来的新兴研究门类很多，认知科学在其中最具标志性，探究人脑和心智工作机制是它的具体目标，因此它将心理学、哲学、神经科学、计算机科学、语言学等众多学科囊括到其研究范围之中。

2019 年，发布于《自然子刊》（*Nature Human Behaviour*）的论文 *What happened tocognitive science?*（《认知科学怎么了？》引发讨论，作者以数据指标分析的方式对认知科学的发展概况做出了综述性的阶段总结，认为目前认知科学未能成功成为一个成熟的跨学科领域。文章同时指出，通过文献计量学的研究发现，认知科学的研究大部分出自认知心理学领域。回到认知科学发展路径，1999 年，美国认知语言学家乔治·莱考夫（George Lakoff）和美国认知科学家马克·约翰逊（Mark Johnson）在发表合著《肉身哲学：具身心智及其向西方思想的挑战》（*Philosophy in the Flesh：The Embodied Mindand Its Challenge to Western Thought*），把认知科学的阶段一分为二。受其影响，认知心理学也被一些学者划分为两个部分：早期的认知科学、认知心理学的传统认知主义被归为第一代离身认知科学、第一代离身认知心理学；现代认知科学、认知心理学的后认知主义（Post-cognitivism）叫作第二代具身认知科学、第二代具身认知心理学。

梳理认知心理学至今的发展进程，第一代离身认知心理学传统认知主义由两个研究范式所主导，早期是认知主义（Cognitivism），然后是联结主义（Connectionism），本质没有改变，依旧是表征。1946年，第一台电子计算机（ENIAC）来到世界，它的出现影响了整个世界。计算机技术、人工智能席卷学术界，1956年，以"计算机隐喻"为理论中心的认知主义在美国达特茅斯（Dartmouth）会议上被提出，认知主义正式诞生。这一时期的传统认知心理学遵循信息的表征与加工理论。这种认知观是离身的，即心智与身体相互独立，互不影响，充满理性科学的意味，其思想根源可追溯到笛卡儿的身心二元论，以及个体主义认识论。然而，把世界符号化的信息加工模式如此僵硬，无法匹配充满灵活性的认知问题。美国生态心理学家詹姆斯·吉布森（James J. Gibson，1904—1979）是最早的反对者，他认为知觉并非形成于信息加工，知觉形成应该由物体、身体本身的属性所决定。他批判这种符号加工模式，并提出可供性（affordance）的概念。

20世纪90年代，联结主义模式应运而生。联结主义相当于认知主义的一次升级优化，吸取神经科学领域的研究成果，它针对复杂的大脑网状神经元提出了并行加工原理。也就是说，对人类大脑中信息处理加工的理解不再是线性的、独立的，而是分布式的、并行的。这种猜想的进步之处在于遵从了人类大脑的灵活属性，但实际上，联结主义没有从根本上改变认知主义的目标，它也是离身的，认为人类的心智认知可以找到类比的模型。它们本质是一样的，尽管联结主义于认知主义有了一定提高，但也只算得上是打了个补丁，依旧没有突破离身认知天然的缺陷，无法对一些问题做出解释。

三、认知心理学的转变

（一）认知心理学发展困境

在一段时期内，认知主义和联结主义主导并且成就了认知心理学的发展与壮大，这种表征计算范式对人类心智理解做出了重大贡献。尽管联结主义模式具有相对更高的实用性，它的本质却与符号计算主义别无二致：无论是认知主义还是联结主义，它们都接受认知表征理论以及认知计算理论，关注个体内部机制而忽视身体以及外部环境的影响，对认知过程的理解也不够真实，它们能够解释的范围是很有限的，它们只能模拟人类某些特定类型的认知活动，很多问题无法克服。传统认知主义的认知心理学脱离身体与环境，在本体论、认识论以及方法论多维度遭遇抨击与质疑，始终面临理论与实践上的双重困境。可以这么说，第一代认知科学成也表征，败也表征，人类的心智是有血有肉的，而计算机的系统是没有生命的，人工智能终究不是有呼吸的，人的细胞可以自我生成、修复，但它不可以。计算范式永远无法真实有效地描述人类思维的整体框架，也不能合理地解释人类思维的运作原理和机制，因为人们并不总是以精神表达的方式与外部世界建立联系或关系。事实表明，在物理学研究中取得成功的实证主义方法无法成功和有效地解释人们的认知活动，人类的思想不是机械程序。

（二）从离身心智到具身心智

与第一代认知科学不同，第二代认知科学受现象学影响，强调身心一体，重视认知过程中的情境性与具身性，提出"具身认知"概念，第二代认知科学也被称作具身认知科学。20世纪70年代以来，跟随认知科学的发展变革，新的认知观念，如具身认知、生成认知逐渐被提出。认知心理学正在发生一场重要的转向，从第一代传统的基于计算机和功能主义的离身认知转向第二代的基于心智具身、系统的具身认知。第一代离身认知观认为身心彼此独立，身体仅是心智的载体，淡化了身体在认知过程中的感知能力。与之相对，第二代具身认知观强调认知与环境和社会中身体紧密相连，肯定了身体在认知活动中的关键地位。具身认知反对传统认知，它没有继承西方主流的客观主义，包括身心二元论、形式主义等，它强调关注身体而不是大脑。1979年8月，第一届认知科学年会在加利福尼亚成功召开，具身认知理论正式获得学界重视。具身认知理论的观点能够有效解释神经科学等实验研究成果与早期传统认知心理学的矛盾关系，它成为后认知主义革命的认知心理学的可行取向。

（三）具身认知心理学

完全具身的研究不仅要聚焦包含大脑的身体，还重视通过感觉系统输入的外部环境的变化。完全具身的研究也需要主体主动地在复杂多变的环境中灵活地接收信号，处理并反馈信息。体现完全具身特征的研究跨度大且丰富，其中在情绪、行为和文化等方面越来越明显。

第一，在具身情绪层面。比如研究具身厌恶与道德厌恶的关系，继而观测此类关系对社会判断的影响，这类研究属于具身情绪变量对高级情绪变量的影响探究。具体来说，有研究发现阅读道德相关事件会相应地启动被试者对味觉的厌恶，不道德行为启动组更愿意选择与光源相关的物品。

第二，在行为层面。首先是情景式人工智能的研究。基于行为机器人的研究（即置于复杂动态环境中的机器人的研究）表明，室外小型飞行机器人能够在不需要全球定位系统和自动驾驶系统的情况下成群飞行。这些微型机器人表现出了复杂的智能行为，涉及计划能力和实时导航技能。法里纳（Farina）认为情景式机器人应该是完全具身的，因为人工智能可以深深扎根于真实世界的物理表象和位置，但是面对真实世界问题的机器人不仅可以自下而上地工作，还可以拥有强大的认知能力。而这些机器人的学习肯定是在飞行中进行的，也是基于对周围世界的最小映射，即对于环境的反应。再者是对于运动心理学的研究。有研究证明了运动与成人特定认知功能发展之间的直接联系。也有一些研究表明锻炼可以导致人的前额叶皮层、海马体和大脑其他区域的扩张，从而直接增强记忆、提高认知功能，包括规划决策等特定方面。还有研究认为感知和预测他人行为的能力、理解与动作语言相关的能力、个人对周围环境中物体和事件的判断源自个人运动技能表述的变化，并受其影响。因此，根据具身认知的基本原理表明许多运动技能应被理解为非概念性的语言前的能力，这些能力不一定依赖于规则或先验模型，而是依赖于由运动和执行控制的与现实世界互动的感知偶然性。因此，运动心理学方面的研究显然具有反内在性，是站在完全具身的视角上，因为它认识到认知活动不仅是智力活动，而且是情感、感知和运动活动。

第三，在语言文化层面。莱考夫（Lakoff，认知语言学科创始人之一）论述了概念隐喻与文化的一致性，他认为文化价值体系的基本框架与隐喻建立的基本框架有一致性。除了传统文化，群体文化或亚文化等文化价值体系都会使个体产生某种具身隐喻结果。

第四，认知层面包括视觉认知和具身效应的研究。佩祖洛（Pezzulo）等人提出了一个视觉计算模型，将动作感知描述为基于运动预测和假设检验的积极的、具身化的推理过程。还有扩张姿势启动下的具身效应对权力感或认知功能的影响等研究都是通过完全具身的视角去验证以身作则通道的人对外界环境的认识，而这些认识又反过来影响人的行为。由此可见，完全具身的特点符合具身认知的概念化（conceptualization）、替代（replacement）和构成（constitution）三大主题。首先，人类对世界万物所建构起来的概念不仅受身体提供给自己的视角的影响，还受语言、文化、习俗、环境等的影响。人的认知活动会稳定且持久地受到自然和文化环境的塑造。这种考虑自然和文化等宏观因素的视角是完全具身所包含的。其次，生物体的身体和环境之间的互动代替了作为经典认知核心的表征加工，认知不再依赖于符号表征的算法加工，自发作用于大脑、身体和世界的耦合交互性，并且耦合等概念也足以解释高级心理过程。完全具身强调身体与环境的耦合作用。最后，身体或世界在认知加工中扮演了要素。

完全具身在方法论上对具身认知进行了理论突破，这种方法论的变革体现在心理学观的转变上。心理学观以或隐或显的形式，影响、制约和规范着心理学的范围和边界。而完全具身是一种从单一实证到多元跨领域、跨文化研究视野的变革。它不仅钻研于传统认知的科学领域，还结合了其他学科的研究背景，引证出一系列跨学科多维度全方位的研究理论与前沿实践基础，增强了认知心理学的科学性，并促进具身认知与其他学科的结合，凸显了具身认知的多元性和实用性。立足于完全具身的研究取向，具身认知正在不同领域展开研究，包括机器人等计算机科学领域、语言学、哲学、艺术史和生物学等。具体来说，心理学观的转向从方法论原则来说包括两点，即客观与主观的结合、理论与实践的结合。

第一，传统认知科学是唯方法论，重视知识架构、研究原理和手段的科学性、可行性，从而无视意义建构对于心理学的重要性。心理学的研究不仅要体现科学观，也要体现人文观，要做到客观与主观的结合。完全具身以实验求证为基础，又结合经验科学推断心理行为，重视客观性的同时，也注重主观内在意义的联系，重视主体的经验感觉和自身的意义。

第二，传统认知科学追求对实践真理的探讨和挖掘，当具身认知从思辨中无法得到答案时，便需要转向实证研究。完全具身是在实践整合的基础上，不断从实践中整理总结共性和规则来促进其理论的发展，注重理论与实践的结合。然而，传统认知实验易为提高实验效度而降低生态效度。所以完全具身在未来实证研究上要尽可能地注重生态性，使具身认知的研究更具外部效益和现实意义。

第二节 具身认知对大学生心理健康教育的影响

一、具身认知理论机制

如果说传统的认知科学是离身的孤立主义研究，那么具身认知就是反孤立主义研究，传统认知理论视身体为刺激的感受器和行为的效应器，具身认知理论却赋予身体在认知的塑造中的一种枢轴作用和决定性意义。具身认知理论促进了人们对认知的全新认识，对认知的形成和习得产生了积极影响，越来越多的领域，开展了基于具身认知理论的探索与实践。

心理健康教育旨在培养大学生良好的心理品质和优良品格，促进大学生思想道德素质、科学文化素质和身心协调发展，是大学生健康成长的重要保障。不同于一般的知识传授型教育，心理健康教育具有工具性和应用性属性，可以使大学生在学习、生活、人际交往、恋爱、就业等方面学以致用，具备自我心理调节和解决实际心理问题的能力。鉴于此，心理健康教育工作不仅要开展结果评价，更应注重原因分析和改进过程性评价，这就迫切需要用创新的视角开展心理健康教育评价研究。从根本上说，心理健康教育是建立在大学生个体和环境基础上的心理体验教育，是一种主体性活动，大学生通过系列教育教学及实践活动，达到预定的教育目标且获得一定的体验。具身认知理论为心理健康教育突出身体和环境作用提供了理论支撑，有利于从身体、环境和认知统一的角度开展心理健康教育。具身认知理论与大学生心理健康教育有着很强的契合点。在具身认知理论指导下，大学生心理健康教育与学生的生理机体和环境密切关联，依托大学生生命机体和教育实践活动的深度参与，开展保障有力、形式多样、内容丰富的心理健康教育，充分调动学生的参与性和积极性，可以切实提高大学生心理健康教育工作水平。

（一）概念隐喻理论

概念是抽象思维的底层结构，隐喻是指用一个认知域中的概念系统去形容另一个认知域中的概念系统。莱考夫和 Johnson 提出了概念隐喻理论，该理论认为抽象概念以具体概念为基础，高于具体概念，从具体概念到抽象概念需要经历一个隐喻过程，即架构具体概念和经验，从而获得新的概念和知识。抽象概念被具体概念架构的过程不仅表现在词语层面，也表现在心理层面，当人们解读抽象概念时，与其相关的具体感知觉经验也会被激活，因此抽象概念具有体验性。该理论认为，个体早期经验、抽象概念与具体概念间的相似性以及身体构造会对概念隐喻过程造成影响。研究者基于概念隐喻理论，做了很多相关的实证研究，包括时间空间概念隐喻研究、温度隐喻研究、洁净隐喻研究和明暗隐喻研究等，证实了概念隐喻理论的可靠性。但该理论机制也存在不合理之处，例如，概念隐喻理论认为，从具体概念到抽象概念的隐喻是单向的，但是很多研究表明，从具体概念到抽象概念的隐喻具有双向性。同时，不同个体的具体经验差异也会导致对抽象概念认知的差异，但造成这种差异的原因和机制尚不清晰。因此，概念隐喻理论有待进一步完善。

（二）知觉符号理论

由于第一代认知科学理论——概念隐喻理论——的不足，知觉符号理论作为第二代认知科学的核心理论迅速进入研究视野。知觉符号理论是关于知识表征的理论，其基本观点是人脑在接收到刺激信号后，激活了个体的有意识的知觉系统和无意识的神经系统表征，并将其内化为知觉符号，接着选择性注意知觉对象的图解式表征，将其存储在长时记忆的仿真器中，与后来源于不同感知觉经验的多模态知觉符号相互融合，形成了不同类型的模拟信息。简单来说，就是人们接收外部信息主要依赖感知觉和内省的方式，将接收到的信号在大脑内部进行多模态整合，然后在需要时进行提取和再加工。该理论改进了认知过程的单向性，认为知觉符号是多模态相互作用的，使其更贴近实际认知过程。因此也出现了一系列基于知觉符号理论的研究范式来检验该理论，包括语言表征试验中常用的转换消耗范式、词对匹配范式，以及在认知心理学中常用的语义启动范式，在知觉和概念获得中常用的颜色旋转、动作获得和标签匹配范式等。众多研究范式用实证结果证明了知觉符号的存在，但同时也暴露了该理论存在的一些问题，例如，对知觉符号与命题符号的区别尚缺乏明确的研究，无法证明二者是同一认知过程的不同阶段，还是不同认知过程的同一阶段。此外，对知觉符号的产生和获得缺乏一致的解释，无法明确知觉符号是基于先天禀赋还是后天习得。对具体概念的获得过程没有给出合理的解释，对于知觉符号的多模态特征也缺乏有力的实证研究。概言之，对知觉符号的现有研究多集中在语义加工和语言启动中，因此需要不断进行理论完善和实证检验。

（三）感知运动模拟隐喻理论

感知运动模拟隐喻理论改进了上述理论存在的不足之处，针对概念隐喻理论的单一指向弊端和知觉符号无法解释的一些特殊知觉经验，新增了两点内容对具身认知理论加以完善：第一，该理论认为身体感觉运动和理解、判断抽象概念之间存在双向运动，具体概念和抽象概念之间存在交互作用；第二，该理论认为隐喻是人们后天习得的，并不依靠个体早期经验，个体早期经验获得在知觉过程中并不是必不可少的，强调身体感觉运动的重要性，认为个体知觉表征可以依赖身体感觉运动获得基础认知和概念隐喻，身心二者是可以独自建立联系的。该理论的研究也得到了 Schneider 等人的证实，研究结果表明，原有的和新习得的概念隐喻都会对重量判断产生影响，证实了具身模拟的存在和抽象概念与具体概念之间的双向作用。但由于该理论提出时间较晚，在概念隐喻的过程中是否会对感知运动体系造成影响、不同概念隐喻是否存在文化和知觉经验的差异以及隐喻的具体获得途径的说明等方面，尚缺乏清晰有力的理论分析和实证解释。上述三种理论均关注具体经验在建构抽象概念过程中的重要作用，虽然有一定的理论分歧，但都对具身认知的发展做出了理论贡献，从各自的理论视角对具身认知理论进行了建构，在实际应用过程中，研究者可以根据不同的研究需要采用不同的理论。

二、具身认知视角下大学生心理健康教育的特点

强调学生身心一体，促进具身学习。具身认知认为，思维和判断等高级心理认知过程与感觉运动系统构成了一种具身耦合关系，强调身体的参与，认为知觉的目的是个体行动，行动的目的也是为了形成知觉。因此，具身认知下的心理健康教育主张学生的身体参与，在教学过程中强调学生的身心结合，鼓励学生积极探索，充分发挥学生的主体性作用，促进具身学习。具身理论指导下的具身学习更具自主性、积极性和体验性。

发挥教师引导作用，促进具身教学。具身认知主张认知主体主动去获取并再加工经验，因此其教学观念与以往不同，强调发挥教师的引导作用，而不是传统意义上的主导作用。在具身认知理论指导下，教师的教学活动更具具身性和参与性，主要教学任务是引导学生参与到情境体验中去，使得教学情境和手段更具开放性、探究性和合作性。

刺激多元交互，促进具身认知。具身认知理论认为，从具体概念到抽象概念的隐喻和认知的形成，都需要身体、大脑和情境三者的参与，并且重视三者之间的多元交互，强调三者中的任一方都有可能是刺激的来源，都有可能引起认知的改变。因此，心理健康教育工作需要教育者从具身认知理论出发，在刺激身体、大脑和情境三者间多元交互的基础上，促进学生形成具身认知，进而掌握学生心

理健康状况。

三、具身认知对心理健康教育工作的影响

有利于促进学生经验的获得和转化，实现心理健康发展。具身认知强调认知源于学生的身体，认为身体状态的改变可以导致知觉过程的转变，强调认知加工过程是学生与外部环境交互作用的过程，这一过程又直接影响了互动效果。具身认知主张，自己主动掌握的经验更有意义，才是真正的知识，鼓励学生自我探索、自我获得和自我驱动，认为学生身体、情境和大脑的参与能够帮助学生形成心理健康的相关经验。学生的具身认知体系越完备，越有利于经验的获得和转化，实现心理健康发展。

有利于促进教师角色转换，提升教学技能。具身认知主张个体自身的主动性，要求教师在教学过程中从主导性角色转变为引导学生进行认知加工的引领者角色，减少直接传递加工知识的行为，因为通过这种知识加工体系获得的知识，只能短时记忆，无法形成长时记忆，很容易被遗忘。因此，具身认知可以促进教师角色转换，形成具身思维，在教学过程中掌握作为引导者必须具备的专业技能和素养，减少直接、机械地传递知识。

有利于转变学校心理健康教育模式，提高管理水平。具身认知作为一门新兴的认知流派，主张身体、情境和认知过程的结合，将其应用于大学生的心理健康教育当中，可以促使管理者从管理层面调整教育方案，帮助教师更好地开展心理健康教育工作，也可以帮助学生形成具身认知，提高心理健康教育工作的效率和水平。

四、具身认知视域下大学生心理健康教育模式构建

（一）构建学生为主、教师为辅的认知主题教育模式

学生为主、教师为辅的认知主题教育模式的建构需要学生充分发挥自我导向作用，积极探索外部刺激，需要教师逐步引导学生凭借自己的发散思维和洞察力，自主构建知识体系，促进心理具身认知。因此，具身认知理论指导下的教育工作要积极转变教学主体，由教师主导转变为教师引导、学生主导的教育模式。教师在课堂中主要扮演认知的引导者、问题情境的创设者和学习情境的营造者角色，引导学生在问题情境中积极探索，通过身体、大脑和情境的交互，掌握心理健康知识。在认知主题教育当中，教师在课堂教学中要多进行具身教学，更多地用身

体语言与学生互动，教师的衣着打扮和言谈举止也同样需要遵从具身理论的指导，穿着不可太过严肃死板，亦不可过于浮夸时髦，言谈举止要展示教师正确的世界观、人生观和价值观，身体力行地影响学生，帮助学生获得更多的积极心理能量，达到更好的心理健康状态。大学生要关注自身心理健康，提升心理资本水平，用身体体验影响思维与行动。要让身体成为改变感觉的方式，如运用面部表情影响情绪感受、通过站姿影响心境等；要让身体成为帮助自己思考的工具，如运用手势动作提升记忆效果，放松身体让想法建立联系等，在做中行、行中思。

（二）构建知识与情境互动的多元具身学习环境模式

教师在进行心理辅导的过程中，应当积极组织开展形式多样的心理辅导活动，寓教于乐，督促学生在活动中通过身体的参与形成知觉表征，意识到自己可能存在的心理健康问题，并从团体心理辅导活动中发现自己与其他同学的心理健康表现差异，从而促进个体内省，进行结果审查并主动做出改变。教师可以尝试打破讲台的空间限制，更多地加入身体互动，促进师生的具身学习，通过表意动作，利用身体传递具身知识，增加体验性课程知识，促进具身情感共鸣。还可以根据具身生成性，引导学生身体参与，通过调动学生的身体运动系统和感官系统，结合学生的个性特点和存在的心理健康问题，开展形式多样的心理健康素质拓展活动，让学生感知事物，形成概念并解决问题。

（三）构建身体、情境与认知三位一体的具身教育模式

体感交互的人机互动模式与具身认知理论不谋而合，在具身认知理论指导下将 VR（虚拟现实）与心理健康教育相结合，可以使学生沉浸式地掌握心理健康教育知识，参与心理健康教育活动。VR 心理健康教育游戏注重对教育情境的创设，将心理健康教育知识嵌入到 VR 游戏中，使原本枯燥乏味的课堂内容变得更为直观，更具趣味性。VR 技术结合了认知、情绪和行为三方面，能够帮助学生在游戏的虚拟情境中判断自己的行为是否得当、心理表现是否正常以及情绪体验是否良好。将 VR 技术运用于心理咨询访谈工作中，能够提高教育工作者的工作效率。传统心理健康教育注重面对面心理访谈，访谈效果取决于谈话效果，VR 虚拟访谈技术将谈话过程虚拟化，将问题直观展示在学生面前，引发的思考更为深刻，更有利于学生通过内省认知自己的心理健康状态。同时，将 VR 技术运用于心理健康教育中，可以为学生提供虚拟学习伙伴，以第三人称视角（家长、老师、父母和朋友）帮助学生学习心理健康知识，从而帮助学生解决心理健康问题。

（四）构建身体、情境与认知三位一体的具身评价模式

具身评价模式主要指的是在具身认知理论指导下，由于身体、情境和大脑的参与，心理健康教育课程中表现出情境性具身认知和身体性具身认知。因此，在具身评价模式中，过程性评价比重逐步超过结果性评价。传统的心理健康教育工作通过课程通过率、课程难易程度和学生考试成绩来间接反映心理健康教育工作的效果。在具身理论指导下，知识的获得加入了学生身体和情境表现，原有的单一考察知识掌握度的评价系统已无法全面综合地表现学生的真实水平和真实心理健康状况，也无法对教师的教学活动进行有效反馈。因此，需要构建身体、情境和认知"三位一体"的具身评价模式。就学校而言，需要在统一整理和分析学校心理健康教育数据的基础上提出立体评价指标，在关注书本知识掌握度的基础上，对学生在综合活动中的身体参与度和情境交互能力进行考察。就教师而言，需要教师在现有课堂形式的基础上积极开展提高学生身体参与度和情境交互度的素质拓展活动，帮助学生更好地在活动中获得知觉表征。教师作为学生学习的第一旁观者，也是整个教学系统中最直接的观察者，要做好学生表现的记录和活动开展过程中的难度区分度，并及时进行自省。

第三节 家庭关系对大学生心理认知的影响

一、家庭环境对大学生心理健康的影响

家庭是学生的第一课堂，也是学生成长的重要起点。家庭环境对学生的性格、情绪、行为等具有深刻影响，对大学生的心理健康产生重要的影响。

（一）父母情绪化对大学生心理健康的影响

情绪化是指一个人行为与心理状态会随着外界的因素发生很大的波动。一个人容易情绪化不仅会造成心理上的创伤，还会影响工作和人际关系。大学生的成长过程离不开家庭，父母是大学生成长过程中的第一任老师，父母的行为情绪在日常生活中不断对孩子进行渲染教育，在孩子的成长过程中不断影响孩子的性格、行为和心理。父母情绪暴躁，容易影响孩子，使其在遇到不顺心的事时容易发脾气，缺乏社会交往技能，这是因为在成长过程中父母处事风格影响到孩子，久而久之形成与父母相同的脾气。过于情绪化很不利于大学生在集体生活中与他人相处。

大学生在集体生活中容易出现意见不一致的情况，而暴躁的脾气容易使别人不愿意与之接触合作，更容易被孤立，导致心理出现各种问题。父母情绪化，特别是忽视型教育容易使学生变得情感冷漠。孩子一直处于被忽视的境地，家庭内情感淡漠，孩子不能感受到父母给予的关爱与温暖，从而形成冷漠的性格，同时也会在求知过程中失去好奇心。这就使学生难以适应大学校园集体生活，从而被孤立，进而被忽视，造成心理障碍。

（二）家庭关系对大学生心理健康的影响

家庭关系是指一个家庭中家庭成员之间的关系及其所营造出的人际交往情境和氛围，家庭关系对每一个家庭成员的精神和心理都有影响，特别是对家庭成员中的孩子来说，对其心理影响是巨大的。有研究发现，家庭成员间的亲密程度、家庭矛盾、情感表现与沟通交流都与学生的心理健康程度有一定的关系。父母间关系恶劣，家庭内部纷争不断，在子女面前大声争吵甚至动手打骂这会让子女感受不到家庭的温暖。亲子间关系恶劣，会让孩子拒绝与家长交流，不愿意接受父母的建议或者安排的一切，甚至故意反向为之。这些恶劣的家庭成员关系会给孩子心理造成很大的影响，随着时间的积累，甚至形成心理疾病。

（三）培养方式对大学生心理健康的影响

家庭培养方式是指子女在成长过程中，父母对其抚养与教育的方式与方法。由于父母的言传身教，大学生会从家长身上学习到很多东西，包括他们的处事方式、待人态度、做事方法。原生家庭的教育方式和教育内容与现实社会状况存在差异，大学生在成长过程中难免会遇到很多问题和困扰。部分家长信奉"棍棒底下出孝子"，实行"虎妈""狼爸"式教育。这种家庭教育下培养的学生，性格可能表现为胆小怕事、孤僻，独立能力差，抗挫折能力弱，进入大学后很难融入集体。这种家庭教育方式严重挫伤了学生的自尊和自信，不利于学生健康成长。

部分家庭对子女极其宠爱，是整个家庭的"大熊猫"，无限制满足子女的所有要求，包容子女的坏脾气。这种家庭教育方式培养出来的孩子进入大学后，在集体生活中，不懂得尊重别人，独立能力较差，同样也无法得到别人的尊重，难以融入集体，很难独立面对挫折和困难，缺乏自信，容易在困难面前心理防线崩溃。也有部分父母由于工作较忙，没有足够的时间与精力关注子女的生活学习情况，不太在乎对子女的家庭教育，对子女的成长不重视，甚至是忽视，子女在"自由"的空间里成长发展。这类家庭中成长起来的大学生较为独立，由于长期得不到父母的关爱，他们更加喜欢独来独往且不希望与其他同学建立友好的关系，从而造就孤僻的性格而不愿意融入集体生活。

部分家长在教育孩子时具有绝对的权威，自认为所做的一切都是为了孩子，自己的人生历程、经验远远优于孩子，替孩子的选择都是对的，要求孩子绝对服从。这种教育方式忽视了孩子的想法和感受，抹杀了孩子的个性发展，导致孩子只学会了服从，并且长期处于压抑状态。进入大学后，如无强制性要求，孩子往往处于毫无头绪的状态，长此以往容易产生心理问题。

有些家长习惯去比较，特别是拿自己孩子的短处与别家孩子的长处做对比，更有甚者，当着他人的面贬低自己的孩子从而显示对他人的"羡慕"或者是自身的"谦逊"。长此以往，孩子的自信心被打击，自卑心理萌芽，容易导致一系列心理问题。

严厉型、宠溺型、忽视型、专制型、贬低型等培养方式均会对子女的心理健康有一定的负面影响，对其自信心的培养、集体生活的融入、与他人建立良好的社交关系、独自面对挫折的能力都可能产生不利影响。

二、家庭关系对大学生心理认知的干预措施

家庭是个体成长发展的重要因素，会对个体的心理认知产生深远影响，尤其是大学生这一特殊群体，他们正经历着身份角色的转变和自我认知的塑造，家庭对大学生心理认知的影响尤为重要。有研究发现，良好的家庭关系有助于大学生心理认知的健康发展。一个温暖、稳定的家庭环境可以为大学生提供情感支持，鼓励他们形成积极的自我形象和自尊心，并提高他们积极应对挫折和压力的能力。相反，不良的家庭环境，如家庭冲突、家庭暴力或亲子关系不良等可能对其产生负面影响，导致大学生自卑、焦虑、压力感增加以及学习成绩下降等。家庭关系对大学生心理认知的干预措施主要有以下几条：

建立良好的沟通与交流渠道。鼓励家庭成员之间经常进行良好的沟通，尤其要搭建家长与孩子间的沟通桥梁。家庭成员可以定期进行心理认知对话，倾听大学生在学校的需求和困惑，并给予合理的建议。

提供情感支持。父母应该积极给予孩子以情感上的支持。包括鼓励、赞赏和关心，使其感受到被理解、被支持。情感支持可以帮助大学生建立积极的自我形象和自尊心，提高他们应对挫折和压力的能力。

生活中给予各种支持。家庭成员可以在生活上给予大学生以各种支持，如帮

助大学生解决生活上的困难，鼓励他们积极参与社会活动和培养兴趣爱好。生活上的支持有助于大学生获得成就感和自信心，提高他们的心理认知水平。

第四节　算法推荐对大学生心理认知的影响

一、算法推荐的本质

算法是指"解题方案的准确而完整的描述，是一系列解决问题的清晰指令，代表着用系统的方法描述解决问题的策略机制"。简言之，算法即解决问题的步骤或指令的集合，遵循"规范输入—指令输出—问题解决"的流程。作为智能技术的核心，算法在信息传播领域的广泛应用催生出算法推荐这一新兴技术，即通过数据、算法和算力的动态建构和组合以满足用户个性化适配需求的信息处理技术。

从技术论角度来看，算法推荐技术是"历史的有力的杠杆，看成是最高意义上的革命力量"，是算法社会的助推器。首先，算法推荐以数据为依托，对采集的信息内容进行标签化处理，提取低层可视特征，推理高层语义特征，搭建新的层次标签体系；其次，根据用户历史数据进行画像，构建用户个性化标签体系；最后，通过搭建隐语义模型，建立信息内容与用户的函数关系，决定推送的内容及顺序，并依据反馈适时调整。算法推荐通过向用户推送个性化、精准化信息，将其从海量信息中解放出来。这一技术的诞生与应用，揭开了网络信息智能分发的新篇章，在信息技术发展史上具有里程碑意义。从工具论视角观之，算法推荐是算法平台追求经济利益，或是一定阶级、集团传播价值观的工具和手段。一方面，算法推荐是算法平台消费扩容的工具。在网络信息传播领域，流量即王道，信息的浏览量、下载量、转发量、评论量、点赞量等与平台经济利益成正比。在此生存法则下，平台将算法的"计算"功能转化为"算计"工具，抢夺用户流量，攫取巨额利润，从而使算法推荐成为其谋取资本利益最大化的手段。另一方面，算法推荐是价值驱动下的信息分发和传播系统，其开发、应用等环节会受到主观因素的影响，具有鲜明的价值负载性，从而成为一定阶级或集团传播自身价值观的载体和工具。

从权力论层面考察，算法推荐本质上是影响人们信息获取和价值认知的一种特权。"技术不仅能够赋能与赋权，而且它自身就构成一种权力的行使和对于传统权力模式的替代。"一方面，算法推荐自身具备向人们呈现何种信息的权力，制约人们的信息选择权。在算法社会，权力越发集中于算法之中，人们对信息的选择权被迫让渡给算法推荐，传统"人找信息"被"信息找人"的新模式取代，算法推荐成为主导信息推送和传播的"权力者"。另一方面，一定阶级或集团将自己的价值观渗入算法推荐各环节，使其具备了影响或改变人们价值认知的权力属性，算法推荐已成为影响人们价值观形塑和价值观传播的新兴权力。

二、算法推荐影响大学生"心理选择"的主要表现

算法推荐技术以其"以用户价值为中心"，被广泛应用于青年大学生所热衷的资讯类平台、短视频类平台、社交类平台等新媒介领域，并通过监测和分析大学生的认知需求和内容偏好，帮助大学生在海量信息中筛选最适配的信息，影响大学生在信息加工过程中的"心理选择"。

（一）精准分发的"个人定制化页面"

作为一种新兴技术，算法推荐凭借精准预测、精准反馈、精准分发等优势，通过对信息的个性化分发、推荐，实现海量信息与用户需求之间的有效匹配，从内容供给侧上为用户提供精准分发的"个人定制化页面"。和传统媒介时代相比，算法推荐下的内容供给侧呈现出全新的特点。

一是靶向化和协同化。结合搜集到的大学生网络行为数据，算法推荐不仅对大学生及相似用户类型的兴趣指向、认知需求进行精准分析、处理，还对大学生日常使用的社交网络的关联度进行计算，利用供给侧信息进行基于兴趣导向的精准投喂，呈现出靶向化和协同化的特点。这一技术是算法意志与大学生用户意志两者共同参与下的双重过滤，以帮助大学生身处一个量身定做的信息"拟态环境"。如某学生在豆瓣上给予某电影较高评分，算法技术通过实时获取数据，在结合同类影评人喜好的基础上，第一时间向用户推荐"猜你喜欢"的相关电影。

二是同质化和范畴化。算法推荐遵循"信息找人"的运行机理，在算法自生循环验证机制下，算法的流量最大化原则和用户保持认知协调心理之间不断进行交互反馈，最终形成信息系统的同质化生态。此外，由于大学生在认知的范畴化水平上比普通大众更胜一筹，而范畴化又是人类认知活动的一种重要方式，由此，算法推荐不仅考虑大学生个体的结构性因素聚类，还通过价值聚合的社会网络关联，将大学生分成不同信息圈群，并运用范畴化原理对信息进行标签化处理，实现大学生用户、内容的场景化适配，使相似群体获取的信息具有圈层范畴化特征。

三是实时性和动态性。为最大可能地减少信息分发的"误判"，实现流量变

现后的资本增值，算法推荐对用户在接触、理解和记忆信息时的显性或者隐性痕迹都会开展实时监测和充分解读，通过不断调整和循环过滤，使"消费者过滤所读所看所听的力量越来越强大"。可见，算法推荐技术的实时性和动态性会对用户的"心理选择"产生强烈冲击，并形成"心理反应"。比如，"热搜"新闻的持续发酵、网络词汇的迅速流行、影视热播剧的风靡一时，除了大学生具有对新鲜事物的好奇和对热点问题的敏锐直觉外，还在于算法推荐的动态化过滤和实时纠偏的强大推动，此种境况下，算法推荐的传播影响力在信息平台能迅速达到峰值，产生重大效力。

（二）用户心理选择机制的唤醒与启动

个体或者群体基于心理根源和社会属性而生发的需求，催生了他们对大众媒体或其他信息来源的期待，进而引发大众不同模式的媒介接触或其他活动参与，最终获得需求的满足和其他意想不到的后果。这说明，用户的需求是媒介接触、使用的关键因素，这一因素也决定了用户心理选择机制的唤醒与启动水平。在个体性凸显的移动智能数据时代，大学生的需求是诸多内外部因素共同形塑的产物，表现出动态性和不确定性。

首先，算法推荐技术通过对大学生的行为数据进行实时监测，感知和预测到他们内在的、自发的主体性需求并进行动态纠偏，在最优设定目标基础上为他们精准订制"我的日报"，尽可能满足大学生的需求。

其次，算法推荐还会唤醒和形塑大学生非自发的需求，当然，这些被归置和分配的需求背后存在规训性力量的影子，是被大学生及其所处环境等内外部因素共同决定的伪需求。此外，信息本身也是大学生心理选择机制能否唤醒与启动的重要因素。由于大脑的"认知吝啬"特征，大学生在进行信息选择时会根据"最少付出原则"对事物范畴化分类，尽可能地简化自己的认知过程，以至于更倾向于选择认知负担轻的信息。比如，文字类信息因关涉概念性认知和逻辑性推理等，认知负担较重，而图片、视频等全息化的呈现方式则相对认知负担较轻，导致后者更能刺激大脑皮层而形成优势兴奋中心，这也是短视频信息平台广受大学生追捧的原因。

最后，由于用户习惯于赋予负面社会信息（如事件、对象）更大的权重，在解读情绪化信息时倾向于所谓的"先定义后思考，而非先思考后定义"，因此，夹杂情绪的信息更容易唤醒和启动大学生的心理选择机制，顺利通过其心理筛选而进入下一个信息加工环节。

三、算法推荐对大学生价值观的负面影响

（一）"信息茧房"固化大学生的价值认知

价值认知指价值主体对价值客体的内涵、特征、地位、功能等的感知、学习和总结，事关大学生价值理性、价值共识、价值自觉与价值自信的接续发展。虽然算法推荐在今日头条、一点资讯、微博、微信、抖音等平台的普遍应用大大降低了大学生获取信息的成本，但数据显示：七成人担心自身喜好与兴趣被算法"算计"，五成人表示受到算法束缚，想要逃离网络，远离算法。可见，算法推荐控制了信息分发关卡，窄化了受众的信息接收面。算法推荐根据大学生特征、历史数据等筛选过滤他们无感、无用的部分，只留下符合其兴趣偏好的信息。加之各平台的用户数据互联互通，大学生在不同平台接触到的信息被高度同质化，难以接触到与其兴趣相左或相反的信息，最终陷入算法推荐精心编织的信息茧房中，形成价值区隔。从唯物辩证法视角观之，大学生的价值认知在碰撞中创新发展，在认同中凝聚升华。但身处信息茧房的大学生排斥异己信息，极大地窄化了自身信息接收面，导致价值认知碎片化、孤立化、片面化。长此以往，大学生原有的价值认知被不断固化甚至封闭，无法进一步触达更高层级的理性价值认同阶段，阻碍了其价值体系的完善和发展。

（二）"泛娱乐化"消解大学生的价值理性

泛娱乐化指"以消费主义、享乐主义为核心，以现代媒介为主要载体，以内容浅薄空洞甚至不惜以粗鄙搞怪、戏谑的方式，通过戏剧化的滥情表演，试图放松人们的紧张神经，从而达到快感的一种现象"。为了博眼球、增流量、涨粉丝，算法平台争相利用算法推荐技术推送低质、同质信息，加之网络的去中心化和信息发布的无门槛性，网络空间充斥着大量过度迎合大学生喜好但缺乏深度的信息，由此滋生了泛娱乐化现象。有报告指出：大学生是 2021 年度视频的最大消费群体之一。部分平台以"娱乐至死"为法则，根据大学生浏览、点赞、转发、评论等网络行为，精准推送一些形式花哨、内容空洞的段子或视频等夺其眼球，内容的趣味性远超价值性，忽略甚至无视其所传播的信息价值与意义。如 2018 年抖音在首页推出了恶搞、侮辱革命烈士邱少云的内容；2019 年今日头条在站外搜索结果中呈现了诋毁革命英烈方志敏的不良信息等。这些虚假、低俗、劣质的信息散播非马克思主义甚至反马克思主义的观点，诱使大学生放弃对事物整体、长远和根

本价值的追问，极大地消解了其"对真善美的追求，对人的自由而全面的发展，对人类社会与自然和谐发展，对人类社会的物质生活和精神生活的全面发展进步的追求"的价值理性。

（三）"群体极化"解构大学生的价值共识

在网络社交领域，各大平台运用算法推荐给大学生推送"可能感兴趣的人"，便于其快速找到志趣相投的网友，并加入交友群。然而算法推荐作用下的群团具有"群内同质、群际异质"的鲜明特征，加之受信息茧房的影响，极易衍生群体极化问题，即"团队成员一开始即有某些偏向，在商议后，人们朝偏向的方向继续移动，最后形成极端的观点"的现象。部分大学生乐于网上交友，毫无顾虑地加入算法推送的交友群，积极参与群体交流和讨论。讨论后虽达成了对某种或某类价值问题的共同理解和认可，但不能称其为价值共识。通常来说，价值共识指对公共领域重大价值的一致看法，即社会成员对社会主流价值的一致赞同与认可，利益指向具有全局性和整体性。反观群体极化现象下这些群团的共同意识，往往具有偏执、极端等特点，排斥异己、唯我独尊，利益指向带有强烈的个人主义色彩。身处其中的大学生经过频繁的群体交流和讨论后，思想认识会走向两个极端：对支持的思想、观点等更加支持，反对的则越发反对，态度越发偏激、执拗，影响其对社会主义核心价值观的理解和认可，进而解构其价值共识。

（四）"精准投喂"削弱大学生的价值自觉

价值自觉即自觉的价值追求，指人们从科学的理性思维出发，在认识事物本质和规律的基础上，对正确、远大的价值目标的追求。在算法社会中，很多时候不透明的算法——而非人——成为决策主体，决定着网络信息的分发和传播。部分大学生沉浸于算法推荐带来的便捷中不自知，悄然将对信息的甄别及选择权让渡于算法推荐，致使双向度的"推送"演变为单向度的"投喂"，信息交互的主体性被大大削弱。一味享受算法推荐的推送却不甄别、不设限，同质化信息的多次推送和屡次浏览极易暴露私密信息，算法推荐又根据这些隐私数据进一步提升信息适配效率，以此循环递进，实现信息推送的高度精准化。这种高度精准化、智能化的"投喂"不仅助长了大学生的惰性，降低了其搜索信息的主观能动性，还制造了一种技术理应如此的假象。在此情形下，大学生只有具备高度的价值自觉，才能坚定信心、立足长远，做出理性的价值选择、价值判断和价值评价。若大学生沉溺其中、放纵自我、停止思辨，消极、被动、盲目地接收鱼龙混杂的信息，对远大理想以及真善美的自觉追求将被消耗殆尽，逐渐堕落为"提线木偶"，异化为技术的"奴隶"。

（五）"资本操控"动摇大学生的价值自信

价值自信是价值主体在特定的价值观念、价值取向和价值追求的基础上，对某一价值事实的高度信任和充分肯定的一种情绪倾向和理念引导。新时代大学生的价值自信就是对社会主义核心价值观的充分信任和高度认可，是大学生积极规避算法推荐的衍生问题、抵御资本主义意识形态渗透的精神力量。当今信息生产与传播实际由资本支配，它不仅操纵信息技术的开发和应用，还操控以其为基础的各种信息传播实践。算法推荐正是资本控制信息技术实现自我增值、精神殖民的工具。近年来，资本通过算法推荐技术操控榜单、热搜和检索结果排序等，向目标对象尤其是大学生用户推送资本主义话语信息。这些资本主义话语有一个总主题：基于资本，并实现资本利润的最大化。资本凌驾于算法推荐技术之上，利用个性化、精准化推送等特质攫取了巨额利润，又借助经济霸权抢夺意识形态阵地，大肆鼓吹传播资本主义制度及其意识形态终极性、优越性的话语信息，引诱大学生接受资本主义意识形态的"洗礼"，迫使其深陷精神殖民化的困境。这不仅解构了大学生的价值认知结构和价值体系，还污染和动摇了其对社会主义意识形态，尤其是对社会主义核心价值观的充分肯定和高度信任。一旦大学生的价值自信被资本玷污，其价值体系就会产生连环效应，动摇其价值意志，妨碍其价值判断，制约其价值选择，阻碍其价值行为，最终束缚其健康全面发展

四、算法推荐引致的大学生认知心理困境

在信息加工过程中，深度嵌入的算法推荐为大学生的内化认知和外化行为构建了一个智能化的新"场域"，这个"场域"不仅影响着他们对选择性接触信息的心理加工，还实时监测和分析其外化行为特征，给大学生的认知图式、认知协调和认知理性等带来了诸多困境。

（一）信息聚化导致认知图式窄化

认知图式也称接受图式，指的是"主体大脑内先存的各种意识形态的综合统一体"。瑞士心理学家皮亚杰认为，主体通过接受图式"同化"或"顺应"客体信息，从而产生认识。根据该理论，进入知觉系统的信息通过译码和加工后，若与已有的接受图式（以 A 表示）契合，主体会通过同化性建构，在图式 A 的基础上进行丰富与提升，生成新图式 A+，这是一个认知协调并得以发展的过程；反之，若与

已有图式 A 矛盾，主体则会排斥新异信息，或维持原有图式不变，或对原有图式加以修改和重建，进行顺应性建构，从而建立新的图式 B，图式 B 虽然依赖于图式 A，但两者之间存在本质的差别。而实际上，根据"信息茧房"理论，当面对大量各类来源的信息时，主体更倾向根据其偏好进行信息选择和渠道选择，这就不可避免地会导致人们接收信息范围和信息渠道日益变窄。这也是算法推荐形成的"过滤气泡"致使受众将不同观点、立场的信息屏蔽在外的重要原因。在算法推荐技术推动下，大学生以自我价值为核心，以一定的能力、意愿、兴趣为半径为自己建立信息渠道，所获取的信息和已有的需要意识、知识结构和观念体系等构成的接受图式也基本匹配，在信息加工中仅通过启动"自动化"思维即可完成从图式 A 到 A+ 的发展和优化，而从接受图式 A 到 B 的顺应性图式建构较少。此外，从记忆生成的角度看，经过多次刺激后的大脑神经元联结会在不断强化下形成根深蒂固的思维，不断强化大学生的已有认知图式，从而导致个体的认知图式趋向窄化。

（二）自我证实导致认知协调异化

认知系统内部各要素间保持和谐一致，能为人带来愉悦感受，这种状态被称为认知协调，也是个体所追求的目标。心理学家费斯汀格指出，当我们的观点受到相反证据的挑战时，会陷入一种不舒适的心理状态，即"认知失调"。因此，个体往往更倾向于寻找能验证自己假设和信念的信息。神经科学家凯文·邓巴的研究也发现，当接收到与个人观点相符的信息时，大脑中与学习相关的区域会变得更加活跃，血液流动也会增加。

在日常生活和学习中，大学生在接触大众传媒信息时，更倾向于选择与自己既有立场和态度一致或相近的内容，以避免可能引发认知失调的新信息。他们倾向于在一个与自身观点、信念或价值观高度一致的信息环境中，维持认知协调的愉悦状态。基于这种认知心理和信息接收特点，算法推荐系统通过精确分发与大学生兴趣高度匹配的信息，即他们"最想看"的内容，将他们置于一个由算法推荐和自身接受模式双重筛选后的愉悦环境中。

然而，算法推荐作为个性化过滤器，打破了大学生在强化既有观点和获取新观点之间的认知平衡。这不仅导致他们对自己的思维框架过于自信，还在信息环境中剔除了激发学习欲望的关键因素，进而引发认知协调的异化。具体表现为：一方面，习惯于依赖算法推荐的大学生较少体验到认知失调带来的矛盾张力，随着同质性信息的增加，他们接触到的知识多样性逐渐减少；另一方面，这种情况可能导致他们的心智结构形成认知"惯习"，从而缺乏批判性思考和深入反思的内在动力，限制了他们整合信息和进行对比反思的能力发展。

此外，受算法规则内在资本特性的影响，带有偏向性的信息推送试图规范和操纵大学生的信息消费行为，为他们的"回音室"效应增加了屏障。这种效应加剧了信息内容的同质化，将"异类"信息排除在外，破坏了信息系统的生态平衡。这种失衡限制了大学生观察、分析和解决问题的视野，进而影响了他们的创新能力发展。

（三）共通情感导致认知理性偏离

在后真相时代，"情感先行于事实"的现象日益常见，这一现象的出现必然会挤占理性对话的空间，导致认知理性的偏离。法国心理学家古斯塔夫·勒庞认为："在与理性永恒的冲突中，失败的从来就不是感情。"虽然这一观点有失之偏颇之处，但现实中，生动的情感因素、源自生活的数据素材组成的感性叙事更加切合受众的接受特点和情感体验。换言之，共通的情感可消弭用户认知能力和认知习惯的差异，甚至驱动用户对信息进行再次传播和共享。算法推荐则充分利用了这一点，大打"情感牌"。一方面，信息生产者为加强信息的传播力，往往倾向于在信息中嵌入情感因素；另一方面，信息平台通过内蕴资本逻辑和工具理性的算法技术，从可视化的外化行为数据中识别用户的情绪状态，并以用户的行为偏好和情感取向为基础，不断推送更能聚合情感的信息内容，形成一波又一波的传播浪潮，导致公众沉浸于算法推送的信息狂欢中。在算法推荐的"情感"攻势下，大学生将思考和认知彻底交由值得"信任"的机器，在情感共鸣和情绪宣泄中把客观事实和理性思辨抛诸脑后，扼杀了理性思考。

此外，算法推荐通过协同过滤技术，帮助相似的大学生用户或群体之间产生特定的情感依赖和联结，推动他们向拥有同样价值的共同体靠拢，在圈层形成对内聚合和对外抗拒的社交圈以及越来越分化的情感，在不断形成的闭环论证中，大学生个体的观点和情绪被持续不断地强化和印证，与自己认同的传播者的情绪逐渐趋同，对与直觉和情感相悖的事实则选择性忽略，形成情绪共振现象，最终由情绪主导客观事实，导致认知理性的偏离。

五、算法推荐下大学生认知心理困境的应对之策

思想政治教育实质上就是通过输入信息以影响受教育者的思想认知、行为习惯的过程，因此，算法推荐技术的合理使用有利于提升思想政治教育的吸引力、

亲和力和实效性；反之，思想政治教育可以通过影响受教育者的思想认知、行为习惯等以化解算法推荐给大学生认知心理带来的困境。因而，针对算法推荐技术给大学生认知图式、认知协调和认知理性等带来的诸多困境，高校应加强大学生思想政治教育，帮助大学生克服和纠偏算法推荐智能技术带来的负面影响。

（一）拓展算法"推荐池"以激发大学生认知需求

需求是认知与行动的根本动力。马克思指出："任何人如果不同时为了自己的某种需要和为了这种需要的器官做事，他就什么也不能做。"个体的认知需求不仅是决定算法推荐信息能否进入心理加工阶段的决定因素，更是算法新一轮信息推荐的重要依据。因此，解决算法推荐导致的大学生认知图式窄化问题，高校思想政治教育首先应该从把握大学生的认知需求入手。

一方面，充分关注和有效识别大学生的真实偏好和认知需求，实现思想政治教育内容供需同步。把握并激发大学生正确、健康的认知需求是做好高校思想政治教育的首要前提。由于教育是教育者与受教育者双向互动的过程，也是受教育者"主体间性"的过程，因此，将教育者的信息单向决策模式转变为有大学生参与的双向决策模式，为大学生构建一个包括思想政治教育内容在内的信息生态系统显得格外重要。此外，要顺应算法推荐的技术逻辑特点，创新思想政治教育话语体系和叙事方式。这是因为，人类大脑通常习惯于选择认知负担轻的信息，通俗易懂、喜闻乐见的话语信息更加符合人的认知需求。在高校思想政治教育中，应将理论话语向生活话语甚至流行话语转化，并使用分众化、差异化的叙事方式，使教育内容生活化和具象化，提高算法推送的频率和效率；通过图片或影音视频等更直观的方式传递信息，增强感官体验，提高内容信息被大学生选择性接触的概率，提高教育主客体互动的沉浸效果，进而提升教育内容的吸引力。

另一方面，激发大学生的认知内驱力。认知内驱力是人内心存在的渴望认知的倾向，是意义学习中最重要的一种动机。激发大学生的认知内驱力是解决认识图式窄化的重要途径。大学生的认知需求大体包括思想理论、知识素养、道德情感等方面的需求，这就决定了高校思想政治教育要解决好大学生在上述方面普遍存在的认知困惑，帮助大学生澄清价值观念、坚定政治信仰、塑造精神家园，以实现认知引导、价值形塑。由此，高校应通过教育教学和社会实践，比如发挥思想政治理论课的主渠道作用，在教学中精选议题，将社会热点融入教学，组织学生进行充分讨论，引导他们主动搜索相关文献资料，努力推动"推荐池"中内容配比的重构，使之成为算法新一轮信息推荐的重要依据，同时达到激发认知内驱力、提升思想认知的目的。

（二） 增加"突变"因素以降低大学生自我证实偏向

根据演化博弈的观点，算法推荐和用户双方是通过选择和突变两个核心因素，在规律性选择后的平衡与偶发性突变的不平衡之间交互影响，实现信息系统的动态平衡。大数据和"推荐池"分别是算法推荐的前提和基础，为了减少算法推荐导致的用户"回音壁"逐渐增厚现象，降低"信息茧房"同质化信息导致的自我证实偏向，高校思想政治教育应增加算法推荐中的偶发性"突变"因素，打破算法推荐下规律性选择后导致的认知协调异化。

一方面，加强高校宣传思想话语权建设，主动设置议题，拓宽大学生的认知视界。打造学校官方媒介集群，依托学校官方媒介所具有的权威性等优势，经常性设置既符合主流价值观传播需要又贴近学生认知需求实际的议题，同时在叙事手法和呈现方式上契合青年大学生的认知特点，引导网络舆论，提高用户黏性。此外，针对社会热点和大学生关切，主动发声并及时回应，通过权威专家解读或朋辈观点分享等措施，预防性地化解算法传播可能造成的舆论冲突和非理性困局。

另一方面，发挥"社交圈层"的部落化传播作用，为大学生增加信息选择的"偶遇性"。比如，利用微信、微博、QQ等社交平台生产、转发、评论符合主流价值观的相关内容，加大正能量新闻、信息的"曝光率"；利用班级圈、年级群等社交圈层，发挥朋辈圈层在增加大学生信息选择上的正向引领作用；善用网络资源，关注流量较大的校园媒体和网络"大V"、意见领袖，促使他们承担起社会责任，让他们关注大学生的认知诉求，在引导的基础上注意多维吸引。

（三） 形塑认知框架以提升大学生的理性认知能力

在算法推荐的过程中，信息接收的模式，即认知图式，作为一个关键环节，主导着个体对信息的筛选、处理以及算法后续的推荐过程。在某种程度上，大学生在认知上的偏差可以归因于他们的认知图式或认知能力的不足。习近平总书记曾强调，"要深入研究青年学生的认知规律和接受特点"，"以主流价值观引导算法的运用"。加强对大学生认知规律和特点的研究，旨在优化他们的认知结构，提高他们的理性认知能力，从而降低算法推荐可能带来的负面影响。

一方面，需要提高大学生的算法素养。在由算法驱动的智媒时代，网络环境已成为影响主流价值观教育的新领域。因此，有必要引导大学生认识到算法推荐在他们日常生活和学习中的影响和作用。在教育过程中，应让大学生全面理解和感知算法推荐技术，形成适应大数据时代的思维方式，并让他们意识到"算法黑箱"的存在，以及算法推荐在资本逻辑下可能导致的个体认知局限、表面化和情绪化等问题。

另一方面，需要塑造大学生对媒介信息的科学认知框架。认知框架是大脑中各种认知元素相互关联的网络结构，不同的认知框架会影响个体对同一事物的看法和理解。在算法推荐的环境下，面对海量信息的冲击，高校应运用科学理论引导大学生树立正确的价值观，教导他们运用马克思主义的立场、观点和方法来分析、解决问题，引导他们正确认识世界、社会和自己，培养他们的道德情操和人格，明确人生方向，提升理性认知和批判性思维，进而形成对媒介信息"如何选择""如何理解"和"如何整合"的科学认知框架，最终培养出能够抵御算法推荐负面影响的理性认知能力。

第三章 大学生心理健康教育与大学生思想政治教育

在高校开展思想政治教育和心理健康教育的教学设计中往往将二者区分开来，但我国早在1994年便开始研究将二者有机融合的相关途径。由此可见，探索二者之间相关性并建立科学教育体系是当今高质量教育格局发展的重要支撑。二者从意识形态教育对象、教育目标来看均具备一致性，都是隶属于同一动态体系。开展针对高校大学生的心理健康教育与思想政治教育，辅导学生树立正确世界观、人生观和价值观，共同关注大学生人文思想，是推动教育改革发展进程的教育手段。

第一节 大学生心理健康与思想政治教育的现状

近些年来，部分高校不断探索思想政治教育与心理健康教育的融合途径，但整体教育效果还亟待提升。部分高校还未对思想政治教育与心理健康教育展开融合，这使得当下的思想政治教育偏重于教育理论体系建设，忽视学生动手实践能力；偏重于加快学生道德认知，忽视学生日常道德行为。长此以往，学生将以通过课程作为学习目标而忽视自身道德水平的提升。而在当前的大学生心理健康教育中，重视对大学生的心理咨询及个人个性化心理辅导。这将导致心理健康教育的受众群体仅仅是对自身心理认知产生障碍并可以勇敢面对自身问题的学生。在当前社会竞争压力及就业压力的巨大挑战下，学生普遍存在着心理问题，高校应重视大学生心理健康教育与思想政治教育的有效融合，注重建立二者之间的相关性。

一、大学生思想政治教育概述

大学生思想政治教育是指我国高等院校根据国家教育方针和教育活动规律，有目的、有计划、有组织地培养大学生思想政治素质、道德素质、法律素质、心理素质，使大学生成为全面发展的社会主义建设者和接班人的教育实践活动。

大学生思想政治教育是一种意识形态教育。从思想政治教育的性质来看，其具有鲜明的意识形态性。思想政治教育具有意识形态性和非意识形态性两个方面的属性，而意识形态性是它的本质属性。大学生思想政治教育不是一般的教育实践活动，在培养什么样的人的问题上，思想政治教育和其他教育相比，有其独特性。它是一定阶级和国家的社会实践活动，思想政治教育体现的是一定的阶级、政党和国家的意志，不是个人意志。思想政治教育作为一种社会实践活动，在有阶级的社会是普遍存在的，这就决定了思想政治教育的基本内容，就是一定国家的哲学意识形态、政治意识形态、伦理意识形态。在我国就是要坚持用马克思列宁主义、毛泽东思想和中国特色社会主义理论体系教育人们；就是要深入开展党的基本理论、基本路线、基本纲领和基本经验教育；就是要开展中国革命、建设和改革开放的历史教育，以及开展基本国情和形势政策教育。思想政治教育的意识形态性也决定了教育目标的阶级性。中国共产党的思想政治教育的目标是培养合格的社会主义建设者和优秀的接班人。思想政治教育特定内涵是指无产阶级的思想政治教育，是积极实现无产阶级科学理论掌握群众，树立科学的世界观、人生观和价值观，促使人的自由全面发展，为建设社会主义和实现共产主义而奋斗。这是思想政治教育和其他教育的根本区别。

　　大学生思想政治教育是全面发展教育中的重要组成部分。全面发展教育是指教育者根据社会主义的政治经济要求和人的身心发展的规律和特点，有目的、有计划、有组织地对受教育者实施的旨在促进人的素质结构全面、和谐、充分发展的系统教育，通常包括德育、智育、体育、美育、劳动技术教育等几个部分。大学生思想政治教育也就是大学生德育，广义的德育和思想政治教育内涵是一致的，主要内容都包括了思想教育、政治教育、道德教育、法治教育和心理教育。在外延上，德育主要用在教育领域，一般也是指学校德育，强调对学生进行德育。如中学德育和高校德育等。思想政治教育涵盖了所有领域，强调对全体社会成员进行思想政治教育。因此，大学生思想政治教育和大学生德育这对概念不论是从内涵和外延上都是一致的。所以，大学生思想政治教育要用马克思列宁主义、毛泽东思想和中国特色社会主义理论体系武装大学生，使他们成长为德智体美劳全面发展的社会主义建设者和接班人。思想政治教育能否引领大学生沿着正确的政治方向前进，直接关系到高等教育的成败，所以要坚持大学生思想政治教育的社会主义方向，坚持新时代中国特色社会主义思想的指导，坚持全面发展、与时俱进，不断创新。

二、大学生思想政治教育与心理健康教育融合的重要性

心理健康教育与思想政治教育均以高校在校学生群体作为教育对象,在育人层面具备协同性和统一性,共同致力于促进学生健康成长和全面发展。在新时代背景下,思想政治教育与心理健康教育融合的重要性主要体现在以下几方面:第一,心理健康教育与思想政治教育融合是促进学生健康成长和全面发展的必然要求。两种教育的深度融合,可以让学生在两种教育内容彼此渗透的熏染过程中形成良好的心理健康品质和较高的思想道德修养。第二,心理健康教育与思想政治教育融合可以聚合彼此的优质教育资源,聚焦大学生面临的实际问题。在协同育人的过程中将两种教育资源有效互补,可以实现教育内容的相互渗透,进而提升协同育人实效。第三,心理健康教育与思想政治教育融合可以提升教育的亲和力和针对性。心理健康教育与思想政治教育的融合有利于尊重学生的主体地位,关注学生的实际情况,分析学生的个性化特征,进而以符合学生习惯、更具亲和力的方式开展教育活动,让学生更好地接受思想政治教育与心理健康教育内容。

三、大学生思想政治教育中的心理育人发展过程

(一)萌芽阶段

我国心理健康教育工作起步于 20 世纪 80 年代,随着世界卫生组织从健康促进的角度重新界定了健康的概念,心理健康教育逐渐受到教育学和心理学领域的广泛重视,越来越多的德育工作者开始探究心理健康教育对个体发展的独特作用。1987 年,班华教授首次提出"心育"概念,论证了心理教育与素质教育的关系。随着心理健康教育理论的不断发展,全国一些高校开展了与心理健康教育相关的实践,取得了一定的成效,引起了相关部门的关注。20 世纪 90 年代,心理健康教育受到党和国家的重视,政府有关部门结合高校思想政治教育和心理健康教育工作的开展状况,陆续颁布了众多政策文件,加强对心理健康教育的政策引导。1995 年颁布的《普通高等学校德育大纲》,从德育的角度规定了心理健康教育的内容、要求和目标,并将其纳入德育范畴,培育良好的心理素质成为德育的目标。

(二)快速发展阶段

这一时期,教育部及相关部门注重高校心理健康教育实际工作的开展,将心理健康教育作为高校人才培养的重要内容,并在 2001 年印发《关于加强普通高等学校大学生心理健康教育工作的意见》,对心理健康教育的内容、原则和方法进

行说明，心理健康教育开始成为相对独立的教育工作，在高校获得了进一步的发展，相关的理论研究逐步深入。随着实践工作的开展，心理健康教育对个体发展的促进作用逐渐凸显，受到了政府相关部门的广泛重视。2005 年，多个部门联合出台《关于进一步加强和改进大学生心理健康教育的意见》，对促进心理健康教育实际工作的开展，提出了建设性的意见，为具体工作的落实提供了详细的理论指导，咨询服务与心理健康教育得到广泛普及，相关的学科研究也得到了快速发展。在《普通高等学校学生心理健康教育工作基本建设标准（试行）》（教思政厅〔2011〕1 号）中，心理健康教育被提升到新的战略高度，加强高校心理健康教育成为建设人力资源强国的重要内容，这份文件对心理健康教育的各项工作体系进行了详细的说明，为实际工作的开展提供了更为具体的规定，使心理健康教育更加标准化。

（三）规范发展阶段

进入新时代，社会发展呈现出新的时代特征，心理育人受到了高度重视，政府的相关部门从政策层面对心理育人工作的开展进行了具体规定。党的十九大以来，教育部先后颁发《高校思想政治工作质量提升工程实施纲要》《高等学校学生心理健康教育指导纲要》，将心理育人纳入"十大"育人体系，这两项政策文件立足于新的历史方位，结合心理育人的实际工作，对心理育人的指导思想、总体目标、基本原则等具体内容做出了更为详细的规定，从顶层设计的角度对高校心理育人工作做出重要部署。这一时期，心理育人的理念得到了广泛传播，具体的实践工作也得到了进一步的发展。心理健康教育从产生到规范化发展，经历了30 多年的历程，对这 30 多年的发展历程进行全面的分析与总结，可以发现，高校一向注重学生心理素质的培育，重视心理健康教育对促进学生全面发展的重要作用；在理论上，学者们利用思想政治教育的学科优势，从不同的角度探究心理健康教育的内容、原则与途径，为高校心理健康教育工作提供新视野；在实践中，高校注重心理健康教育工作的制度化和专业化发展，从最初的教育教学和心理咨询发展到由线上线下相结合、多种途径共同发挥作用的立体工作格局。

四、大学生思想政治教育中的心理育人内容

高校思想政治教育中的心理育人内容丰富，按照具体教育内容的不同，可以划分为知识性教育、适应性教育、预防性教育和发展性教育四个方面。

（一）知识性教育

知识性教育包括普及心理知识、传授心理技能两个方面，是高校心理育人的

基础性内容，对这一部分内容的教育须贯穿高校心理育人全过程。课程教学是开展知识性教育的重要方式，高校以课堂教学的形式向学生传授心理健康教育知识，知识的传授不仅要涉及心理学的基础理论，还要注重知识内容的实用性和发展性，促进理论知识和大学生实际生活的结合，引导学生树立心理健康意识；坚持正确的价值导向，丰富心理健康教育的内容，加强与思想政治理论的结合，在知识教育中融入一定的世界观、人生观和价值观教育，在提高理论素养的同时促进学生思想道德的发展。开展知识性教育不仅要向学生普及心理健康的理论知识，还要帮助学生掌握解决心理问题的技巧与方法。在教育过程中，展示心理健康教育的相关案例，通过案例教学，从心理、思想和价值观等多个角度向学生分析常见心理问题类型、成因，向学生传授分析和解决心理困惑的方法和技巧，提高学生的价值判断能力，帮助他们正确认识心理异常现象，树立正确的价值观念，掌握心理调节的具体方法，使学生能够正确看待并有效处理内在的心理困惑和心理问题，进一步提高学生的心理健康水平。

（二）适应性教育

适应性教育包括个体心理状态调节能力的培养及社会适应能力的培养。适应能力是个体生存和发展的必备条件，也是人应有的基本素质之一。学会适应是大学生生存和发展所必须面对的课题，也是高校心理育人的重要任务。高校通过专题讲座和主题班会的形式向学生宣传心理状态调节的重要性及具体方法，帮助学生掌握心态调节的基本方法，学会正确认识自己的心理状态，主动进行情绪控制和心态调节；开展挫折教育，指导学生学会以乐观的心态面对和解决生活中的困难与挑战，提高学生的心理承受能力和抗压能力，强化学生的道德意志，增强他们战胜一切困难的勇气与决心，进一步提升学生的适应能力。

社会发展的客观性和复杂性，要求大学生具有与社会发展相适应的能力和心理素质。高校通过心理常识教育引导学生树立正确的自我意识和道德认知，帮助学生掌握自我调节、自我管理和自我控制的知识和技能，使学生能够根据外在环境的变化，主动调节并控制自己的心理和行为，在与社会环境的交互作用中同周围环境达到一种和谐、平衡的状态。高校有效运用价值澄清和价值辩论的方法开展心理健康教育，引导学生辩证地看待社会中的各种复杂现象，树立正确的道德观念和价值取向，使学生能够以道德规范为准则，主动适应社会环境的变化，积极面对社会发展带来的新挑战，在与社会环境的交互过程中实现自我价值和社会价值的统一，在提高学生的社会适应能力的同时促进学生心理素质和道德素质的协调发展。

（三）预防性教育

预防性教育主要包括自我心理保健能力的培养及心理危机的预防教育。大学生具有心理自助的潜力和能力，提升大学生的自我心理保健能力是开展预防性教育的主要内容。高校通过多种途径向学生宣传自我心理保健的基础知识，结合高校思想政治教育的相关理论，从思想上提高大学生对自我心理保健的认识，改变学生对心理保健和咨询服务的错误认知，加强心理自助意识，使学生明确寻求心理服务的具体流程；通过实践教学，引导学生合理运用心理保健和心理调节的相关方法，学会区分心理问题和思想问题，使学生能够依据社会规范和道德要求对自身心理进行调节和控制，减少心理问题的产生；积极开展心理素质拓展活动，以应对挫折和直面压力为主题进行拓展训练，指导学生正确面对挫折与压力，化解内心冲突，在实践中提升学生的自我心理保健能力。

当大学生的心理状态失衡时，容易引发心理危机，严重影响学生的日常生活。加强大学生心理危机的预防与干预教育是使大学生健康成长的重要手段。高校通过主题讲座、课堂教学等形式，结合学生的身心实际，有效开展预防教育，提高学生的防范意识与能力；建立危机防控体系，尽早发现学生的心态变化，对高危人群给予及时的疏通和引导，注重做好特殊时期的心理危机预防工作，防止危机事件的产生；组建专业的教师团队，运用科学的咨询技术对存在心理危机的学生进行及时的干预与疏导，强化价值干预，帮助学生克服价值观念的缺陷，改变学生不合理的认知和心理定式，从源头上消除危机；结合思想政治教育的相关理论，以社会主义核心价值观为引领，在危机结束后，加强对学生的人文关怀，减少危机带来的不良影响，引导学生树立与社会发展相适应的价值体系，防止心理危机再次发生。

（四）发展性教育

发展性教育着眼于个体的全面发展，主要包括良好人格的培养及心理潜能的开发，是高校心理育人最高层次的内容。人格是一个人内在心理通过行为的外化表现，也是个体心理品质的外化体现。高校心理健康教育注重培养学生正确的自我意识，在教育过程中不断提高学生的自我知觉能力，使学生能够在深入认识自我、正确分析自我的基础上，主动适应外在环境的变化，有意识地优化自身的心理特质，逐渐形成较为稳定的个性心理品质；通过开展多样化的社会实践活动，促进学生的心理发展与社会环境的有效互动，引导学生将良好的心理品质转化为积极的行为方式，使学生实现内在心理和外在行为的协调一致，进一步完善学生的健康人格，为学生的全面发展奠定基础。高校心理育人注重学生自身价值的彰显和内在潜能的开发。个体价值的彰显离不开坚定的理想信念，高校心理育人将社会主义核心价值理念融入心理健康教育的各环节，通过启发性教学，调动学生积极的心理情感，引导学生树立正确的理想信念，主动承担自己作为时代新人的使命与担当，自觉践行社会主义核心价值观，在时代的发展中实现自身价值。开发内在潜能是高校心理育人关注的重点，高校通过开展心理辅导教学和心理咨询服务，使学生认识到自己作为时代新人的发展目标以及自我发展的实际情况，学会发现自身的潜能和不足，进行有效的自我评价，引导学生充分发挥自身的优势，在日常活动中主动选择和利用各种教育资源，有意识地开发自身的心理潜能。

五、思想政治教育中的心理育人取得的成效

（一）心理育人理念与实践逐步深化

心理育人既是一种理念，也是一种实践。心理育人的内涵丰富，实施方式多元，在具体工作中随着理论和实践的深入而不断发展完善，对心理育人的理解是一个不断深化的过程。心理育人理念和实践是随着高校心理健康教育的发展而逐步发展起来的。

心理育人理念与实践初步发展。高校心理健康教育旨在更好地发挥心理育人的作用。改革开放以来，我国的心理健康教育从初期的注重障碍矫治，到转型期的心理健康教育，再到发展期的心理健康教育模式的形成，每个阶段的心理健康教育都贯穿着心理育人的理念与实践。20 世纪 80 年代中期，高校的心理健康教育逐渐兴起，以发展学生的非智力因素、维护学生健康的心理状态为主。随着全国高校心理健康教育的迅速发展，国家陆续颁布各种政策文件，将心理健康教育纳入高校思想政治教育工作体系，在学术界掀起了心理健康教育的研究热潮，涌现出许多优秀的成果，各地的教育主管部门及高校共同组织开展学术会议，使心理健康教育的理论和实践成果得到社会各界的广泛认可，进一步加强了高校心理健康教育的发展。高校逐渐将心理健康教育纳入高校育人体系，心理育人的理念及实践得到初步发展。

心理育人理念与实践受到重视。高校思想政治教育强调心理育人是随着 1994

年国家强调心理健康教育开始的，并逐渐得到重视。心理健康教育的主要目的是在提高心理素质的过程中培育人的思想道德品质，促进人的全面发展，实现心理育人。心理健康教育奉行"心理育人"理念，把心理育人理念融入教育的全过程。张圻海在2000年就提出了心理育人这一模式，"教师把对学生心理素质教育有机地渗透到教育教学活动中，实现教书和育人的统一"。[1]为转变高校思想政治教育偏重政治思想和道德规范的灌输，忽视学生心理素质和个性品质养成的状况，心理健康教育得到进一步的重视和发展。在实际工作中，高校心理健康教育主要经历了三个阶段：一是重视心理健康教育、提升适应能力和完善人格的阶段；二是增强心理素质和心理调节能力的阶段；三是培育平和心态，促进心理健康教育与思想政治教育、学科教育相结合的阶段。在每个阶段，高校开展心理健康教育，都是凭借着实施载体的丰富而不断发展的，积累了宝贵的经验，取得了优秀的理论和实践成果，如设置心理必修课程、完善教材编写、构建心理咨询与服务中心、优化心理活动等。在实际工作中，高校根据具体的工作开展情况，充分利用课堂主渠道和现代载体等多种形式开展育人工作，重视发挥心理健康教育的引导作用，调动积极的心理因素促进学生思想品德和行为习惯的养成。党和国家高度重视心理育人工作，党的十八大以来，教育部陆续颁布了一系列政策文件，正式将心理育人纳入高校思想政治工作"十大"育人体系，为高校心理育人实践的进一步发展指明了方向，使心理育人理念逐渐深入人心。

（二）心理育人的实施载体不断完善

实践活动逐渐丰富。实践活动是开展高校心理育人工作的有效载体。以往高校的心理健康教育以课堂教育为主，注重理论的灌输和知识的传授。随着心理健康教育理论与实践的不断发展，高校注重学生素质与能力的培育，追求学生身心的平衡发展，将社会实践、志愿服务、情境体验等实践活动作为高校开展心理健康教育和提升在校大学生心理素质的重要载体。当前心理育人实践活动的设计主要分为三个方面：认知素质类、情感素质类和社会素质类。认知类实践活动着力培育学生主动学习的意识和能力，在激发学生学习兴趣的同时融入部分专业知识，比如定期邀请专家、老师就心理健康的主题做知识的传授和经验的分享，增强实践活动的专业性；重视活动主题氛围的营造，在每年的"5·25"大学生心理健康

1　张圻海.心理育人——高校育人新理念［J］.思想·理论·教育，2001（12）：44.

日开展主题活动，鼓励学生在活动中尽情抒发自己的所思、所想，让学生通过主动参与的方式拓展知识系统，提升学生的心理健康教育意识与能力。情感类实践活动强调培养学生推己及人的共情能力，在专业教师的带领下开展心理体验类活动，通过设置生动的活动主题，营造温馨的活动氛围，帮助学生在活动中开启自己的思考和体验，激发学生对他人的理解与关怀能力。社会类实践活动通过开展各类社会实践和志愿活动服务，培养学生的实践能力和抗压能力，使学生在实践过程中实现个人价值和社会价值的统一，增强学生的责任意识。丰富的实践活动赋予了学生参与发现、体验和感悟心理健康教育的主动权，促进心理健康教育实践活动的发展与完善是新时代高校心理育人工作的主要内容。

网络载体得到发展。网络技术的快速发展使学生的学习与交流方式发生了显著变化，促进了高校心理育人载体的多样化发展。各高校通过构建心理教育的线上平台，拓宽了心理育人的交流渠道，丰富了心理健康教育的网络资源，增强了心理育人的实效性。近年来，部分高校运用网络载体开展心理健康教育，取得了良好的成果，如东北师范大学创建以心理健康教育和服务为主题的专题性网站，根据学生心理成长的需要设置心理测评、危机管理和心理咨询预约等实用性模块，围绕学生的生活主线设计"心理氧吧""心理影视"和"心灵使者"等专题栏目，通过网站向学生提供心理健康服务，有助于学生以更为开放的心态进行心理自助和求助；湖南大学启用微信公众平台开展心理健康教育，以"自助助人"为宗旨，定期推送精品文章向学生普及心理健康知识、宣传心理健康活动，开设"树洞"和"心晴"栏目，为学生提供一个可以倾诉烦恼、抒发心声的平台，切实解决学生的心理困惑，充分发挥心理健康教育网络载体的育人功能；河北大学的幸福微影社将微电影作为高校心理育人的传媒载体，围绕学生的学习生活开展心理微电影的制作与展播，把复杂的心理学知识通过声音、图像等生动立体的方式呈现给学生，引发学生的情感共鸣，使学生感同身受并自发传播优秀的视频作品，增强了心理健康教育载体的吸引力和感染力。

六、思想政治教育中的心理育人存在的问题

在国家政策的推动下，高校思想政治教育中的心理育人取得了良好的成效，但由于诸多因素的影响，其在实际的工作中还存在着一定问题。

（一）高校心理健康教育与思想政治教育未能有效融合

心理育人是心理健康教育与思想政治教育的有机结合，二者的融合程度直接

影响着高校心理育人工作的开展。由于心理健康教育发展的时间较短，在理论研究和实际工作中未能和思想政治教育实现有机融合。

二者的关系未能达成共识。心理健康教育与思想政治教育的关系问题，一直是学术界研究的热点，虽然近年来心理健康教育的相关理论得到了进一步的丰富与发展，但是在如何正确理解和处理思想政治教育与心理健康教育的相互关系上，不同学科背景的研究者仍存在不同的观点。有的学者认为，心理健康教育与思想政治教育相互独立，具有不同的理论基础、方法途径和目标方向，是两个不同的学科，它们和智育、体育、美育共同构成高校的教育内容。这一观点虽然看到了二者的差异性，但是却忽视了二者共同作为高校素质教育的内在联系，把个体的心理与思想的关系割裂开来，未能全面地看待二者的关系。有的学者认为二者是附属的关系，心理健康教育属于思想政治教育的范畴，是思想政治教育系统的构成要素，起着重要的辅助作用，这种观点是当前教育部普遍提倡的，并以政策文件的形式，对二者的关系予以明确和说明。还有的学者认为思想政治教育和心理健康教育是相互交叉、互存互补的关系，既有相互独立的部分，又有相互重叠、互为补充、相互借鉴的内容，二者都具有育人功能，可以在融合中共同发展。这是一种既超越组成部分，又保持各自学科独立性的观点，也是当前大多专家和学者所支持的观点。

二者在融合中存在着问题。在政策的指导下，高校心理健康教育与思想政治教育相互融合，取得了很大的成就，但仍存在着一定的问题。

第一，心理健康教育"思政化"。我国高校的心理健康教育是在政策的引领下，伴随着思想政治教育不断发展起来的，经过长期的结合，在理论研究和实际工作中，存在思政化倾向。

首先，队伍建设的思政化倾向。在我国高校心理健康教育发展初期，主要由思政工作者来承担心理健康教育教学和心理咨询服务的工作。近年来，随着心理健康教育的快速发展，越来越多的心理学专业人才加入了高校心理健康教育的队伍，提升了教师队伍的专业化程度。然而，由于心理健康专职教师的数量较少，缺乏一定的实践经验，思政工作者仍是心理健康教育工作的主力。由于部分思政教师缺乏心理学专业的背景，难以有效推动心理健康教育工作的顺利开展。

其次，教育理念的思政化倾向。心理健康教育强调个体的自然性，重视学生个性心理品质的发展，在尊重和理解的前提下，按照学生的心理成长规律，指导和帮助学生形成正确的自我认知和良好的自我调节能力。而思想政治教育是教育者将特定社会的思想观念和道德规范传授给学生，具有鲜明的阶级性，注重培养学生高尚的道德品质和坚定的爱国情操，使学生形成与社会发展相适应的思想与行为，强调个体的社会性。由于心理健康教育的工作队伍中思想政治教育工作者占多数，容易产生教育观念的思政化倾向，在工作中往往片面强调心理健康教育对学生道德品质发展的作用和对社会和谐稳定的意义，忽视学生的个性特点，偏离了"以人为本"的教育理念。

最后，教育方法的思政化倾向。传统的思想政治教育以正面灌输和理论说教为主，通过课堂教育向学生传递思想政治教育的相关理论知识，这种方法被广泛地应用到心理健康教育中。各高校通过开设心理健康教育课程，向学生传授心理健康的技能和常识，由于班级容量较大，教育资源不够充足，在授课的过程中偏重理论灌输，与学生的互动较少，使学生对知识的理解停留于表面，未能有效触动到学生的内心。部分辅导员和思政教师由于缺少心理学专业的知识，难以有效划分心理问题和思想问题的界限，受惯性思维的影响，在解决问题时容易忽略学生的心理因素，用思想政治教育的理论和方法来解决问题，不利于心理健康教育工作的有效开展。

第二，心理健康教育与思想政治教育在结合的过程中滋生矛盾。辩证法要求我们要用联系、发展、变化的眼光看待客观现实。心理健康教育与思想政治教育的结合过程，既是相互促进的过程，也是相互影响、容易滋生矛盾的过程。思想政治教育在实际工作中也存在很多不易处理的问题，如思想政治教育未能充分满足学生心理发展需求，在处理复杂的心理问题时，已不能运用单一的外部灌输和传统的说服教育去解决学生内在的困惑。受外在复杂环境的影响，思想政治教育逐渐暴露出自身存在的不足，需要进行有针对性的完善与发展。由于心理健康教育发展的时间较短，在发展的过程中也面临着各种现实难题，未能充分发挥自身优势消解思想政治教育所面临的困难与挑战。在二者结合的初始阶段，甚至较长的时间里，难免会存在一定的碰撞与冲突，甚至产生相互同化的倾向。由于心理健康教育理论与实践的发展尚未成熟，这一时期形成的矛盾使思想政治教育面临新的难题，影响教育工作的有效开展。心理健康教育存在的理论和实践短板激化了思想政治教育的内在矛盾，思想政治教育的难题又给心理健康教育带来不利影响，二者的负面因素相互影响，又给二者的结合带来了新的矛盾与难题。这种矛盾的累加既不利于心理健康教育与思想政治教育的发展，又给心理健康教育工作者和思想政治教育工作者带来了难题。这种相互碰撞的情况在短时间内仍然会存在。这种融合中的不利因素势必会影响思想政治教育和心理健康教育原有的发展趋势，使二者的发展速度减缓。尽管二者在融合过程中存在的问题已经逐渐减少，但并不代表这些问题已全部得到解决。在实践中仍要以谨慎的心态对待心理健康教育与思想政治教育在融合过程中所出现的一切现象，减少矛盾的产生。

（二）高校心理健康教育重视矫治性，忽视发展性

20世纪80年代，心理健康教育在高校得到了初步发展，以障碍性矫正为主，向个别存在心理障碍的大学生提供心理咨询，进行心理辅导，矫治心理问题，具有明显的医学化倾向。随着高校素质教育改革的不断深入，越来越多的学者认识到原有教育模式对人才培养的局限性，开始转向发展性思维方式，使发展性心理健康教育成为高校心理育人工作的主要内容。近年来，以提高学生心理素质为主的发展性心理健康教育观念已逐渐深入人心，但在实际的工作当中，由于多种因素的影响，高校心理健康教育仍存在重视矫治性、忽视发展性的问题。

第一，表现为重视知识传授，忽视思想引领。根据教育部的有关规定，大多数高校将大学生心理健康教育课程作为必修课纳入教学计划，并在实践中不断发展完善。课程教学是高校心理育人的主渠道，是培养学生良好的心理品质和健康人格的重要方式，对学生的心理发展具有重要作用。由于我国心理健康教育教学开展的时间较短，心理健康教育与思想政治教育的结合尚不充分，在实际教学中仍停留在知识传授的层面，缺少有效的思想引领。在教学过程中，教师通常是按照书本内容向学生传授心理健康教育的理论知识，机械地完成教学任务，缺少必要的教学互动；教学内容大多为心理学的基本原理和方法，有关人格塑造、价值观培育的发展性教育内容较少，部分内容与学生实际生活脱节，难以对学生进行深入引导；课程的评价方式以期末的试卷考核为主，主要考查学生对心理知识的掌握程度，忽视学生心理和思想的发展变化。在这种教学方式的影响下，部分学生以修读必修课学分为目的，被动地进行知识学习，完成课程任务，不利于学生心理潜能的开发。心理育人旨在优化大学生的心理品质，提升心理素质，单纯的知识灌输难以有效提升学生的心理素质，甚至会影响学生对心理健康教育的认知。许多高校已认识到当前课程教学存在的不足，但由于客观和主观条件的限制，无法有效改变这一现状。由于心理健康教育的相关知识和思想政治教育的理论内容尚未有效融合，没有形成系统的教育内容，再加上高校具有心理学专业背景的教师较少，缺少课堂教学经验，使教育效果受到影响。心理素质的提升是一个长期的过程，不是仅凭知识的积累就可以，心理育人应坚持正确的思想引领，提高教育内容的价值性，充分发挥课程教育对提升学生心理素质的重要作用。

第二，表现为重视心态培育，忽视价值导向。立德树人是高校心理育人的重要方向和最终目标。高校心理育人工作不仅要培育学生的平和心态，维护心理健康，还要做好正确的价值导向，用社会主义核心价值观凝魂聚力，培育学生良好的道德品质，促进学生心理素质和思想道德素质的协调发展。但当前高校的心理健康教育，往往把工作重点集中于学生健康心理的维护和良好心态的培育，忽视心理滋养对培养学生思想品德的辅助作用。

目前，部分心理健康教师由于缺少系统培训，未能以全面、发展的眼光看待心理健康教育的相关内容，对心理健康教育存在认识上的偏差，认为心理健康教育的主要任务是做好心理问题的防治工作，引导学生掌握一定的心理知识与能力，从而提高他们的心理素质；而有关思想道德教育的相关内容，则是思政教师的职责，少数教师没有意识到心理素质和思想道德素质之间的联系。在高校心理健康教育的课堂中，教师通常以心理学的基本原理和方法为主要内容，很少对学生进行社会主义核心价值观和思想道德的教育；在各种专题讲座中，通常以学生容易出现的各种心理问题为重点，给学生传授缓解心理压力的知识和技巧，缺少明确的价值导向；在心理咨询和预防干预的过程中，往往以解决学生心理问题和培养良好心态为目的，缺少必要的价值干预。在高校心理育人的实际工作中，价值教育是应当且必需的，许多学生的心理问题源于自身价值观的混乱，正确的价值干预与引导有助于从根本上帮助学生解决心理问题。高校心理育人如果仅停留在学生的心理层面，忽视必要的价值干预与引导，既不利于自身工作的开展，又不利于学生健康心理的培育。

第三，表现为重视问题解决，忽视个体发展。高校心理育人工作不只是帮助学生应对和解决心理挫折，更重要的是提升学生的心理自助能力，促进学生的全面发展。当前，多数高校已逐步设立了心理咨询室或心理健康中心为学生提供心理服务，心理咨询工作在各大高校正逐步发展完善。虽然心理咨询工作取得了一定的进展，但在实际工作中，仍是以障碍性心理咨询为主，将消除学生的心理障碍作为主要工作任务，只面向部分存在心理问题的学生开展咨询工作，帮助他们排解不良情绪，解决心理难题。这种咨询方式重点解决的是学生已形成心理障碍的问题，只关注学生眼前的局部的具体问题和影响因素，虽然能暂时缓解学生的心理压力，但这只能解决学生一时的心理问题，却不能帮助学生获得更高层次的发展。在学生成长发展的过程中，难免会遇到更加复杂的问题，正确的自我认识和良好的自我调适能力才是解决学生心理问题、促进学生成长成才的关键。随着社会的快速发展，学生的物质需求得到了较好的满足，开始转向更高层次的心理和精神上的满足，对心理咨询工作提出了新的要求，除了要矫治心理障碍，还希望学生具备积极的人格品质，可以从容应对成长过程中的多种困惑和挫折。但是，当前我国高校有关心理咨询的相关研究还存在短板，多数高校还停留在心理问题解决的阶段，未能充分满足学生的心理发展需求。

（三）复杂环境增加高校心理育人的难度

受经济全球化、经济市场化、信息网络化的影响，大学生的心理表现出更为复杂的变化，使高校心理育人工作面临新的难题。

第一，经济全球化。随着全球化进程的加速，经济全球化成为现代社会发展的客观趋势。在经济全球化的浪潮下，各国间的经济往来不断扩大，各国间的文化交往也逐渐密切。在这一背景下，我国的文化呈现多元的发展趋势，各种文化之间不断发生交流与碰撞，在丰富学生文化视野的同时，也给学生的心理发展带来了负面影响。世界经济的快速发展，加快了各国文化在全球范围内的传播与交流，使西方国家的各种思想文化和社会思想大量涌入我国，与我国的本土文化和价值观念产生冲突。西方的个人主义、历史虚无主义和新自由主义等错误思潮严重威胁着我国的意识形态安全，部分西方国家依靠互联网的优势大肆宣传利己主义、实用主义等错误的思想观念，给大学生带来了思想迷茫和价值困惑，不利于学生的心理健康发展。各种错误的社会思潮和价值观念相互交织，加剧了大学生心理的复杂性，给高校心理育人工作带来了挑战。

第二，经济市场化。经济市场化改革为大学生营造了具有市场化特征的社会环境，在推动学生思想观念革新的同时，也强烈冲击着学生的精神世界。市场经济过分强调物质利益和个体利益的合理性，使拜金主义、享乐主义等错误的价值观念盛行，冲击了传统的义利观，对学生的心理发展带来不利影响。市场经济的趋利性使等价交换原则、成本分析等经济学理论深入人心，使大学生产生功利主义的价值倾向。受功利主义的影响，大学生的思想和价值观念大多受到个人现实利益的支配。现实生活中存在着大量繁杂的利益关系，短期利益和长期利益、局部利益和整体利益、个人利益和社会利益，这些利益关系相互影响、相互制约，时刻发生着变化，使学生的思想和价值观念随着利益关系的调整而不断改变。思想的波动必然会引起心理变化，在市场经济的影响下，学生的心理呈现出多变性的特点，进一步加大了高校心理育人工作的难度。

第三，信息网络化。信息网络化使人类社会进入新的发展阶段。当代大学生是伴随着互联网的发展而成长起来的，信息网络化拓宽了学生获取信息的渠道，使学生能够随时随地搜集到海量的数据信息，多样的信息开阔了大学生的视野，丰富了他们的专业知识，但由于网络信息存在复杂性和不确定性，给高校心理育人工作带来了新的挑战。信息网络具有开放性和虚拟性的特征，任何人都可以通过网络平台发表各种信息，这些信息的内容无法进行有效的过滤和控制，使得各种真实信息和虚假信息、有效信息和错误信息混杂在一起。面对复杂的信息环境，大学生的思想和价值观念呈现出多元状态，这种状态直接影响着学生的心理发展，使学生的心理也呈现出多样性的特点。同时，信息网络的发展，改变了学生原有的信息交流与分享模式，使高校教师难以准确把握学生的思想和心理变化，影响了高校心理育人工作的有效进行。

（四）未能有效贯彻"三全育人"教育理念

"三全育人"即全员、全程、全方位育人，是习近平总书记在全国高校思想政治工作会议上强调的重要理念，有助于提高思想政治工作的实效。心理育人作为高校"十大"育人体系之一，应进一步落实"三全育人"目标要求，但在具体的工作中，由于多方因素的影响，"三全育人"教育理念未能得到有效贯彻。

心理育人的队伍不够健全。全员育人强调心理育人工作不再局限于心理健康教育工作者和辅导员，要求全体教职工共同发挥育人作用。但当前育人队伍的建设存在不足，全员的参与性不够。第一，专业队伍建设不强。我国高校心理育人工作起步较晚，相应的专业教师数量较少，缺乏实际工作经验，未能满足高校大学生群体日益增长的心理发展需要。专业教师的紧缺限制了高校心理育人工作的深度和广度，部分高校仅设立了心理健康服务中心，为学生提供心理咨询与疏导服务，未能面向全体学生开展普及性的心理素质拓展活动，影响了育人工作的实效性和针对性。第二，辅导员缺少心理专业背景，难以发挥育人作用。辅导员是高校育人工作的主力军，对学生有直接影响。但当前辅导员队伍普遍缺乏心理专业背景，相关的心理育人能力欠缺，对大学生心理问题和思想问题的体察不够，难以有效地对学生开展心理辅导。此外，辅导员既要承担学生的日常管理工作，也要承担公共课的教学任务，辅导员的精力有限，繁杂的日常工作使辅导员们难以主动地在学生中开展心理育人工作。第三，各职能部门的心理育人意识相对欠缺。近年来，全员育人的理念在各大高校已达成共识，但在具体的实践中仍存在着一定的问题。部分管理服务部门教师的育人意识淡薄，认为心理健康教育是心理健康专职教师和辅导员的工作，未能结合自身的职责优势开展心理育人工作，影响了高校心理育人工作的有效推进。

心理育人的过程缺少衔接。全程育人指心理育人工作应贯穿于学生的整个大学生涯，强调心理育人工作的连贯性。目前，高校心理育人的"全程性"较弱，育人过程未能实现有效衔接。一方面，心理育人的阶段性不明显。大学生的心理状态是一个不断发展的过程，处在不同的成长阶段会呈现出不同的心理特点。高校应根据学生身心变化规律和可能存在的问题有针对性地开展心理育人工作，然而，大多高校的心理健康教育课程和实践活动只集中于大一阶段，对大二及以后的阶段关注较少。虽然高校的心理健康中心是面向各年级学生提供心理服务的，但由于缺少统一安排，仍不能很好地满足不同阶段学生成长发展的需要。另一方面，心理育人的假期教育相对欠缺。每位大学生在每年都会有三四个月的寒暑假假期，学生在假期面临着多样的生活情境，自身的心理和思想也会受到外界环境的影响而发生变化。但这一时期教师和学生无法进行面对面的集中交流，导致心理育人工作无法正常开展，使心理育人过程存在断点。

心理育人的方位有待完善。全方位育人强调心理育人要融入学生成长的各环节、高校工作的各领域。心理育人涉及高校多个工作领域，这些领域依循不同的逻辑，对心理育人工作发挥着重要作用。当前，高校心理育人的"全方位"有待完善。高校心理育人注重课程建设、实践活动和网络载体的育人作用，但未能有效发挥管理、服务、文化等方面的育人功能。课程育人是心理育人工作的主要方式，教师通过系统课程教育，向全体学生传递心理健康教育的相关知识和技能，在实际工作中取得了良好的教育效果；实践育人通过开展多种多样的心理实践活动，向学生施加积极的心理影响，能够有效促进学生的自我教育和自我成长，是心理育人工作的重要方式；由于网络具有突破时空限制的特点，能够将学生喜闻乐见的元素和媒介融入心理健康教育中，提升了心理育人工作的时效，网络育人逐渐受到了高校的重视。心理育人在高校课程育人、实践育人和网络育人等工作领域取得了一定成就，但在管理服务和校园文化等领域，未能实现有效的整合和融通。部分高校的管理和服务部门固守机械化的岗位边界，注重日常工作的标准化与规范化，没有意识到管理服务对学生心理健康的促进作用，弱化了管理服务对学生的心理关怀和人格提升。校园文化具有隐性教育功能，当前部分高校的校园文化建设流于形式，未能充分挖掘校园文化建设中的心理育人内容，影响了校园文化建设和心理育人工作的有效融合。

第二节 大学生心理健康教育与思想政治教育的联系

当代高校大学生的心理状态呈现出亚健康现象，这与我国社会的发展有密切的关系，长此以往会造成无法更好为党和国家培养人才的严峻后果，因此，心理健康教育的作用便凸显出来，国家号召高校制定相应思想政治教育决策，厘清思想政治教育与心理健康教育之间的关系，为国家培养栋梁之材。《论思想政治教育与心理健康教育的关系》一文中讨论了两者之间的关系，文中表示，这两种教育的含义虽不同，但存在着必要的联系。两者之间的区别在于侧重点不同、实施对象不同，但教育目的相同，都是为了把大学生培养成为全面发展的人；两者之间的联系在于都是培养大学生综合素质的重要渠道，二者相辅相成，心理调节是大学生心理健康的保障，思想政治教育是高校育人的重要手段。大学生心理健康教育与思想政治教育存在内在关系，二者不仅是传授基本知识，更重要的是帮助大学生形成积极健康的人格和高尚的思想道德品质。所以，首先要厘清心理和思想、心理健康和思想品德、心理素质和思想政治素质这三组基本概念之间的关系，以便我们更好地从理论上理解大学生心理健康教育和思想政治教育相结合的内在条件。

一、心理和思想的关系

心理和思想是我们经常使用的词汇，生活中我们都能理解它。但在不同的学科领域中使用时还是有些细微的差别，在大学生心理健康教育和思想政治教育中，心理和思想都是基本的概念，都属于意识的范畴，它们既相互区别又密不可分。

（一）心理和思想的联系

在哲学中，物质和意识是一对基本范畴，对二者关系的不同回答形成了两大对立的世界观。持唯心主义观点的人认为，意识是世界的本原，世间万事万物都是意识的产物；持唯物主义观点的人认为，世界的本原是物质，意识是物质发展到最高阶段派生出来的；辩证唯物主义认识论认为物质世界是不依人的意识而独立存在的，心理和思想都属于意识范畴，它们是人脑的机能，是对物质世界的能动反映。

1. 心理和思想都是人脑的机能

人和动物的心理是自然界长期发展的产物，物质运动从无机界的物理化学反应，到生物界的刺激感应性，以至动物的感觉和心理，人类在和自然相互作用中，逐渐进化形成了人的大脑。人的大脑和动物的大脑有本质区别，恩格斯曾很详细地描述了这一过程，他说："首先是劳动，然后是语言和劳动一起，成了两个最主要的推动力，在它们的影响下，猿脑就逐渐地过渡到人脑，后者和前者虽然十分相似，但是要大得多和完善得多。随着脑的进一步的发育，脑的最密切的工具，即感觉器官，也进一步发育起来。正如语言的逐渐发展必然伴随有听觉器官的相应的完善化一样，脑的发育也总是伴随有所有感觉器官的完善化。鹰比人看得远得多，但是人的眼睛识别东西远胜于鹰。狗比人具有敏锐得多的嗅觉，但是它连被人当作各种物的特定标志的不同气味的1%也辨别不出来。至于触觉，在猿类中刚刚处于最原始的萌芽状态，只是由于劳动才随着人手本身而一同形成。"心理和思想是人脑的机能，这一点恩格斯在《反杜林论》中就明确指出，他说："究竟什么是思维和意识，它们是从哪里来的，那么就会发现，它们都是人脑的产物，而人本身是自然界的产物，是在自己所处的环境中并且和这个环境一起发展起来的，这里不言而喻，归根到底也是自然界产物的人脑的产物，并不同自然界的其他联系相矛盾，而是相适应的。"没有了人脑，就不会产生人的心理、意识和思想。现代科学也证明，人脑这个器官如果不能正常运转，也会对人的心理、意识和思想活动产生影响。

2. 心理、意识产生于人类的社会实践

人的心理、意识的产生是一个漫长、复杂的过程，产生于人的社会实践。劳动创造了人和人类社会，同时也创造了人的意识。马克思认为人"通过实践创造对象世界，改造无机界，人证明自己是有意识的类存在物"。人的意识的产生是人的心理发展过程中的质变，它把人的心理提高到新的发展水平。人的意识在社会实践中不断地发展，"意识起初只是对直接的可感知的环境的一种意识，是对

处于开始意识到自身的个人之外的其他人和其他物的狭隘联系的一种意识"。人的意识不仅意识到外部世界和各种现象的存在,还意识到他们本身生活过程的存在。"人和绵羊不同的地方只是在于,他的意识代替了他的本能,或者说他的本能是被意识到了的本能。"人的意识远远地超越了动物的心理水平,动物的心理水平只限于适应自然水平,不能跳出自然,改造自然,而人的心理水平不仅能适应自然,而且能改造自然,将自然作为人类认识和改造的对象。人的心理、意识不仅是在劳动中产生的,而且是在劳动中不断发展的。劳动是最基本的实践活动,是有目的有对象的活动。在社会生活中,人为了满足自己的物质和精神的需要而进行生产劳动,劳动使人和自然、人和人之间具有一定的联系。"人们在自己生活的社会生产中发生一定的、必然的、不以他们的意志为转移的关系,即同他们的物质生产力的一定发展阶段相适合的生产关系。这些生产关系的总和构成社会的经济结构,即有法律的和政治的上层建筑竖立其上并有一定的社会意识形态与之相适应的现实基础。物质生活的生产方式制约着整个社会生活、政治生活和精神生活的过程。不是人们的意识决定人们的存在,相反,是人们的社会存在决定人们的意识。"同时,人的心理发展是受一定社会的生产力水平制约的。

3. 思想是心理发展的高级阶段

从心理发展过程来看,人的心理活动可以分为不同的层次,最基础的层次是人的感觉和知觉,较高层次的是记忆思维。感觉和知觉是任何有生命的物质都有的生理属性,是生命体和他们的外部世界联系的起点。感觉是认识的初级形式,知觉能帮助我们从整体上认识事物。恩格斯在《自然辩证法》中讲道:"只有用不同的感官才能感受的不同属性,揭明它们之间的内在联系,这恰好是科学的任务,而科学直到今天并不抱怨我们有五个特殊的感官而没有一个总的感官,也不抱怨我们不能看到或听到滋味和气味。"感觉和知觉是人和动物都具有的心理活动,但人的感觉和知觉要比动物复杂得多。注意、记忆、想象和思维是人作为高级动物所特有的心理现象,是人类因为社会实践的需要而产生的,是人和社会沟通交流的基础。马克思曾说:"语言和意识具有同样长久的历史,语言是一种实践的、既为别人存在因而也为我自身而存在的、现实的意识。语言也和意识一样,只是由于需要,由于和他人交往的迫切需要才产生的……因而,意识一开始就是社会的产物,而且只要人们存在着,它就仍然是这种产物。"

思想是心理发展的高级阶段,是人对反映于人意识的客观事物经过思维活动而产生的结果，通过概念、判断、推理等思维形式对感性材料进行加工后的成果，是心理活动的高级阶段。毛泽东曾很形象地说："人们在社会实践中从事各项斗争，有了丰富的经验，有成功的，有失败的。无数客观外界的现象通过人的眼、耳、鼻、舌、身这五个官能反映到自己的头脑中来，开始是感性认识。这种感性认识的材料积累多了，就会产生一个飞跃，变成了理性认识，这就是思想。"

二、心理健康与思想品德的关系

一个人的心理健康与思想品德关系密切。心理健康是形成良好思想品德的心理基础，良好思想品德有助于人的心理健康。

（一）心理健康是形成良好思想品德的心理基础

思想品德的形成过程离不开健康的心理。人的兴趣、性格、气质、态度等因素都不同程度地影响着思想品德的形成和发展，是思想品德形成的必要条件。健康的心理状态可以为品德形成提供良好的心理基础。于大学生而言，认知水平和能力是思想品德形成和发展的基础，而良好的情绪情感则起到强化作用，坚定的信念为思想品德形成和发展提供了明确的方向，坚强的意志更能帮助他们克服障碍。拥有良好的心理健康状态，大学生可以使自己的思想、情绪、行为等处于觉知的状态，更易接纳自己。这样才能更好接纳他人；能做到自尊，才能尊重他人；能处理好和自己的关系，才能处理好人与人的关系，人与社会的关系，才能更好地明确人生的目的、意义和价值。

（二）良好思想品德有助于心理健康

一个人的思想品德是在社会化过程中逐步形成的，它反映了一定社会意识形态的要求。良好思想品德是对主流意识形态的认同，可以增强大学生的社会适应能力，使大学生更好地适应社会发展变化，对未来社会发展方向进行预知，明确未来的方向，减少现实环境的压力和对未来的焦虑；可以提高大学生的认知判断能力，解决现实问题的能力，减少心理问题的产生；可以帮助大学生更好地协调人际关系，减少人际冲突和焦虑，建立和谐的人际关系，获得良好的社会支持；可以为大学生指明人生的方向，激发大学生努力学习，抛弃小我，为国家做贡献，实现自己的人生价值。世界观是思想品德结构的最高层次，它对心理、思想和行为起着总的指导作用，拥有优良思想品德的人对世界的看法和态度更积极，总是积极向上主动解决生活中的问题。

（三）心理健康问题和思想品德问题的关系

大学生心理健康教育和思想政治教育，都是要解决大学生成长所面临的问题。大学生心理健康教育重点解决大学生面临的心理方面的矛盾和冲突，思想政治教育重点解决大学生思想认识方面的矛盾和冲突。但这两个方面的问题并非可以简单地进行区分，因为心理健康问题和思想品德问题的表现形式和形成原因都很复杂。

1. 心理健康问题和思想品德问题的表现形式都很复杂

心理健康问题可能表现为情绪、情感，也可能表现为行为方式，也可能表现为认识活动，也可能只在心理上有所表现，在行为上却没有变化。思想品德问题的表现形式，不仅涉及人的心理层面问题，而且涉及思想、政治、道德、价值观等问题，在行为上也有所表现。大学生的心理健康问题和思想品德问题表现形式比较好区分，但大多情况下，心理健康问题和思想品德问题总会交织在一起，表现形式就很复杂，很难去明确区分。如果把心理健康问题和思想品德问题视为同一条直线上的不同位置，就极端来说，两者的区别很明显，但是那些处于较中间的问题（比如人际关系问题），互相之间的界限就越来越模糊，而互相联系的成分越来越多[1]。有些问题从表面上看是思想品德问题，可实际上更主要的是心理问题，比如有的同学在集体活动中表现为集体意识淡漠、不关心帮助其他同学，表面上似乎是思想问题，但实际上是存在社交恐惧的心理问题。有些同学长期情绪低落、与同学交流较少，表面上看是心理问题，但实际上更主要的是只看重个人利益斤斤计较的思想认识问题。这就需要心理健康教育和思想政治教育相结合，形成合力，共同来解决大学生成长过程中面临的各种问题。

2. 心理健康问题和思想品德问题的形成原因很复杂

心理健康问题产生原因是很复杂的，生理原因、个体心理原因、社会环境原因、家庭环境、成长经历等都可能导致心理健康出现问题。而且心理健康问题产生的原因具有隐蔽性，难以找到问题背后的原因，很多时候患者自己都不清楚自己的问题。思想品德问题产生的原因则更为复杂，除了个体心理、思想方面的原因外，还包含了更多社会原因和个人经历原因。有研究者把心理健康原因、思想品德原因与心理健康问题、思想品德问题之间的对应关系划分成九种可能性。心理健康原因可能产生心理健康问题，也可能产生思想品德问题；思想品德原因可能产生

1　马建青.高校心理健康教育与思想政治教育结合 30 年的研究 [M]. 杭州:浙江大学出版社, 2017:106.

思想品德问题，也可能产生心理健康问题。

3. 心理健康问题和思想品德问题会相互影响相互转化

心理问题是世界观、人生观、价值观问题在心理方面的反映，解决大学生的心理问题应从树立正确的世界观、人生观、价值观入手。思想品德问题也和心理品质相关，要帮助大学生形成良好的思想品德，应当要解决大学生的心理问题。不及时解决的心理健康问题会变成思想品德方面的问题，而有的思想品德问题不能很好解决，也会变为心理上的问题。学生的思想品德问题和心理健康问题交织在一起，某些思想问题可以通过心理健康教育方式解决，而某些心理健康问题也可以通过思想政治教育来排除。

三、心理素质与思想政治素质的关系

（一）人的素质构成及各部分的关系

人的素质是个体内化了的具有深层意蕴的品质特征，是蕴藏在人自身的需要开放出来的身心潜能，并可以通过人的言行举止表现出来。人的素质既是遗传的又是后天习得的，它具有相对稳定性，只有那些经常表现出来的品质，才能构成素质，而一些在特定条件下才会偶有表现的品质，不能称为素质。同时素质又是可塑的，素质形成后虽然比较稳定，但可以通过一定的教育、经历、感受，逐步改变和形成新的品质。

人的素质结构很复杂，从基本结构上来说，我们可以把人的素质分为自然素质、心理素质和社会素质。人的自然素质是人与生俱来的生理条件，是先天因素决定的。心理素质是人在社会生活中形成的心理品质，这是由人的先天遗传和后天的实践活动共同作用形成的。社会素质是社会活动中形成的素质，包括政治素质、道德素质、文化素质、思想素质、劳动素质等，主要是由后天因素决定的。人的自然素质、心理素质、社会素质相互影响、相互渗透。其中，社会素质是人的核心素质，因为人的自然素质中就蕴含有一定心理的、社会的成分，在人的身上已没有纯粹的自然本性，很多自然属性和动物的自然发生有本质的区别，都打上了社会性的烙印。

（二）心理素质和思想素质、政治素质、道德素质的关系

思想素质、政治素质、道德素质都属于人的社会素质，思想素质是指人们在长期的理论学习和社会实践中所形成的思想观念和思想方法，政治素质是指人们对社会政治的认同和信仰，道德素质是指人们的道德品质。

个体思想道德素质结构理论认为，个体人格素质发展存在着一定的结构性和

层次性，个体人格素质除了有一个纵向不断积累、升华，从低级到高级，由表及里，由浅到深的发展过程以外，在横向上也存在着一定的层次性关系，呈现出由心理层面、思想层面、道德层面到政治层面的金字塔式的结构关系。因此，从纵向上来说，人的素质体现为层次性，心理素质是最基础的部分，同时它也是高层次素质的组成部分，思想素质包括道德素质和政治素质，是较高层次的素质。从横向来说，这几种素质虽然各自具有相对的独立性，但又不能截然分割，心理素质和思想素质、政治素质、道德素质之间相互影响、相互制约。

个体思想道德素质结构理论阐明了各类素质在人格结构中的关系，为心理素质和思想政治素质的培养提供了理论基础。心理与思想、心理健康与思想品德、心理健康问题与思想品德问题、心理素质与思想政治素质是大学生心理健康教育和思想政治教育中的重要概念，厘清它们的基本范畴和关系，更好理解大学生心理健康教育和思想政治教育相结合的内在条件，有利于判定大学生心理健康教育和思想政治教育理论边界，建立大学生心理健康教育的基础理论。

四、大学生心理健康教育与思想政治教育相结合的内在条件

不论思想政治教育还是心理健康教育都是伴随着社会发展需要而产生的。作为一种教育实践活动它们产生于不同的时代，满足不同社会和人的发展需要，受不同学科发展的影响。辨明大学生心理健康教育和思想政治教育的异同是我们研究的一个理论基础，也是实施大学生心理健康教育和思想政治教育相结合的前提条件。教育活动作为一种社会实践活动，它主要由教育主体、教育目标任务、教育内容、教育途径和方法、教育管理等方面构成，这里根据教育活动的构成要素，对大学生心理健康教育和思想政治教育进行比较，可以看出它们既有一致性又有差异性，一致性为它们之间的结合提供了基础，而差异性则为它们的结合提供了发展的空间。

（一）教育主体的一致性

主体和客体源自哲学概念，主体是指承担认知活动和实践活动的人，客体是指主体认识活动和实践活动指向的对象。但不是任何时候人都是主体，人既可以是主体，也可以是客体。普遍而抽象地说人是主体，没有任何意义。人只有在自我意识支配下的有目的的认识和实践活动中才是主体。

1. 大学生心理健康教育和思想政治教育主体的一致性

人们对教育主体的认识也有一个不断发展变化的过程。关于教育活动中教师

和学生的关系和地位曾有"教师中心论"和"学生中心论"之争，这种争论不论以教师为中心还是以学生为中心，都没把师生看成平等关系，而将之视为二元对立的关系。之后还出现了"主导—主体论"，认为在教育过程中教师是主导，学生是主体，这曾是我国教育理论和实践中流行的一种观点。但这种观点将教育活动中教和学割裂开来，教师在教育过程中是主导地位，学生在学习过程中是主体地位，导致对主客体地位认知不清，也没能很好地认识师生之间的关系。现在很多学者认为教育者和受教育者都是主体，两者之间相互作用相互影响，体现了主体间性。"教"和"学"是一个过程的两个侧面，不是两个过程。学生的"学"是教育的出发点和目的，学生又是具有主观能动性的人，所以，学生是整个教育活动中的主体之一。但是，我们在强调学生的主体地位的同时，不应否认教师的主体地位。教师是教育实践的实施者之一，其永远处在教育实践活动的主体地位。因此，在教育过程中，教师和学生共同构成了教育的完整主体，既有教的一面，也有学的一面。大学生心理健康教育和思想政治教育都是一种学校教育活动，而教师和学生是参与者，在教育活动中都是教育主体。

2. 大学生思想政治教育主体的特殊性

相对于一般的教育活动，大学生思想政治教育的主体比较复杂，有其特殊性。思想政治教育的主体是教育活动的承担者、发动者、组织者、参与者、实施者，关于思想政治教育主体的认识既有共识，也有许多争论，包括在众多主体情况下谁是第一主体的争论，此方面有单一主体说、双主体说、多主体说、相对主体说等不同说法。根据思想政治教育概念的界定，思想政治教育强调主体和客体具有层次性。教育者与受教育者包括阶级、政党、社会群体和个人等层次，这些层次具有相对性，在一定条件下可以相互转化。因此，思想政治教育是在一定社会中以人为基础的活动，既具有社会工具性价值，也具有个人目的性价值。概括地说，思想政治教育的主体有三大层次，即国家（包括阶级、政党）、社会群体和个人。对大学生思想政治教育来说，其主体就包括国家（还包括阶级、政党）、教师和学生。

3. 大学生心理健康教育和思想政治教育的主体之间的关系存在差异

从教师主体和学生主体间关系来看，大学生心理健康教育和思想政治教育存在一定的差异性。

（1）教育者的权威性、主动性不同

在大学生思想政治教育过程中，教育者的主体性表现为主动性、主导性、创造性和超越性等属性。受教育者是自我教育的主体，其主体性主要体现在积极参与思想政治教育活动和接受思想政治教育这一环节上。这种主体性实际上也是受教育者在思想政治教育活动中发挥主观能动作用的属性。教育者在教育过程中起主导作用，受教育者既是教育的对象，又是接受教育的认识主体，这个过程既是教育者对受教育者施加教育影响的过程，也是受教育者发挥主观能动性把社会要求内化为自己的情感、意志和行为的过程。所以，教育者往往把学生视为需要被塑造的对象，把自己视为"人类灵魂的工程师"，承担着培养接班人的历史使命，教育过程中更加积极主动，因此往往以权威的身份出现，主动对学生施加影响。大学生心理健康教育中，教育者除了传授基本的心理健康知识和心理调适技能外，还要对有心理困惑的学生做心理咨询和心理辅导，在此过程中教师要把学生视为当事人或来访者，把自己视为提供帮助的服务者、协助者，认为学生和老师、来访者和咨询人员之间关系平等，而不是教育者与被教育者的关系，学生是主角，教师是配角。所以教师是以服务者、协助者的身份、非指导性的态度去面对学生，努力促使学生积极思考、自我反省，提高自己的认识能力和水平。正如人本主义心理学家罗杰斯倡导的，最好的咨询效果是当事人自己悟出来的，当事人是自己主动转变了，而不是在他人的教育下思想才发生变化。所以，大学生思想政治教育者更具有权威性和主动性。

（2）教育者和受教育者互动过程存在差异

因为教育者的权威性和主动性的差异，在大学生心理健康教育和思想政治教育中，教育者和受教育者互动过程也存在差异。第一，互动中的主导性不同。思想政治教育有明确的是非对错的标准，明确的价值导向，教师就是传授者、灌输者，对学生错误的思想和行为要进行批评教育。但在心理健康教育中，教师在面对学生的问题时，并不能直接给学生一个对错的评判，而是要给学生充分的理解，让有心理问题的学生把困惑表达出来，特别要让学生把不良的情绪宣泄出来，让学生在倾诉中、在和自己的争辩中得出结论，而不是直接给他一个结论。第二，互动中的开放性不同。在思想政治教育中，教育者和受教育者都会因为社会角色的原因，不会表达出自己所有的观点和感受，教师更多会强调正确的思想观念，倡导积极的价值导向，而不会向学生表达自己的思想困惑和负面情绪。学生作为思想政治教育的接受者，因为害怕批评或教育，也可能会隐藏自己错误的思想观念和负面情绪，在教师面前呈现出其希望的形象。而在心理健康教育过程中，教育者和受教育者不会有太大的角色压力，而且会鼓励学生将自己的感受表达出来，双方可以更深入地进行交流。第三，互动的方式不同。思想政治教育主要有说服教育、宣讲、灌输、熏陶感染等方式，从中可以看出教育者更多地以"说"为主，受教育者更多地以"听"为主。心理健康教育的方法主要有咨询、角色扮演等方式，强调宣泄与疏导，注重的是学生的主动和自愿倾诉。

（二）教育目标的一致性和差异性

教育目标是实施教育活动要达到的预期结果或效果，是教育活动的前提，开始实施前的准备，决定了教育活动的方向，是教育的出发点和归宿。大学生心理健康教育和思想政治教育在根本目标上具有一致性，但在目标的层次、目标的价值取向、目标的社会性上存在差异。

1. 教育目标的一致性

大学生心理健康教育和思想政治教育目标任务都服从和服务于我国的教育目的和教育方针。党的十九大报告指出，"要全面贯彻党的教育方针，落实立德树人根本任务，发展素质教育，推进教育公平，培养德智体美全面发展的社会主义建设者和接班人"。大学生心理健康教育和思想政治教育在教育目标任务方面具有一致性。

（1）大学生思想政治教育的目标

大学生思想政治教育的目标是指教育者根据中国特色社会主义建设对大学生培养的需要，通过思想政治教育活动使大学生的思想政治素质在一定时期内所要达到的预期结果。具体来说，大学生思想政治教育目标就是培养德智体美劳全面发展的社会主义合格建设者和可靠接班人。从中我们可以看出，第一，大学生思想政治教育目标具有社会性，体现了我国的社会性质和社会发展的要求；第二，大学生思想政治教育目标具有个体性，关注的是大学生个人的总体发展，成为一个全面发展的人。

（2）大学生心理健康教育目标

大学生心理健康教育目标是教育者根据教育目的和大学生的心理发展规律和要求，通过有计划的教育活动，使大学生在人格方面达到的预期效果。大学生心理健康教育就是要培养大学生良好的心理素质，培养学生积极乐观向上的心理品质，充分开发学生潜能，促进思想政治素质和科学文化素质协调发展，形成健康的人格。所以，大学生心理健康教育目标不仅是要培养健康的人格和良好的心理品质，而且是要促进大学生思想政治素质、科学文化素质和身心健康素质协调发展。这也是我国大学生心理健康教育和西方心理健康教育的不同，在心理健康教育中强调思想政治素质等综合素质的培养。另外，大学生心理健康教育的目标具有层次性，具体目标可分解为基础目标、中间目标和终极目标三个层次。基础目标是防治心理疾病，增强心理健康；中间目标是优化心理素质，促进全面发展；终极目标是开发心理潜能，实现自我价值。

无论是大学生的思想政治教育还是心理健康教育，其目标都是要提高大学生适应社会生活的能力，培养良好的个性心理品质，促进心理素质、思想政治素质的提高，都是为培养德智体美劳全面发展的社会主义建设者和可靠接班人服务的，所以二者在培养目标上具有一致性。

2. 教育目标的差异性

（1）教育目标层次上的差异

从培养人的目标层次上说，思想政治教育是较高层次的目标，心理健康教育的目标属于基础层次的目标。大学生思想政治教育目标是培养德智体美劳全面发展的社会主义合格建设者和可靠接班人，不仅要培养个体的心理素质，还要培养其思想素质、政治素质、道德素质等。而心理健康教育目标以心理健康素质为核心，维护心理健康，追求的是一种人与自然、人与社会、人与人之间的和谐状态。对大学生来说，心理健康是基础性的要求，而提高思想政治素质则是在健康心理基础上的超越，是更高层次的价值追求、精神追求。

（2）教育目标价值取向上的差异

大学生思想政治教育注重从学生的社会价值出发，立德树人，教育的最终目标是培养社会主义建设者和接班人。在思想政治教育过程中，教育者既看重学生的社会性又看重学生的个体性。大学生思想政治教育一方面关注的是社会的需要，把学生当作社会关系中的一个社会角色来对待，建设一个社会主义国家需要什么样的人才，引导大学生形成正确的世界观、人生观、价值观，但同时思想政治教育也重视学生的个体需要，重视学生的个人价值，促进学生的全面发展。在教育目标的价值取向上，大学生心理健康教育更注重从学生的个人价值出发，满足个体的心理需要，增进个体的心理健康，注重学生的个性培养。大学生心理健康教育重点是帮助学生认识自己，认识自己与社会的关系，提高社会适应能力，提高学生的心理素质，激发大学生的人生潜能。

（3）具体教育目标发展变化的差异

大学生思想政治教育根本目标具有稳定性，即培养社会主义建设者和接班人，但具体任务和社会发展的形势联系密切，具有鲜明的时代性，它在适应社会发展需要和个体成长需要的情况下，不断地与时俱进。1949 年新中国成立后，不同时期我国思想政治教育目标经历了不同变化：1949 年至 1980 年，提出了"又红又专"的教育目标；1980 年至 1993 年，提出了"四有新人"的目标；1993 年至 2002 年，提出培养德智体全面发展的社会主义建设者和接班人的目标；2002 年至今，提出了德育为先，培养德智体美劳全面发展的社会主义合格建设者和可靠接班人的目标。大学生心理健康教育的目标，主要和人们对心理健康的理解和重视程度相关。20 世纪 80 年代前，由于社会物质生活条件和文化的限制，人们还没有心理健康的意识，后来随着社会的发展，人们开始意识到心理健康的重要性，认识到人的心理健康教育是构建社会主义和谐社会的重要组成部分，心理健康教育目标的社会性也越来越突出。

（三）教育内容的交叉性

教育内容是教育目标任务的具体化，决定着教育目标的实现，大学生心理健康教育和思想政治教育内容体系都很丰富。从起源上来说，思想政治教育与心理健康教育属于不同的学科，教育内容既有不同又有重叠之处，整体而言，两者在教育内容上呈现出交叉的特点。

1. 大学生思想政治教育的内容

思想政治教育内容是根据一定的社会要求和受教育者的思想实际，经教育者选择设计，有目的、有步骤地传播给受教育者的思想意识、价值观念和道德规范等。

（1）大学生思想政治教育的具体内容

从具体内容来说，思想政治教育包括思想教育、政治教育、道德教育、法治教育、心理教育五大方面内容。思想教育是培养大学生正确的思想观念，根据思想观念的构成，主要有世界观、人生观、价值观教育，理想信念教育，爱国主义和民族精神教育等。政治教育就是培养政治素质，主要包括马克思主义基本理论教育、中国特色社会主义理论体系教育、共产主义理想信念教育，党的知识教育、形势与政策教育等，其中马克思主义基本理论教育是最核心的内容。道德教育是培养大学生良好的道德品质，主要包括马克思主义伦理学理论教育、以为人民服务为核心以集体主义为原则的社会主义道德教育，社会主义荣辱观教育，以及在社会、职业、家庭等领域的基本道德规范教育。法治教育主要培养大学生法治素养。主要包括马克思主义法律观、法治思维、法治信仰、法律基本规范等教育。

（2）大学生思想政治教育的内容特点

大学生思想政治教育内容具有整体性、结构性和鲜明的时代性。整体性是指大学生思想政治教育内容是一个有机统一的整体，各构成要素相互促进、相互整合。思想政治教育内容是一个集合概念，它是思想教育、政治教育、道德教育、法治教育、心理教育相互联系、相互渗透，互为条件、相互制约构成的统一体。结构性是指大学生思想政治教育内容构建的依据是思想政治教育目标和任务，目标和内容具有一定的层次性和结构性，内容体系包括基础性内容，如传统美德、道德；主导型内容理想信念教育，如民族精神和时代精神；拓展型内容，如公民意识教育、心理健康教育等。

大学生思想政治教育内容具有鲜明性和时代性，其内容处于不断发展的过程中。新中国成立以来，大学生思想政治教育内容以思想政治教育目标为依据，围绕党的中心工作和大学生发展需要，与时俱进，从新中国成立初期主要由思想、政治教育两大模块教育，发展到思想、政治、道德三大模块，再到思想、政治、道德、法治四大模块，再到现在的思想、政治、道德、法治、心理五大模块。各教育内容的关系，学界的认识比较一致，普遍认为思想教育是先导，政治教育是核心，道德教育是重点，心理教育是基础。从大学生思想政治教育内容发展的过程来看，其整体内容体系中，一方面存在一以贯之的、稳定的教育内容思想教育和政治教育，进行马克思主义理论教育；另一方面，为应对时代发展提出的新挑战和新要求，大学生思想政治教育内容又不断地开拓创新，提出了具有鲜明时代特色的内容。

2. 大学生心理健康教育内容

心理健康教育就是要培养大学生良好的心理健康素质，开发学生的心理潜能，促进大学生健康成长。主要包括心理健康知识的教育、心理咨询服务、心理潜能和创造力开发教育等。大学生心理健康教育有自己独立的内容体系，具体内容主要有以下四大方面：

第一，自我意识的教育与辅导。自我意识是人对自己身心状态和自己与客观世界的关系的意识。帮助学生正确认识自我、评价自我、悦纳自我，体验到自己存在的价值，对自己的能力、性格能做出恰当的评价，自尊自重自信。

第二，心理适应能力的教育与辅导。心理适应是当环境发生变化时，有机体通过自我调节系统做出能动反应，使自己的心理活动和行为方式更加符合环境变化和自身发展的要求，使有机体与环境达到新的平衡。大学学习生活和中学有很大的不同，对大学生来说，如何适应大学生活是他们遇到的第一个难题，包括大学生学习适应、人际适应、社会活动方面的适应等。通过心理适应能力的培养，可以帮助学生适应新环境。包括情绪管理、压力管理、挫折应对、危机干预等的教育与辅导。这些内容主要是培养大学生的自我心理适应能力，帮助大学生了解自身情绪的特点，掌握情绪调适的方法，正确理解压力和挫折，学会正确管理情绪和应对挫折。还包括人际交往、恋爱心理和性心理的教育与辅导。这些内容主要是培养大学生的社会适应能力。良好的人际交往是一个人健康成长的基本条件，帮助大学生掌握基本的交往原则和技巧，了解人际障碍的类型及调适方法，增强人际交往能力，帮助大学生形成对恋爱心理和性心理的正确认识。

第三，生涯规划的教育与辅导。也称职业生涯规划，以帮助学生了解自我，了解职业，根据自己的职业倾向，确定自己的职业目标，并为实现这一目标做出行之有效的安排。

第四，生命教育与辅导。帮助大学生正确理解生命的意义和价值，激发生命潜能，正确对待生命中的困顿，学会关注生命、尊重生命、敬畏生命。

大学生心理健康教育通过三个层面展开：一是知识层面，为大学生提供系统的心理健康专业知识，认识大学生心理特征和心理异常的表现，帮助他们更好地把握自己的心理，更自觉地维护和增进自己的心理健康；二是技能层面，使学生掌握心理调适的技能和心理发展的技能，如环境适应、情绪管理、生涯规划等；三是自我认知层面，帮助学生正确认识自己、接纳自己，在遇到心理问题时能进行自我调适或寻求帮助。

3. 大学生心理健康教育和思想政治教育内容的交叉互补性

（1）大学生心理健康教育属于思想政治教育的组成部分

从大学生思想政治教育的内容来看，心理健康教育是思想政治教育一个重要组成部分。大学生思想政治教育并不是一开始就清晰的，心理健康教育作为一个重要内容，在新中国成立初期并没有成为一个专门领域，在很长一段时间内，心理健康教育方面问题的处理和心理健康素质的培养，被笼统地包含在思想政治教育领域。之后，心理健康教育逐步发展为专门领域，这是大学生思想政治教育根本内容与时俱进、开拓创新的结果，也是心理健康越来越受到人们的重视，心理健康教育不断发展结果。

（2）大学生心理健康教育和思想政治教育相互交叉和影响

大学生心理健康教育的内容与思想政治教育的其他内容密切联系，不是截然分开的，而是相辅相成的。心理健康教育和政治教育、法治教育在教育内容上相互独立，但在教育过程中相互影响，心理健康教育可以帮助大学生形成良好的政治人格、法律人格。心理健康教育和思想教育、道德教育内容相互交叉，相互补充。思想教育中的人生观、价值观、理想信念教育、爱国主义教育和心理健康教育关系密切。如人生观教育在对寻找人生意义等方面，存在思想政治教育与心理健康教育共同关心的一些问题。思想政治教育中的人生观教育，主要是从人的本质、人与社会的关系、人生的意义和价值来进行教育的。心理健康教育中的人生观教育，重点是对大学生进行生命教育，主要是唤醒学生的生命意识，捍卫生命的尊严，激发生命的潜能，要尊重生命，敬畏生命。两者从不同的角度对生命的意义进行了解释，丰富了学生对人生问题的理解。

（四）教育方法的互鉴性

教育方法是在教育活动中所采用的一切方式、办法或手段的总和，是完成教育目标必要的条件，是教育者和受教育者相互作用的媒介和纽带，它可以分解为多种形式和多种方式。大学生心理健康教育和思想政治教育都有各自的教育方法体系，可以相互借鉴。

1. 大学生心理健康教育和思想政治教育具有不同的方法体系

心理健康教育方法建立在心理学理论的基础上，在一定的理论指导下，形成系统的方法，科学性和操作性较强，较为严谨，例如心理咨询和心理治疗，在不同的心理学理论指导下，具体的方法和技术不同。思想政治教育方法是以马克思主义哲学为基础形成的方法体系，按照思想政治教育的一般过程，这些方法分为思想政治教育的认识方法、实施方法、调节评估方法。这里主要指思想政治教育的实施方法。实施思想政治教育的具体方法很丰富，可以从几个角度来分析，基本方法（理论教育方法、实践教育方法、批评与自我批评方法）、一般方法（疏导教育方法、比较教育方法、典型教育方法、激励教育方法、自我教育方法）、特殊方法（预防教育方法、冲突调节方法）和综合方法。每个方法下面又可以分为若干具体方法。

2. 大学生心理健康教育和思想政治教育一般方法的比较

大学生心理健康教育和思想政治教育都有自己丰富的方法体系。这个方法体系有三个层次：一般方法、具体方法、运用方法的艺术和技巧。一般方法也就是原则方法，在方法论体系中，规定着具体方法的方向、准则和要求，起着导向和规范的作用。

大学生思想政治教育的原则方法主要有：疏与导相结合的原则、科学性与方向性相结合的原则、理论与实际相结合的原则、解决思想问题与解决实际问题相结合的原则、教育与自我教育相结合的原则。大学生心理健康教育的原则方法主要有：心理健康教育和思想政治教育相结合、普及教育与个别咨询相结合、课堂教育与课外教育相结合、教育与自我教育相结合、解决心理问题与解决实际问题相结合。从中我们可以看出，大学生心理健康教育和思想政治教育在一般方法原则方面有很大的相似性，都坚持教育与自我教育相结合、解决心理、思想问题与解决实际问题相结合。

3. 大学生心理健康教育和思想政治教育具体方法的差异性

大学生心理健康教育和思想政治教育在具体方法上存在较大差异性。心理健康教育的方法很丰富，如心理测验、精神分析、行为矫正、心理咨询、心理调查、沟通分析、角色扮演、心理疏导等。思想政治教育方法主要有正面宣讲法、说理教育法、典型教育法、榜样示范法、自我教育法等。心理健康教育有些方法专业性强，有严格的规范要求和操作程序。而思想政治教育的具体方法没有严格的规范要求和操作程序，更加灵活多变。正因为这些差异性的存在，可以促使两者在教育方法上相互借鉴。

（五）教育途径的相似性与差异性

教育途径是教育活动的重要组成部分，是指教育者通过一定的渠道有目的、有计划、有组织地传授教育内容，完成教育任务，实现教育目的。大学生心理健康教育和思想政治教育的途径既有相似性，也有差异性，这也为两者相结合过程中的互补互鉴提供了可能。

1. 教育途径的相似性

（1）课堂教学活动

课堂教学活动是大学生心理健康教育和思想政治教育的主渠道。高校思想政治理论课是大学生必修课程，由思想道德修养与法律基础、中国近现代史纲要、马克思主义基本原理概论、毛泽东思想和中国特色社会主义理论体系概论，以及形势与政策课等构成，这些课程主要由思想政治理论课教师承担，通过课堂教学的方式，对大学生进行系统的马克思主义教育，引导大学生坚定理想信念，树立正确的世界观、人生观和价值观。现在很多高校都开设了大学生心理健康教育必修课程，有条件的学校还开设了相关的选修课程。心理健康教育课程是着眼于受教育者的心理健康水平的提高、心理素质优化和心理潜能开发，以心理知识的传授、心理品质培养和心理问题辅导为内容的课程体系。

（2）日常教育活动

日常教育活动是大学生心理健康教育和思想政治教育的主阵地。日常教育是指在日常学习和生活中进行教育，它不像课堂教学是显性教育，它是一种隐性教育，通过隐蔽的方式传递思想政治内容和促进心理健康。日常教育活动包括日常管理活动、校园文化活动等。在学校的各项管理活动中都要以学生为中心，在为学生做好服务工作的基础上，在日常管理活动中进行思想政治教育和心理健康教育。日常管理中最重要的是辅导员和班主任对学生的管理。另外还有学校的各级管理部门在服务学生中进行的教育活动，包括院系的管理、学校行政部门的管理、后勤服务部门的管理等。校园文化活动以学校广播、校刊、校报、橱窗、板报等传统宣传媒体和多媒体、网站、微信等社交平台等现代媒体为载体，向大学生进行潜移默化的思想政治教育和心理健康教育。高校通过组织丰富多彩的活动，如校园文艺活动、体育活动，各种社团活动，校庆、迎新生、毕业活动等，创造了大学人文环境，丰富了大学生的生活，培养了学生的个性和特长，拓展了学生的成长空间，培养了大学生思想道德品质。

（3）社会实践活动

社会实践活动是思想政治教育的一个重要途径，以贯彻党的理论与实践相结合的优良传统，贯彻教育与生产劳动、社会实践相结合的教育方针。社会实践活动种类很多，既有长期性的活动，如暑期科技、文化、卫生三下乡活动、青年志愿者活动等；也有紧扣时代主题的短期活动，如支援抗震救灾、迎奥运等活动；还有大学生社会调查、参观访问等活动。通过广泛的实践活动，使大学生了解国情、民情，发展独立思考能力，增强社会责任感和历史使命感。

2. 教育途径的差异性

（1）大学生思想政治教育途径的特殊性

大学生思想政治教育途径的特殊性主要表现为主题党团日活动和政治纪念类主题教育活动。

主题党团日活动是大学生基层党团组织党支部、团支部组织的政治活动。党支部、团支部通过设计主题活动，让大学生积极参与其中，增强党团员意识，培养大学生政治素质，树立共产主义理想信念，坚定走中国特色社会主义信心，在学习工作生活中发挥模范带头作用。在中国革命和建设中，曾经发生的重大历史事件和历史人物，通过对革命历史的回顾，激励大学生树立理想信念和崇高的历史使命感。政治纪念类主题教育活动可以分为以下三类：一是以重大事件为主题的纪念类活动；二是以缅怀英雄人物为主的纪念类活动；三是以具有现代意义的节庆日为背景的纪念类活动。

（2）大学生心理健康教育途径的特殊性

大学生心理健康教育途径的特殊性，主要表现为心理辅导、心理咨询等对大学生心理健康进行预防和干预的活动。心理辅导是指学校教育者根据学生心理发展的特点与规律，在一种新型的建设性人际关系中，有关专业人员运用心理学等专业知识技能，设计与组织各种教育性活动，以帮助学生形成良好的心理素质，充分发挥个人潜能，进一步提高心理健康水平。心理辅导的对象往往是处在转变或转折时期的普通学生，即他们的心理健康状况相对良好。心理咨询是指学校心理咨询人员运用心理学的原理和方法，对在校学生的学习、适应、发展、择业等问题给予直接或间接的指导帮助，并对有关心理障碍或轻微精神疾患进行诊断、矫治的过程。心理咨询工作者一般是接受过心理学专业训练的专业心理咨询人员，他们的服务对象是有心理困扰和轻微心理障碍的部分学生。

第三节 大学生心理健康教育与思想政治教育的区别

在新时代背景下，只重视专业理论知识的教育已经不能适应时代的发展，学生的心理健康教育与思想政治教育已经成为高校教育的重点。在对学生进行两者教育时只有将两者之间的关系分析透彻，才有利于教育的进一步展开。对于两者的关系可先从其不同点入手。

一、心理和思想的区别

心理和思想都是人的意识活动，但心理和思想毕竟是两个不同的概念，心理现象是人和动物都有的，人的心理现象比动物更加复杂，思想则是人类独有的。心理和思想的内涵和表现形式不同。

（一）心理活动强调活动过程和状态

人的心理是客观现实在人脑中的反映，心理现象包括心理过程和个性心理特征。心理过程又包括认知过程、情感过程和意志过程。认知过程是人认识客观事物的心理活动过程。包括感觉、知觉、记忆、思维和想象。情感过程是人脑对客观事物是否满足自身物质和精神需要而产生的主观体验，是多种感觉、思想和行为综合产生的心理和生理状态，包括喜、怒、哀、惊、恐、爱等。意志过程是指人们自觉地确定目标，有意识地支配、调节行为，通过克服困难以实现预定目标的心理过程。个性（人格）是指一个人的整个精神面貌，具有一定倾向性的、稳定的心理动力和心理特征的总和。心理动力（倾向性）是人从事活动的基本动力，包括需要、动机、兴趣、爱好、理想、价值观、人生观和世界观等；心理特征是一个人在认知、情感与意志活动中形成稳定而经常表现出来的特征，包括气质、性格和能力。

（二）思想是高级心理活动的结果

思想都是心理活动的一部分，是心理活动的高级形式，更是心理活动的结果。思想就是人在和社会互动过程中逐步形成的，是人对客观世界规律的总结，广义的思想是心理的一部分，是被人意识到的各种心理活动和状态，包括认知活动、情感活动、意志活动等。狭义的思想亦称观念，是客观事物在人脑中的反映，是人对事物的发展过程和规律的反映。随着人类社会生产力的发展，人的需要的增长，社会分工的发展，物质劳动和精神劳动的分离。"从这时候起意识才能现实地想象：它是和现存实践的意识不同的某种东西，它不用想象某种现实的东西就能现实地想象某种东西。从这时候起，意识才能摆脱世界而去构造'纯粹的'理论、神学、哲学、道德等等。"思想活动作为专门的精神活动，它是可以进行独立的创造。思想表现形式是观念形态的东西，也称思想意识，如世界观、人生观、价值观、道德观、恋爱观、宗教观等。同时思想是可以共享和传播的，思想活动的结果可以保存下来，思想可以通过语言、文字等载体进行传播，让人类形成的各种思想得以传承，人类的进步也正是在继承了前人思想的基础上，不断超越和发展的。

二、心理健康教育与思想政治教育的区别

（一）两者的教育方法与教育内容不同

高校的思想政治教育有着比较完整和稳定的理论作为支撑，思想政治教育的过程是一个循序渐进的过程，带有一定的强制性，思想政治教育以向学生灌输思想政治的路线、方针、理论以及政策为主要的教学内容，主要的教学目标是改造学生的主观思想，从而提高学生的整体思想道德素质。心理健康教育则是研究人的心理与生理，从人的心理出发来研究个体之间的差异，强调的是以人为本，研究的是人的心理以及心理素质。因此，心理健康教育体现的是人的自主性，主要介绍的是如何培养心理健康，以及调节心理的方法。

（二）两者工作的侧重点不同

思想政治教育与心理健康教育工作的侧重点是不同的，思想政治教育的工作重点在个体的思想意识上，是帮助个体形成正确合理的世界观、人生观和价值观的一个教育过程。思想政治教育要求人们按照领导阶级的政治思想来解放思想上的主要困惑和矛盾。心理健康教育则是帮助人们在心理上对新环境、新事物能够形成一个正确的认识，实现人格健康发展的目标。心理健康教育主要目的是消除人内心的不愉快，主要解决的是为什么的问题，虽然在这个过程中都不可避免地会涉及人的思想政治问题，但是其仍然是以自我为中心，纠正自己内心对于事物错误的认识，学会面对多变的事实，认识自我。

（三）两者教育的成果不同

思想政治教育主要教育学生在人生发展的过程中建立正确的世界观、人生观和价值观，具有一定的政治性，主要是让人对我们的政治思想认同并且能够产生新的认识；心理健康教育则是以培养学生健康的心理为目标，使其在受教育以后，达到心理健康、心情舒畅，并能够在多变的环境下调节自己的情绪，管控自己的情绪，侧重于个人人格的建立和成长。

第四节 大学生心理健康教育与思想政治教育的协同发展

心理健康教育和思想政治教育在高校育人工作中可以发挥协同促进的作用，具体表现如下：一是心理健康教育和思想政治教育相互协调，帮助学生建立正确的世界观、人生观和价值观，提高他们的思想政治素质，增强他们的心理韧性和抗挫折能力，从而更好地应对生活中的困难和挑战。二是心理健康教育和思想政治教育可以共同培养学生的人际交往能力和合作精神。通过学习心理与社会行为的知识，学生可以更好地理解和处理人际关系，建立和谐、积极的人际关系，增强集体荣誉感和凝聚力。三是思想政治教育注重培养学生的社会责任感和公民意识，而心理健康教育关注个体的幸福与成长。两者结合，可以使学生更加关注社会问题和公益事业，积极参与社会实践和志愿服务，具备积极的社会心理素质。四是心理健康教育和思想政治教育共同促进学生的全面发展。思想政治教育注重精神文明建设，强调思想品德和人文素养的培养；心理健康教育注重心理健康的培养，关注学生的自我认知、情绪管理等方面。两者结合，可以培养学生的多元智能、创新能力和实践能力，提升学生的综合素质。

思想政治教育运用马克思主义思想和社会主义核心价值观引导教育学生，主要是加强对学生爱国主义的培养，使学生获得乐观积极的处事态度和顽强不屈的坚韧品格。世界多元化信息的融合、外来思潮的冲击和互联网的飞速发展，使学生接触到的信息不再单一，思想意识形态遭受严重冲击，思想政治教育工作面临新的挑战和要求。心理健康教育则体现在帮助学生缓解心理痛苦和压力，指导学生生活中的各个方面，提升学生心理素质，体现人文关怀，积极促进个人发展。现如今，大学生尚未形成系统的思维模式，思想观念较为青涩，不知如何应对学习、生活中所出现的问题，导致学生心理健康问题日益严重，高校思想政治教育工作无法深入开展。如果不能及时对其进行科学的指导和有效的疏导，长期以往易演化为个人心理问题。

思想政治教育与心理健康教育的目标都是立德树人，为培养全面发展的人才而努力。新时代高校教育要求学生不仅要有扎实的学识，更要有高尚的道德情操，坚定信仰信念、培植爱党爱国情怀、厚积知识见识、提升综合素养。同时，在开展思想政治教育的过程中，加强对学生心理健康的咨询与引导，能够及时有效解决学生现有的或者即将出现的心理问题，平衡思想与心理的关系，保障大学生身心健康。大学生思想政治领域得到了极大的开发与拓展，既育心又育德，促进大学生心智一体化发展，有助于大学生培养大局意识和形成良好政治素养。为了促进大学生的全面发展，增强心理健康素质，提高心理健康水平，高校教育须根据大学生的发展天性和自身个性进行思想政治教育，以增强高校素质教育的全面性和特异性。心理健康教育不仅对思政教育具有较强的辅助作用，也为思想政治教育发展夯实了基础。

思想政治教育的目标是培育学生正确的思想观念和价值观念，使其拥有良好的政治素养和正确的政治辨别力，具有坚定的政治立场，全方位塑造思想道德品质。思想政治教育能够协助促进大学生心理健康状态，使其练就积极平和的处事态度。心理健康教育的侧重点在于让大学生适应大学生活与变化的学习环境，增强抗压能力，处理好人际交往过程中的问题，从而能够用积极乐观的心态面对人生。因此，两者的教育目标和职能具有协同性；在实际的教育工作中，行使思想政治教育与心理健康教育职能功能时，两者是互相促进、互相作用，相辅相成、不可分割的。心理健康教育可以协助思想政治教育，假如学生的思想有问题，那心理也必然会存在问题，同样的，有心理疾病的学生，性格也会有缺陷。因此，思想政治教育与心理健康教育协同育人，能够使两者均达到事半功倍的效果。思想政治教育为心理健康教育提供理论指导，心理健康教育为思想政治教育的针对性和具体化进行有效补充，实现具体问题具体分析。

一、营造协同育人环境

高校思想政治教育与心理健康教育均以促进学生健康成长和全面发展为目标开展教育活动，两者融合可以促进育人效果实现质的提升，这就需要学校、家庭和社会三方共同参与，营造良好的协同育人环境。

第一，优化校园环境。学校是开展教育活动、培育德才兼备的优秀人才的主要场所，应以促进学生的健康成长和全面发展为目标，科学地优化校园环境。为了促进思想政治教育与心理健康教育的深度融合，高校要从课程建设、教学研究、资源投入、教师团队建设等多个方面进行探索和实践，围绕促进学生健康成长和全面发展这一核心目标，对课程内容、课时安排以及教学模式予以优化，消除影响思想政治教育与心理健康教育融合的阻碍。高校要加大资源引进和团队建设层面的经费投入与资源投入，推进协同育人团队建设，促进各项教育工作的有序开展，进而促进学生良好心理品质和思想品质的培育。

第二，优化家庭环境。父母是每个人成长的第一任老师，健康温馨的家庭环境有利于学生形成良好的心理品质，提升学生的思想道德修养，缓解学生的压力。父母应在学生的思想政治教育和心理健康教育上发挥一定的作用，认识到思想政治教育和心理健康教育的重要性与必要性。为了营造良好的家庭环境，父母需要从自身素质、家庭文化以及家庭氛围等方面入手。一是通过提升自身素质，形成良好的榜样效应，潜移默化地对孩子道德、文化、心理和行为产生正向影响。例如，父母具有较好的心理健康素质，孩子往往也具备较强的应对挫折的能力，能够冷静思考，控制好情绪，遇到困难时勇敢面对挑战。二是注重建设家庭文化。父母通过建设良好的家庭文化，可以为孩子提供一个安静、舒适的环境，引导孩子形成浓厚的学习兴趣，促进孩子健康成长。三是努力营造和谐的家庭氛围。作为父母要建立与子女之间和谐、稳固的关系，在互相理解、互相信任、互相关怀的家庭氛围中促进孩子形成独立、乐观和自信的个性，让孩子在爱与被爱的过程中成长为一名有责任感、有爱心的人。

第三，优化社会环境。人的整体发展离不开社会，高校也处于社会环境之中，而社会环境变化会对高校校园产生不同程度的影响。若社会环境中存在不良信息，则可能影响大学生的学习生活、心理素质和道德情操。例如，个人至上、拜金主义、享乐主义、功利主义等都可能会对大学生的心灵产生影响。因此，高校在促进大学生健康成长和全面发展的过程中不可忽视社会环境的作用，要积极引进优质社会资源，并将优质社会资源优势转化为育人优势，为思想政治教育与心理健康教育的融合提供支持。

二、建立创新教学体系

（一）创新课程体系

课堂教学在大学生心理健康教育中发挥着主渠道的作用，要根据大学生成长的需要建立和完善大学生心理健康教育课程体系。

1. 设置课程体系的依据

设置大学生健康教育体系，要充分考虑大学生的身心发展、社会环境、学校特色等方面的因素，根据大学生的不同年级层次、不同学科、特殊群体的需要，有针对性地开设相关课程。大学生心理健康教育课程要根据大学生的心理特点和发展规律来设置，一是可以根据大学生的年级来设置不同的课程，不同年级的大学生会遇到不同的问题；二是将有些问题归纳到一起，设置专题性的课程，如恋爱婚姻课程。大学生心理健康教育课程还可以根据学校和专业特色来设置，针对不同专业需要的心理素质，有针对性地开设心理健康课程。大学生心理健康教育课程要和思想政治教育同步，不同年级的思想政治教育的重点不同，要有针对性地开设和思想政治教育相关的心理健康课程。

2. 课程体系的结构

大学生心理健康教育课程要分层次、分类别地设置，具体来说就是以必修课为核心普及心理健康知识、以选修课为基础开设专题性课程、以专题讲座的形式开设社会热点课程或心理辅导和其他课程的教学渗透。

以必修课为核心普及心理健康知识。目前，很多高校开设了"大学生心理健康教育"这门必修课，一般是2个学分，32～36个学时。这门课程都在大一时开设，主要包括三个层面的内容：一是知识层面，帮助大学生了解相关的心理健康的基本概念、心理健康的标准、心理异常的表现、自我调适的基本知识等；二是技能层面，使学生掌握自我探索技能、心理调适技能及心理发展技能；三是自我认知层面，使学生树立心理健康发展的自主意识，了解自身的心理特点和性格特点，积极探索自己并适应社会的生活状态等。

以选修课为基础开设专题性课程。开设心理健康选修课，能满足大学生不同心理层次、不同年级的需要，不同年级的大学生所遇到的心理和思想问题有共性，针对这些共性的问题开设选修课，可以更好地帮助大学生成长。专题性课程更有针对性，是必修课的补充，为对心理健康有兴趣和有更专门需要的学生开设，使心理健康教育更深入也更广阔。根据不同年级学生的心理问题和思想问题，有重点、有针对性地开设一些选修课程。人格心理学、交往心理学等课程从纵深方向加深对大学生某些问题的教育。人生观教育内容，既要从树立科学正确的人生观角度来看，也要从如何看待生命的角度来看。教学内容设计要理论联系实际，贴近学生的生活。

以专题讲座的形式开设社会热点课程或心理辅导。针对社会热点问题进行心理干预，解答学生心理的困惑。如有些高校出现自杀事件，可以针对相关的学生开设珍爱生命的辅导。结合社会上的热点问题，对大学生进行心理健康教育和思想政治教育。如2018年重庆公共汽车坠江事件，针对这类悲剧性事件，既要对学生进行职业道德、社会公德教育，还要进行生命教育、心理调适等教育。

其他课程的教学渗透。任何课堂教学活动，除了进行传授知识外，还肩负着思想政治教育和心理健康教育的重任。习近平总书记在全国高校思想政治工作会议上强调，要用好课堂教学这个主渠道，各类课程都要与思想政治理论课同向同行，形成协同效应。有些课程本身蕴涵着丰富的思想政治教育和心理健康教育资源。在教学过程中师生之间的互动，师生之间、学生之间的关系都是老师的学生观、课程观的体现。具体来说，在教学教程中，老师都会向学生展现自己的世界观、人生观、价值观，也会通过自己的理想信念激励学生成才。同时老师也会激发学生的学习动机，培养学生对本课程的兴趣，在学习遇到困难时帮助学生树立信心，并对学生进行潜能开发等，通过这些方式对大学生进行思想政治教育和心理健康教育。

（二）优化教学手段

教学手段是师生教学相互传递信息的工具、媒体或设备。随着科学技术的发展，教学手段经历了口头语言、文字和书籍、印刷教材、电子视听设备和多媒体网络技术等五个使用阶段。现代化教学手段是与传统教学手段相对而言的，传统教学手段主要指教科书、粉笔、黑板、历史挂图等，现代化教学手段是指各种电化教育器材和教材，利用其声、光、电等现代化科学技术辅助教学。

以网络平台为互动的网上教学。积极运用互联网技术，拓展教育的空间，建设心理健康教育的网络平台，积极组织开展各种形式的网上教学、讨论等。开设微课、慕课、网上答疑等，进行翻转课堂，将课堂教育和自我教育在网络平台上自然结合起来。目前在中国大学慕课、智慧树等网络平台上开设了很多大学生心理健康教育课程，如福州大学、中南大学的大学生心理健康课程，北京林业大学的心理咨询与心理健康等。还有些专题性的心理健康教育课程，如福州师范大学的走进性科学、首都师范大学的幸福心理学等。还有些与心理健康教育相关的人文社科类课程，如华中科技大学的哲学、文化和人生智慧等。还有思想政治理论课，如武汉大学的光明理论慕课等。这些慕课运用新媒介开展心理健康教育。现在QQ、微信等网络平台已是人们日常交流和学习的重要工具，运用这些新媒介可以更好地传播心理健康知识，加深师生之间的沟通和交流。

创设良好的教学情景。利用现代教育手段，可创设良好的教学情景，使学生身临其境，在情感上产生共鸣。情景创设是建构主义学习理论基础，这种理论认为教学过程中，学习并不是通过教来实现的，学的过程才是核心，知识不是教的，而是由学习者自己通过意义建构的方式学来的。

（三）创新教学方法

1. 教学方法的互补互鉴

思想政治教育和心理健康教育都有各自的方法体系，两者在方法上也各有特长、各有优势，两者在教育方法上相互借鉴，可以增强大学生心理健康教育与思想政治教育工作的实效性。心理健康教育要借鉴思想政治教育主动教育的方法，如通过集体教育、榜样教育、实践活动、专题讲座、团体辅导等方式普及心理健康的知识，培养学生自我调适能力，改变那种以个别辅导为主的单一方式，积极主动地向学生进行心理健康教育，为大学生接受思想政治教育创造良好的心理基础。主要方式有心理健康教育的团体辅导、思想政治教育的主题班会与党团组织生活等方法结合。主题班会和党团组织生活的教育方法在思想政治教育中取得了显著的效果，对于塑造大学生的集体意识和团结精神有非常成功的经验，甚至成为大学生集体生活中不可缺少的一部分。而心理健康教育的团体辅导的教育方法则是通过团队建设和集体心理互助实现心理成长的目标。这些方法都建立在集体氛围的环境中，都有助于集体精神和集体心理的发展，因而可以取长补短，借鉴吸收。

要提高大学生思想政治教育效果，促进大学生全面发展，思想政治教育需要学习和引入心理健康教育的方法与途径。心理健康教育中的情感教育、情境创设、用心倾听等都值得思想政治教育借鉴。如用心倾听的方法，通过倾听了解学生内心所思与所想，然后具体问题具体分析，这正是思想政治教育所缺乏的。高校思想政治教育只一味地灌输，而不了解学生的真实思想状态，缺乏针对性，教育功效不明显。因此，大学生思想政治教育工作者，应深入了解学生，通过与学生谈心聊天，用心倾听他们内心的真实想法，以便对症下药，提高思想政治教育的针对性和实效性。思想政治教育还可以借鉴团体咨询法，团体咨询是指在群体情境下，通过人际互动来解决群体中成员共有的发展问题或心理障碍的一种咨询方法。这种方法的优点是它创造了一种情境，利用团体的动力和氛围，使成员间在相互交流和相互支持的基础上，理解自己和他人，克服心理障碍。思想政治教育可以借鉴这种方法，使教育过程更加科学，增强教育效果。

2. 教育方法深度融合

思想政治教育和心理健康教育方法虽然有很多的不同，但是有些方法具有相似性，这些方法可以融合创新，使教育方法的内涵和具体操作过程更加科学合理。

如思想政治教育中的说理教育法可以和心理健康教育中的咨询方法相互整合，使说理教育法更加科学。情感教育法是两者都使用的教育方法，思想政治教育中的情感教育主要是引导受教育者培养良好的情感，心理健康教育中的情感教育则更多的是让受教育者学会表达自己的情感。思想政治教育中的自我教育法主要是反省自我，通过批评与自我批评的方式，提高思想觉悟并养成良好习惯的自觉性。心理健康教育中的自我教育法是助人自助，是指掌握一定的心理健康方法和技能，如自己控制自身情绪，缓解自身压力等。心理疏导法也是思想政治教育和心理教育创新的结果。在思想政治教育话语体系中，心理疏导既是对医学、心理学领域的心理疏导、心理咨询、心理治疗等概念的借鉴和运用，同时也是对医学、心理学意义的心理咨询、心理治疗等概念的超越和发展。

三、建立共同的教育活动体系

人的心理品质是在活动和交往中形成的，没有社会性的活动和交往，个体的心理就只能停留在动物的水平。从理论层面上来看，活动是指主体与客观世界相互作用的过程。人通过活动反映客观世界，又通过活动反作用于客观世界，使反映进一步受到检验与发展，因此，活动就构成了心理发生、发展的基础，它是一种隐性的教育。大学生心理健康教育活动和思想政治教育活动很难彼此分开，大学生心理健康教育就要在丰富的教学活动、社会实践活动、校园社团活动等各种活动中，进行深入探索，建构基于思想政治教育的大学生心理健康教育模式。

（一）日常活动体系

活动是生活的根本属性，杜威说："哪里有生活，哪里就已经有殷切的和激动的活动。生长不是从外面加到活动的东西，而是活动自己做的东西。"[1]大学生心理健康教育和思想政治教育正是在学生的生活中通过学生活动来进行的。高校通过广播、电视、校刊、网络等开展心理健康教育和思想政治教育的宣传活动，学生社团活动、党日团日活动、班级活动等都可以帮助学生丰富知识、陶冶情操。所以，要搭建多种形式的教育平台，不断创新，建立共同的教育活动体系。

1. 建设和谐校园环境

校园文化活动是思想政治教育与心理健康教育共同的教育途径，很多校园文化活动既是心理健康教育活动，也是思想政治教育活动。大学生的心理素质和思

1　杜威.民主主义与教育［M］.王承绪等译.北京：人民教育出版社，2001:75.

想政治素养与他们所处的环境是紧密相关的，重视并创造有助于大学生健康成长的校园环境是十分必要的。高校校园文化氛围对大学生具有很大的影响力，校园文化、师生关系、办学理念、校史校训等具有造就性格、陶冶情操、调节心境等积极作用。大学生不自觉地就接受着校园环境、文化带来的影响，日积月累，由量变到质变，他们的思想、心理也在不断地进步升华。高校思想政治教育与心理健康教育的实施可借助校园文化建设工程来开展，即将思想政治教育与心理健康教育的内容渗透到图书室、广播站、校报、宣传画廊以及校办电视台等多种校园宣传载体。重视校园人文环境与自然环境建设，完善校园文化的活动设施，建设好大学生活动中心，搞好绿化、美化、净化，增强教室、寝室、实验室、礼堂、食堂等公共场所的文化含量，达到以环境育人的目的。

2. 建设和谐网络环境

现代社会网络技术的发展，使网络成为人们生活的重要组成部分，大学生心理健康教育和思想政治教育相结合就要建设和谐网络环境，开展网络心理健康教育活动。网络技术等现代传媒技术的发展，给大学生的生活、学习和思维方式带来了深刻影响。这既给高校思想政治教育工作带来了机遇，也带来了挑战。要根据大学生接收信息途径发生的新变化，全面加强校园网建设，善于运用互联网等现代传媒，把思想政治教育内容融入其中，开展生动活泼的网络思想政治教育活动，增强网络思想政治教育的吸引力和感染力，形成网络思想政治教育工作体系，牢牢把握网络思想政治教育的主动权。高校教育要充分运用网络这一现代化的教育技术，探索网络与高校学生思想政治教育工作的有机结合，大学生心理健康教育作为思想政治教育的重要组成部分，也必须面对网络带来的挑战，积极推进心理健康教育和思想政治教育进网络。网络教育资源既包括思想政治教育内容，也包括心理健康教育内容；既有网络资源，也有师生互动平台，以及学生与学生的互动平台，还可开设专门的网上心理咨询。

3. 搭建学生"三助"服务平台

充分发挥学生在思想政治教育与心理健康教育中的主体作用，"持教育与自我教育相结合。既要充分发挥学校教师、党团组织的教育引导作用，又要充分调动大学生的积极性和主动性，引导他们自我教育、自我管理、自我服务。"搭建学生自助、互助和求助平台，即"三助"服务平台。

搭建学生自助平台。主要通过网络平台、学校的各种宣传媒介，传播基本心理健康知识、各类心理障碍的表现、大学生心理健康案例分析等，使学生遇到心理困惑时可以有所觉知，具有心理健康意识。在网络上可以进行各类心理测试，帮助大学生自我探索、自我发现，遇到问题时可以主动地寻找问题原因。

搭建学生互助平台。通过各种心理社团和班级、寝室开展集体活动，大学生大多年龄相仿，他们的需求和所遇到的问题都有很大的相似性，很容易沟通和共鸣，利用良好的朋辈关系开展大学生的心理互助，可以同时提高助人者和受助者的心理素质与思想政治素质。

搭建学生求助平台。当大学生遇到一些心理和思想问题无法通过自助和互助解决时，还要为他们提供方便的求助平台。大学生可以到学校心理健康教育中心、院系的心理服务站点进行咨询，也可以通过电话、微信等方式及时与教师和同学进行交流互动，得到及时有效的帮助。

（二）社会实践活动体系

辩证唯物主义在人类认识史上，第一次把科学的实践观引入认识论，认为实践是认识的基础、认识的来源、认识发展的动力、认识的目的和检验认识真理性的唯一标准。社会实践是大学生思想政治教育的重要手段和途径，高校和社会有关单位对在校大学生共同实施的一种有计划、有组织的，融思想教育、专业教育和社会服务于一体的实践教育活动，是大学生接受教育、增强能力和服务社会的重要平台。党和国家历来重视大学生思想政治教育与社会实践相结合，1987年6月，中宣部、国家教委和团中央联合下发了《关于广泛组织高等学校学生参加社会实践活动的意见》，对高等学校学生参加社会实践活动提出了明确要求，社会实践活动纳入教育计划，开始成为中国特色社会主义高等教育的重要组成部分。

大学生社会实践活动主要形式有社会调查、参观访问、志愿服务等。在这些实践活动中，要帮助大学生更加深入地了解社会状况，加深对党的方针政策的理解，增强学生的社会适应能力。指导大学生撰写调查报告，提高大学生的社会观察能力、分析问题的能力，使其对自己的价值观进行认真思考，对其树立正确的世界观、人生观、价值观也具有积极意义。同时，在社会实践的过程中，要帮助大学生克服胆怯、害羞、懦弱等心理障碍，在志愿服务中，通过帮助他人培养自信、勇敢、顽强等心理品质，提高学生的心理素质。

在建立共同的活动体系中，一是要重视活动主题的设计，要有明确的主题和完整的活动程序，既要提高大学生心理健康素质，也要提高其思想政治素质；二是要重视大学生的心理体验，包括丰富的感官体验、情绪情感体验等；三是要重视学生对活动体会的交流，提高学生自我教育能力和互助能力。

四、建设专业化、职业化的师资队伍

队伍建设是做好一切工作的保障，促进大学生心理健康教育和思想政治教育相结合，开创高校思想政治教育的新局面，就必须有一支理论功底扎实、知识面广、勇于开拓创新、善于联系实际的师资队伍作为组织保证。因此，要重视对师资队伍的培养、培训和考核，提高教师专业知识技能，改善教师的知识结构，努力打造一支专业化、职业化的思想政治教育师资队伍。

（一）重视师资队伍的培养

师资队伍的培养是指国家根据高校发展需要，有计划地设置专业培养相关人才，主要是指学历培养。大学生思想政治教育的师资队伍包括专职思想政治理论课教师、专职心理健康教育教师和思想政治教育工作者。2016 年 12 月全国高校思想政治工作会议上，习近平总书记发表了重要讲话，第一次明确把心理咨询师纳入高校思想政治工作队伍，并且要求"整体推进高校党政干部和共青团干部、思想政治理论课老师和哲学社会科学课教师、辅导员、班主任和心理咨询师等队伍建设，保证这支队伍后继有人、源源不断"。心理健康教育工作者是思想政治教育队伍中的一员。

1. 专业培养

大学生心理健康教育和思想政治教育相结合给教育工作者素质提出了更高的要求。在《高等学校心理健康教育指导纲要》中，明确提出高校要建设一支以专职教师为骨干、以兼职教师为补充，专兼结合、专业互补、相对稳定、素质良好的心理健康教育师资队伍。因此，在专业培养上要加大复合型人才培养的力度。专职心理健康教育和思想政治理论课教师都要有相关的学历和专业资质。

在思想政治教育专业，加强大学生心理健康教育学科的建设。在课程设置上，增设心理健康教育相关课程，在教师资格考试内容中增加"心理健康教育"相关课程的考试，把心理健康教育培训纳入思想政治教育课程体系，增强思想政治理论课教师的心理健康教育能力。

在专项培养计划中，增加心理学、教育学专业的培养计划。目前，国家在思想政治教育系列中有三个专项培养计划。"高校思想政治工作骨干在职攻读博士学位专项计划""高校思想政治理论课教师在职攻读马克思主义理论博士学位专项计划"和"高校思想政治理论课教师队伍后备人才培养专项支持计划"。目前，这些计划大部分招收马克思主义理论、党史党建专业的博士生，很少招收心理学专业的博士生。所以，今后要增加心理学专业的博士生招生，以弥补专职心理健康教育师资不足的问题。

2. 教师素质的培养

2019年3月18日，习近平总书记主持召开学校思想政治理论课教师座谈会并发表重要讲话，他强调办好思想政治理论课关键在教师，关键在发挥教师的积极性、主动性、创造性。思政课教师要给学生心灵埋下真善美的种子，引导学生扣好人生第一粒扣子。教师要做到政治要强、情怀要深、思维要新、视野要广、自律要严、人格要正。这不仅是对思想政治理论课教师的要求，也是对广大思想政治工作者的要求，作为思想政治教育工作者的一分子，这也是对心理健康教育者的要求，是他们素质培养的目标。

大学生心理健康教育和思想政治教育都是要成为马克思主义理论家，毛泽东曾说过，如果一个人只知道背诵马克思主义的经济学或哲学，这还不能算理论家。理论家能够依据马克思列宁主义的立场、观点和方法，正确地解释历史中和革命中所发生的实际问题，能够在中国的经济、政治、军事、文化种种问题上给予科学的解释，给予理论的说明。习近平总书记在学校思想政治理论课教师座谈会上，更是强调教师政治要强，让有信仰的人讲信仰，善于从政治上看问题，在大是大非面前保持政治清醒。情怀要深，保持家国情怀，心里装着国家和民族，在党和人民的伟大实践中关注时代、关注社会，汲取养分、丰富思想。思维要新，学会辩证唯物主义和历史唯物主义，创新课堂教学，给学生深刻的学习体验，引导学生树立正确的理想信念、学会正确的思维方法。视野要广，有知识视野、国际视野、历史视野，通过生动、深入、具体的纵横比较，把一些道理讲明白、讲清楚。自律要严，做到课上课下一致、网上网下一致，自觉弘扬主旋律，积极传递正能量。人格要正，有人格，才有吸引力。亲其师，才能信其道。要有堂堂正正的人格，用高尚的人格感染学生、赢得学生，用真理的力量感召学生，以深厚的理论功底赢得学生，自觉做为学为人的表率，做让学生喜爱的人。教师要注重自身人格的培养，注重自己的身心健康，教师要在学生面前展现自己的个性，精神饱满，满怀激情。

（二）重视师资队伍的培训

要提高大学生心理健康教师的质量，必须重视和加强对大学生心理健康教育教师的培训，让教师不断充电，提高教师的理论素养、专业知识、操作技能和政治素养，跟上时代的发展和学生成长的需要。师资队伍的培训是为了让教师更好地履行岗位职责而进行的继续教育，是教师素质建设的重要环节，要建立完善的培训系统，定期对老师进行培训。一般来说，培训的形式主要有集中培训、专题培训、讲座培训、网络培训等，培训的内容主要有理论知识的学习、操作技能的训练、案例分析、实习督导、职业伦理等。

1. 专职心理健康教师的培训

专职心理健康教育教师不仅要有基本的心理健康理论，还要有进行心理咨询和心理危机干预的技能，还要针对学生不断发展变化的心理状态进行研究，因此对其专业知识和技能要求很高，必须不断地对其进行培训和督导，并要不断提高他们的思想政治素质。专业培训要规范化、制度化，培训内容上要根据不同层次教师的需要进行编排，主要内容有心理健康教育课程、心理健康教育活动、心理咨询和团体辅导技术等，培训时要注重理论教育和实际操作相结合，切实提高教师的专业能力和专业水平。专业督导是指在专家的指导下，使心理咨询师不断地完善自己的技术和方法，督导的目的是让咨询师更好地认识自己的能力和咨询特点，促进心理健康教育教师的个人成长，从而帮助学生更好地成长。

要提高心理健康教育者的思想政治理论水平，引导心理健康教育者提高自身的思想道德水平、坚持正确的政治方向，加强马克思主义意识形态教育，具有良好的思想品德、职业道德、责任意识和敬业精神，正确的世界观、人生观和价值观。在全国教育大会上，习近平总书记特别强调，坚持党对教师队伍的全面领导，教师是教育的第一资源，教师队伍建设是基础工作，教育引导广大教师增强四个意识，不断提高政治觉悟，坚定政治方向，解决好世界观、人生观、价值观这个"总开关"问题。

2. 兼职心理健康教育教师的培训

兼职心理健康教育教师主要包括思想政治理论课教师、辅导员、班主任和思想政治教育工作者。这里主要谈谈辅导员、班主任的培训问题。辅导员和班主任是高校思想政治教育工作者的重要组成部分，他们工作在学生管理的第一线，和学生接触最多，最了解学生，他们不但承担着对学生管理的任务，还承担着思想政治教育和心理健康教育的任务。在心理健康教育中，他们不是专职的心理咨询者，但是有他们的角色定位和作用。他们是大学生成长的促进者，在工作中积极为其灌输正确的人生观、价值观，培养学生的心理品质，当学生遇到心理困惑时，更易受学生信任，他们可以及时地对学生心理进行疏导。辅导员和班主任还是学生心理康复的重要支持者，有的学生接受了心理咨询和治疗后，会经历一个康复期，在此时期，他们可以帮助学生回归正常的学习生活。

对辅导员和班主任进行心理辅导技能培训是提高他们教育能力的重要措施，培训内容主要有辅导员和班主任自身心理健康辅导，因为他们的心理素质和学生的心理素质有很大的关系，他们要和学生一起成长，才能更好地促进学生的成长。大学生心理健康教育专题培训，主要是针对大学生中常见的心理问题，如人际交往问题、情绪问题、恋爱问题等。心理咨询的基本理论和方法，主要是在日常教育中掌握一些常用的技术，还有心理危机的识别和干预，学习使用各种心理测量量表，对学生心理危机有判断能力，最后还要进行心理健康教育的职业伦理培训。

3. 其他教师的培训

高校所有教师都承担着教育引导大学生健康成长的责任，教师自身要保持健康的心态和健全的人格，要主动和学生构建和谐的师生关系，能及时发现学生存在的不良情绪和心理困惑，在教学的同时注重对学生人格的培养。因此，也需要对其他教师进行心理健康教育的培训。培训的内容主要是基本的心理健康知识、学生的心理特征、心理障碍的主要表现形式等。培训的对象包括新入职的青年教师、辅导员，将心理健康教育培训作为他们岗前培训的重点。研究生导师也是大学生心理健康教育工作的重要力量，每年应为他们组织至少一场心理健康教育专题培训。除此之外，还应当对学生宿舍管理人员等后勤服务人员也开展心理健康教育相关常识的培训，使他们在管理中能和学生和谐相处，及时识别学生心理异常现象，在危机干预中提供支持。

（三）重视师资队伍的评价

教师自身的素质对大学生心理健康的发展至关重要，那么怎么才能知道教师的素质？如何采取措施提高教师的素质？这就需要对师资队伍进行评价。对师资队伍进行评价和考核，可以促使教师进步，是教师发展的一种动力，评价还有助于师资队伍的管理。因此，要完善对大学生心理健康教育师资队伍的评价体系，从确定评价的目的、内容、方法到具体的实施形成一个系统，并对评价结果进行总结与分析，同时将考核结果放入教师档案作为其晋升、**奖励的重要根据**。

1. 师资队伍评价的目的

心理健康教育师资队伍的评价应该以发展性评价为主，以促进教师的**素质发**展为出发点，兼顾总结性评价和诊断性评价。**发展性评价是激发教师成长的内在**动力，调动他们的积极性，增强工作的创造性。总结性评价可以对教师**整体情况**进行了解，比如有些高校会对心理健康教师的教学水平打分并排序，成为**评选优**秀、晋升职称的重要依据。诊断性评价是比较专业的评价，主要是由心理**健康教**育专家或是督导对教师的专业能力进行评价，重点是找出**教师能力和知识的不足**。这三种评价方式要兼顾，不能只用一种评价方式。

2. 师资队伍评价的主体

大学生心理健康教育师资队伍的评价要坚持主体的多元化，才能保证评价的客观性。一是同行评价，同行充分了师资队伍的教学、科研、学科建设等情况，最有发言权；二是教师自我评价，这是教师自我**诊断**的一种方式，教师对自己的工作进行反思，反思自己的教育理念和行为，不断进行自我调整，构建自己的理论体系，提高自己的素质；三是专家评价，专家督导通过对**教学过程**的检查、监督，对教师心理咨询过程进行监察，给教师一定的诊断性评价，可以帮助教师更好地发现自身存在的问题；四是学生评价，学生作为受教育的**主体**，最有资格参与评价教育教学质量，许多高校都将学生评价结果和教学督导评价结果作为评判教师教学质量和水平的依据。

3. 师资队伍评价的程序

师资队伍评价是一项复杂的工作，要想使评价质量和结果具有价值，必须使评价过程科学有序。一是明确目的和制订方案。根据大学生心理健康教育教师的职业能力标准确定评价的内容，主要包括政治素质和职业道德、**心理健康教育专**业能力和职业能力、教学和科研工作能力等，从而形成评价指标体系。一个好的评价能促进评价者和被评价者更好沟通，能鉴别被评价者存在的问题，促进被评价者更好地成长。二是评价的实施。要注意在评价中根据情况对方案进行调整等。三是处理信息和撰写评价报告。评价报告是个很重要的工作，要有针对性和可操作性。评价报告既可以横向比较，也可以纵向比较，这样可以更完整地看到教师的发展过程，使评价起到促进教师成长的作用。

五、建设教育研究体系

教育研究是教育体系中的重要组成部分，重视在心理健康教育和思想政治教育相结合的教育基础理论研究和实践中产生的问题研究，可为大学生心理健康教育和思想政治教育提供保障。心理健康教育和思想政治教育工作者都应该将研究作为日常工作的一部分，通过校本研究、行动研究、叙事研究等研究方法，以面临的问题为研究的起点，不断解决工作中的问题。

（一）重视研究基地建设

目前，大学生心理健康教育存在三种学科定位：一是教育学定位，大学生心理健康教育同德育、智育、体育、美育一样作为教育学科的一部分，大学生心理健康教育和其他任何教育活动一样，有着自己特定的教育内容和方法，有自己完整的教育体系。把学校心理健康定位于教育学范畴的学科，强调学校心理健康教育的工作重点应该放在如何通过科学有效的教育方式来提高学生的心理素质水平，这种定位较准确地反映了当前现实的社会实践对学校心理健康教育的基本要求。二是心理学定位，大学生心理健康教育是心理学科的一部分，认为心理健康教育是从心理学中发展起来的，心理咨询、心理治疗这样一些专业化很强的方法需要心理学的支撑。三是思想政治教育学科定位，大学生心理健康教育是思想政治教育的一部分，这些年高校思想政治教育在心理健康教育发展过程中发挥了重要作用，为其提供了外部资源支持和内部智力支持，深刻地影响了心理健康教育的发展速度、方向、规模和模式。大学生心理健康教育和思想政治教育相结合，就要加强思想政治教育学科中的心理健康教育研究方向的建设，搭建科研平台，让多学科背景的教师共同参与，建立科研团队，针对一些基础理论性问题和现实性问题进行研究。

（二）日常教育、教学活动和研究相结合

不论是心理健康教育工作者还是思想政治教育工作者，都要在教育教学中进行研究活动，将日常教育、教学活动和研究相结合，才能促进大学生心理健康教育和思想政治教育更好地融合。

1. 教师为什么要做研究

第一，教师做研究有利于提升自身的专业判断力。教科书中并没有规定应当怎样教学，有时候教师对自己的教学行为并不确信，这时，教师就可以通过研究对自己的教学进行专业判断，以提升自己的专业判断力。

第二，教师做研究有利于改善课堂教学效果、提升教学质量。教师的研究多着眼于课堂和教学，研究问题从自己的工作实践中来，这样一来，不但不会影响自己正常的教学工作，还可以帮助解决教学中的实际问题，提升教学质量。研究可以帮助教师发现课堂和教学中的盲点，透过现象抓住本质。

第三，研究人员的研究无法替代教师研究。一些教师会认为"研究是教育专家的事，教师的本职就是教好课"，可是当你的课堂和教学出现问题的时候，教育专家的研究结论对你的课堂未必适用，研究人员的研究多从学术角度出发，和一线教师的视角不同，教师们自己发起和参与的研究才更有实践价值。把教学经验上升为教育理论，未来的教育家也将从一线教师中产生。未来教育的发展需要教师做研究。从社会整体环境和教育行业内部来看，教师进行教学研究是教师未来职业发展的必然趋势，教师只有不断进行研究创新，构建学习型的职业路径，才能真正不断提升自身竞争力。从学校未来发展的角度来看，无论是大学、中学还是小学，都需要一批乐于研究、勇于探索的教师队伍来从事教学研究工作，进而推动学校整体教育教学改革和教学水平的提高。资深教师不仅可以将自己的研究成果用于课堂，还可以向年轻教师推广，从而达到传帮带的作用。青年教师可以通过教学研究来提高自己的教学能力和实践水平。再者从最为现实的角度来讲，教师做研究取得相应的研究成果，也有利于今后的职称晋升和职业发展。因此，教师要想成为某一领域的专家，必须跨越研究这道屏障。

教师要关注教学中存在的问题，采用科学的研究方法，进行教学改革和教学试验，并不断进行反思，将自己在教学实践中的经验上升到理论高度。这样既提高了教学效果，也提高了自己的理论水平，同时还可以增强幸福感。苏霍姆林斯基也说过："如果你想让教师的劳动能够给教师带来乐趣，使天天上课不至于变成一种单调乏味的义务，那你就应当引导每一位教师走上从事研究这条幸福的道路上来。"

2. 教师为什么能做研究

在很多教师看来，研究主要是从事理论研究，和教学活动、日常教育活动关系并不密切。很多教师所做的研究和自己所从事的教学活动不相关，其实教师更应该从事与教学活动相关的研究。教学研究并不神秘，它就在身边，也许你之前做过，只是没有意识到。比如有些教师实施翻转课堂后，比较翻转课堂和传统课堂学生的听课状态、学习成绩、学习效果等，总结翻转课堂实践中的经验，这其实已经构成了一个简单的教学研究，只需要掌握一定的科学研究方法，就可以做出更为规范、更为科学合理的研究。

教学活动给教师提供了一个研究基地。在日常教育教学中进行科学研究首先要解决自己的理论困惑和教材中的难点，回应学生的困惑和需要，科研的生长点就在教材中，教师根据教学内容，带着问题进行研究，破解理论难题，这样教师的理论水平提高了，教学效果也提升了。教师在做好传道授业解惑重要使命的同时，还应该有自己的专业领域和终身发展的职业规划。对于教师而言，学会运用科学的方法进行教学研究，就是在自身职业领域获得一项终生受用的技能。无论你是青年教师、中年骨干，还是资深专家，能够真正运用科学研究的方法从浩如烟海的实践中提取科学的真谛，才是未来发展的王道。

（三）创新研究方法

大学生心理健康教育和思想政治教育相结合，在研究方法论上，应采用多学科整合的研究方法。大学生思想政治教育传统使用的研究方法以理论思辨为主，主要有经验总结提升法、逻辑思辨法、历史分析法、比较研究法、权威经典研究法、学科交叉研究法等。心理健康教育研究方法主要以实证为主，如调查研究法、观察研究法、实验研究法。当然，现在这些研究方法都在综合使用。作为教师在进行研究时，要针对研究的问题创新研究方法。除了传统的调查研究、理论研究外，叙事研究、行动研究和校本研究等都是比较好的方法。这类研究方法的共同点就是从问题出发，以解决问题为目标，很适合构建教育模式。

1. 叙事研究法

叙事简单地说就是讲故事，在讲述自己经历的过程中，呈现自己的经验、思想和观点等。这个过程既是听故事的人了解讲述者的机会，也更是讲述者自己对经验进行组合和重构，不断认同自我、了解自我的过程。叙事研究就是在此基础上形成的一种研究方法，研究者通过访谈等方法收集很多故事经验，然后对这些经验进行阅读分析，总结规律，得出结论。叙事研究法是构建大学生心理健康教育的很好的方法，它的优势在于教师和学生要直接面对面的接触，教师通过用心倾听学生的故事，可以更好地感受到学生内心的变化，收集到学生真实的感受，既可以为模式建立提供依据，也可以用于检验模式的效果。

2. 行动研究法

行动研究是教育实践者对自己的实践活动进行研究。行动研究的主体是教师和教育管理人员。在现实的、开放的、动态的教育情景中，教师能够随时随刻体察教育、教学活动过程中的种种现象和变化，在教与学的互动过程中，依据自身丰富的工作经验直觉地对假设、方案的可行性和有效性做出判断，不断及时地解决新问题。行动研究的目的是改进教育实践活动，提高教育效果。教师在诊治具体教育情景中的问题时，在解决问题的基础上改进和提高实践活动效果。行动研究并不是一次研究活动就终止了，而是一个连续不断的过程，旧的问题解决了，在教育教学中又会遇到新的问题，然后又开始新的研究。它永远根植于实践活动，解决实践中不断出现的新问题。行动研究的过程是一个螺旋式的发展过程，是一个由计划、实施行动、观察和反思四个环节构成的循环往复的运作系统。行动研究和其他研究相比，有个突出的特点就是反思性。虽然所有研究都有研究者的反思，但它们的反思是隐性的，并没有把反思作为一个显性的研究步骤，而行动研究不仅是一个反思的过程，而且是必不可少的一个环节。它要求行动者也就是研究者，对自己的实际工作进行反思，为下一步的行动做好准备。

3. 校本研究法

校本研究就是"基于学校的研究"，它是坚持研究要立足学校不能脱离学校，根据学校发展所要解决的问题进行研究。任何教育者都可以根据自己的岗位进行研究，不论是教育管理者还是一线教师、服务人员，都要时刻对自己工作中的实际问题进行思考，要以研究者的思维进行思考，按照一定的研究方法进行研究，来解决工作中遇到的实际问题。用这种研究方法去构建教育模式针对性更强，更可以在实践中应用和检验模式的效能。校本研究法现在虽然主要是在中小学进行，但值得大学生心理健康教育借鉴。校本研究是一种基于"问题解决"和"学校发展"的研究。建构基于思想政治教育的大学生心理健康教育模式，也是基于解决老师在教育实际中遇到的问题，通过解决教师"自己的问题"，为教育教学提供更有价值的指导。同时，每个高校都有自己的专业特色、地域特色，基于学校的特色进行研究，也能促进学校的发展。

第四章 积极心理学的发展

第一节 积极心理学的诞生

一、积极心理学的诞生

美国心理学界在20世纪90年代后期开始关注新的研究领域——积极心理学。积极心理学是运用较完善的测量技术和实验方法从个体、群体、组织系统等层面来研究人类积极特质的一门学科。积极心理学是针对传统"消极心理学"的不足而提出的，主要研究有关人类心理疾病的诊断与治疗，涉及焦虑、抑郁、妄想、躁狂等病态情绪和行为。积极心理学要求研究者用更加积极的目光看待人的动机、欣赏人的潜能，重点研究如何使普通人更好地生存与发展，更充分地实现人的价值、挖掘人的潜能，完善人的美德。

科学心理学诞生以来，其肩负的历史使命主要有三项：一是帮助患者治疗精神疾病；二是使普通的正常人生活得更加充实、更加幸福；三是发现并培养有天赋的人。在第二次世界大战以前，心理学工作者同等重视这三项任务。二战之后，随着社会的发展以及战争给人类身心健康方面带来的巨大创伤，心理学工作者逐渐把注意力集中在第一项任务上，学界研究聚焦于对心理疾病的矫正和治疗，消极心理学的研究取向逐渐成为主导模式。

最早关于积极心理的研究，是20世纪30年代推孟对培养天才人物和幸福婚姻的研究，以及荣格关于生活意义的研究。随着二战的爆发，这种研究的积极取向被中断。二战后，心理学侧重于研究治疗人们的心灵创伤和精神疾患。到了20世纪五六十年代，人本主义心理学兴起，以马斯洛、罗杰斯为代表的心理学家以美德和善端理解人性，开始关注人的内在潜能和发展的无限性，这为积极心理学的产生和兴起奠定了基础。到了90年代，心理学家开始研究心理疾病的预防问题。研究者们逐渐发现，人类的某些积极品质，如希望、乐观、勇气、坚忍及信仰等对于抵御心理疾病起着重要的作用。因此，研究人类的积极特质，如人类的美德、潜能、力量与价值，能更好地帮助人们不断提升自己，更具有理论意义和实践价值。于是，马丁·塞利格曼（Martin E. P. Seligman）在1997年担任美国心理学会（APA）主席后就大力主张研究积极心理学。到了2000年，马丁·塞利格曼等人在《积极心理学导论》一文中正式提出"积极心理学"的概念。2002年，斯奈德（Snyder）等人出版《积极心理学手册》一书，正式宣告了积极心理学的独立。其实，心理学的工作任务不仅仅是要帮助患者治疗心理疾病、缓解精神痛苦，更重要的是要帮助普通人生活得更加幸福，使儿童健康快乐地成长，使员工心情愉悦地工作，使家庭幸福美满地生活。所以，马丁·塞利格曼主张要研究积极心理学，主张除了要研究人的心理问题和疾病，更要研究人的价值和尊严，研究如何帮助普通人过上健康幸福、充分发挥个人效能的生活。

二、积极心理学的研究现状

20世纪末，积极心理学由马丁·塞利格曼、谢尔顿和劳拉金三位创立，刚开始的积极心理学只是依附于传统心理学，时至今日，积极心理学已经成长，成为独立的学科。积极心理学的起源很早，它最早是用来研究人们内心潜在的心理能力与冲突的。后来由于时代的动荡，人们对积极心理学的研究不得不告一段落。在第二次世界大战打响时，积极心理学主要是用来治愈战后的心灵创伤，对象有战争幸存的士兵，有亲人牺牲的妇女，还有幼年经历战争的儿童。积极心理学创造之初的理念是研究人们积极的心态，为人们的生活带来更多的幸福感。积极心理学创造之初的研究内容是研究人们的主观意识、性格特点，还有积极向上、具有正能量的社会。之后，积极心理学的研究逐渐脱离了传统心理学，重视人们内心的积极感，帮助人们形成积极向上的良好心态，让人们的生活更有幸福感。

（一）主观层面：积极的情绪体验的研究

积极心理学致力于研究个体主观层面的积极情绪体验。B. L. Fredrickson提出，诸如兴趣、喜悦、满足、自豪和爱等积极情绪能够提升个体的积极资源储备，包括体力、智力和人际关系能力等。此外，研究表明，人类的各种积极情绪之间存在高度的一致性和关联性，而非相互独立。因此，当个体体验到某种积极情绪时，往往会伴随其他积极情绪的产生。这些离散而积极的情绪能够增强个人的行动力、执行力和信念，对个体的思维观念和行为活动产生长期的导向作用。在积极情绪体验的研究中，主观幸福感和快乐是研究者最为关注的领域。

主观幸福感（Subject Well-Being，简称SWB），指个体根据自己主观设定的标准对其生活所持的总体看法与感受，包括生活满意度和情感体验两个维度。主观幸福感高的人会对生活更满意，积极情绪体验较多，消极情绪体验较少，他们会善待自己，对过去较为满意，对现在感觉幸福，对未来充满希望。研究者从20世纪60年代才开始对主观幸福感进行研究，在随后的10年间仅积累20多篇研究文献。后来，随着时代的进步，人们对精神生活更为关注，越来越多的研究者重视对幸福感的研究。最近10年间，研究主观幸福感的文献达到数千篇，大多围绕人格特质、社会支持、生活事件、人口统计学变量等与主观幸福感的关系展开研究。其中，针对人格特质和生活事件的相关研究较多。

人格特质能够较好地预测幸福感的高低。研究发现，主观幸福感更多地依赖个体的人格特质，人格特质甚至可以预测个体10年甚至20年后的幸福感。多数研究表明，生活满意度、积极情感与外向性之间关系密切，消极情感与神经质关系密切。外向性的个体更善于看到积极事物以及事物的积极面，对事物的积极反应多于消极反应，从而产生更多的积极情绪体验；而神经质的个体对消极事物或事物的消极面更为敏感，从而产生更多的消极情绪体验。追踪研究发现，生活事件对主观幸福感的影响存在时间界限和性别差异。具体表现为近3个月内的生活事件会影响个体的主观幸福感，3个月以外的生活事件对主观幸福感的影响则不明显。性别差异表现在琐碎的生活事件对女性的主观幸福感的影响较大，而近期的整体生活事件对男性的主观幸福感有较大的影响。快乐也是积极心理学研究的一种重要的积极情绪体验。学者柳波默斯基（Lyubomirsky）的研究表明，那些快乐的人和不快乐的人在认知、动机、判断和策略上都存在显著差异，而且他们自己并没有意识到这些不同，这是自动化反应。不快乐的人对社会性比较信息要比那些快乐的人更敏感。

（二）个体层面：积极的人格特征的研究

在个体层面上，积极心理学的研究重点是积极的人格特征。因为积极心理学的理论基础是人类的自我管理、自我导向等积极力量，个体积极的人格特征是积极心理学得以建立的基础。希尔森（Hillson）等人关于积极的人格特征和消极的人格特征的比较研究发现，个体积极的人格特征主要表现在两个方面：一是积极的利己特征，即个体对自己所持有的正向特征，如能正确认识自己，接纳自己、爱自己，能感受到生活的意义，具有个人生活目标、独立感、成就感，敢于面对挑战；二是积极的利他特征，即个体对他人所持有的正向特征，如与人为善、爱别人、善于帮助他人，对自己的人际关系表示满意，注重人际关系的和谐，善于维持良好的人际关系。此外，在面临压力情境时，积极的人格特征还有利于个体采取较有效的应付方式，如解决问题、善于求助等，从而更好地应对压力事件。积极心理学研究的积极的人格特质有 20 多种，如智慧、美德、乐观、宽容、毅力、感受力及创造力等等，其中乐观是引起关注最多的特质。因为乐观是最积极的人格因素之一。乐观的人无论在什么情况下，都能保持心态良好，他们总相信坏事情会很快过去，相信阳光总会再来。同时，乐观也是一种积极的生活态度，乐观的人会倾向于看到事物的积极面，所以会产生更多积极愉快的情绪，感觉生活充满乐趣、更富有意义。

（三）群体层面：积极的组织系统的研究

积极心理学认为，人的价值和潜力离不开周围的生存环境，体现在家庭、学校、社会等组织系统中，同时也会受组织系统的影响。在群体层面上，积极心理学主要侧重于对积极的组织系统的研究，主要包括对社会层面积极的宏观系统的研究，如培养全体公民的责任感和集体荣誉感，增强公民的职业道德观念和法律意识等；还包括对个人层面积极的微观系统的研究，如创建和睦的家庭生活环境、优良的校园学习环境与和谐的单位工作环境，构建友善的社区生活环境等。积极的组织系统有利于增强人的幸福感，有利于培养人的创新能力和潜能开发。威廉姆斯（Williams）等人的研究成果表明，当学生们的周围环境更优良，能够取得老师、同学、朋友的良好支持时，他们最有可能拥有良好的心理健康状况与和谐的人际关系；相反，则容易出现不健康的心理状况和行为模式。卡塞尔（Kasser）等人的研究发现，母亲的个性对青少年的价值观形成有着重要影响，如不民主的、爱控制人的、冷酷挑剔的母亲更可能影响孩子更多关注外部的、实际的价值；而民主的、易接受人的、温暖温和的母亲更可能影响孩子去关注内在的价值。因此，积极心理学需要考察外部组织系统和周围生存环境对个体的心理健康及积极品质的影响作用。

三、积极心理学的发展趋势

（一）应拓展研究范围

积极心理学的研究与发现，为人们的生活带来了越来越多的便利与好处。但是，积极心理学的研究并没开始多长时间，可研究的范围相对于传统心理学来说狭窄得多。积极心理学的研究主要是针对人们的主观意识，比如人们是否快乐、幸福，或者悲伤、痛苦，对于人们一些心理特点的研究并不深入。从这点上来说，积极心理学较传统心理学还是有差距的，研究范围没有传统心理学广泛。因此，有关研究专家可以此为研究方向，拓展积极心理学的研究范围。第一，可以从人的满足、骄傲、自豪的一些心理特点，或者群众的心理是否健康等方面入手，让积极心理学可以作为一项手段。比如可以将积极心理学应用到警察办案中，当分析犯罪嫌疑人的作案动机时，可以根据积极心理学对犯罪嫌疑人进行研究，通过分析犯罪嫌疑人的犯罪活动，分析出嫌疑人的人格特征，幼年是否经受过悲伤的遭遇。第二，可以从特殊社会团体的心理入手，逐步拓宽积极心理学的研究途径。比如，大学生这个特殊群体，有的大学生因社会压力、学校压力、个人原因等患上抑郁症，有的大学生因情绪问题常迁怒于他人，犯下不可饶恕的错误。积极心理学的应用，可以帮助更多需要帮助的人。

（二）应提升运用程度

近几年，积极心理学迅速地发展起来，在人们生活中的运用也逐渐重要了起来，对人们的生活影响也越来越大。现在社会的发展速度越来越快，许多城市迅速发展起来，吸引着越来越多的异乡人来到这里发展，他们身上背负着父母的期盼和对家人的责任，他们默默无闻却又充满拼劲地努力工作。但时代的迅速发展，带给他们的是高节奏、高压力的生活，使得他们的心情很压抑，情绪时常在崩溃的边缘，久而久之，他们的心理就会出问题，这样的人在现实生活中不在少数。另外，还有一个社会群体也需要特别关注，那就是学生群体。家长望子成龙、望女成凤的心态，给学生施加了很大的压力。学生日复一日重复地学习，没有什么休息时间，超强的学习量和无处不在的压力，让他们的内心变得压抑，社会压力的加大，使得越来越多的学生出现心理问题。越来越多的人需要心理调节，积极心理学应提升运用程度，让他们的生活减压，朝着幸福的方向发展。

（三）积极心理学在未来的发展

在研究内容上，积极心理学研究专注于人类的感知、情感、情绪等。对于未来的发展，积极心理学的研究要投身于人们的日常生活中，研究人们的喜怒哀乐，希望、乐观等一系列的积极性因素。不断地拓展与完善积极心理学的研究体系。在研究方法上，积极心理学的研究方法在未来也需要一定的补充与发展，要在原有的基础上，从人们的日常生活出发，引入演绎推理法、解释法、比较法等方法，来解决人们遇到的心理问题。在研究对象上，积极心理学不仅要在人们身上积极推行，还要在一些动物，比如大猩猩、熊猫、狮子等凶猛的动物身上做实验，研究积极的心态对动物有什么影响。

心理专家研究证明，人的情绪因素与人体内在的免疫功能有着密切联系，积极的心态可以增强大脑皮层的功能，提高整个神经系统的活力，使免疫功能和抗病能力大大地提高。国际医疗卫生组织还提出了一个响亮的口号："人体健康的一半是心理健康。"由此可见，积极心理学的发展前景很广泛。

第二节 积极心理学的理论基础

一、积极心理学研究的领域

积极心理学研究的领域主要包括三个方面的内容，首先是人们心中积极、主观的体验，其中包括快乐和充盈、希望和乐观主义、幸福感和满足等。最重要的是对人的主观幸福感进行研究，强调人能够乐观地对待生活、对待学习，从而更加乐观地面对未来。其次是个人层次方面，基于积极心理的个人特质的研究，包括个人的才能和智慧、自己的洞察力、对未来关注的方向、创造性能力、宽容能力、对美的感受力、人际交往能力、工作的能力以及爱和勇气等，主要是培养人能够具备这些积极的心理特质，从而强化个体的积极情感体验。最后是群体意义上的积极心理，主要包括帮助人们建立更为积极的社会、学校和家庭系统，从而培养具有职业道德以及充分的责任感的社会公民。

总而言之，积极心理学注重的是人性当中的积极因素，注重研究人的价值和优点，善于运用更加科学的方式方法来挖掘人的自信心，激发人的活力以及创造力，从而帮助人们寻求并掌握追求美好幸福生活的途径方式。

二、积极心理学涉及的主要层面

立足于积极心理学的视角，心理学的研究范围不应局限于人的缺陷、损伤和伤害，而应包括研究人的优秀品质与潜能。在治疗过程中，我们不仅要弥补和修复，更要重视挖掘人的力量和潜能。因此，心理学的领域不仅要关注健康和疾病，还应扩展到促进个体成长、爱、教育、娱乐等对身心发展有益的领域。

（一）主观层面

在人的主观层面上，积极心理学专注于个体的内在体验，涉及过去的满足感、当前的幸福和快乐，以及对未来的乐观期待。这些维度不仅是衡量个人幸福感的重要指标，而且对于理解人们如何感知并评价自己的生活质量至关重要。研究过去的满足感涉及对个人历史上积极经历的回顾和评估，如成就、美好回忆和重要关系。当前的快乐和幸福则聚焦于日常生活中的积极情绪体验和满足度，包括快乐、感激、爱和兴趣。对未来的期望关注于个体的希望、梦想和目标，以及他们对实现这些目标的信心。

研究这些主观体验的维度和指标时，也非常重视探索人们如何获得和提升这些正面体验的途径和方法。这包括识别能够促进个体内在满足感、幸福感和乐观态度的日常活动、心态和社交互动。例如，感恩日记、正念冥想和积极的人际交往被证明可以增强个体的幸福感和对生活的满意度。此外，目标设定和实现的过程也是提升对未来的积极期待的关键因素，因此研究中也包括了如何通过有效的目标设定、计划制订和动机激发来增强个人的自我效能感。

（二）个人层面

在个人层面上，积极心理学深入探讨了构成个体内在核心的各种积极特质，如善良、勇气、智慧、灵性、创造力、毅力、情商和乐观等。这些特质不仅定义了个人的品格，也为其面对生活挑战和实现个人成长打下了基石。传统心理学往往集中于研究心理疾病、障碍和个体的缺陷，积极心理学则着重于挖掘和提升个体的正向品质，以及这些品质如何提升个人的幸福感和生活满意度。积极心理学在个人层面的研究不仅关注这些正向特质本身，还探索了它们产生的根源和带来的效果。例如，研究发现勇气和毅力可以帮助个体克服逆境，乐观的心态和高情商有助于建立更好的人际关系和更强的抗压能力。智慧和灵性则被视为连接个人内在和外在世界、引导生活意义和目的的关键元素。此外，积极心理学还致力于探索如何通过各种方法和实践来培养和强化这些积极特质。这包括通过正面心理干预、教育课程、自我反思和实践练习等方式。这些方法旨在帮助个体认识和发展自己的积极特质，从而提高个人的自我效能感、幸福感和整体生活质量。

（三）群体层面

群体层面特指某一个社会群体，旨在研究该群体公民的美德，及由此提升个体（群体）的责任感、礼貌、利他、宽容、职业道德等内容。群体主要包括家庭、学校、单位、社区及媒体（富有社会责任感）等。积极心理学针对个人、群体提出了预防思想，即通过有意识、有计划地预防提升个体、群体的塑造能力，这是积极心理学与心理学的一个主要区别。当某一个体处于孕育抑郁、物质滥用、精神分裂等背景条件下，则极容易出现问题；反之，当该个体自身存在抵御精神疾病的力量，则会不自觉地表现为乐观、勇气、希望、诚实、信仰、毅力等。因此，积极心理干预的主要任务是在实践中可针对特定人群培养优秀品质，如培养学生乐观、向上、拼搏的精神。学生会在关注未来、改善人际关系等方面有明显改变。

三、积极心理干预的理论基础

积极心理干预训练研究理论以积极心理学理论为基础，该理论源于 20 世纪五六十年代，当时人本主义的代表人物马斯洛和罗杰斯提出"以当事人为中心"以人为本，之后心理学研究开始关注人类各种层面的心理积极活动，它是利用经过信效度检测的心理学实验测量手段和反复验证的实验方法对人的美德、力量、潜力、效能等积极方面进行研究探索的新的领域。国内外学者的研究内容主要集中在有关积极心理学的内容和方法上。

该研究包括三个方面积极心理学的内容：主观状态上的积极情绪体验；个人水平上的积极人格特质；群体水平上的积极信念组织系统。积极情绪是指当你的需求得到满足时，会体验到的愉悦感和幸福感。有关积极情绪体验的研究侧重于开心、爱等积极的主观体验，以及积极情绪与个体的身体健康之间的关系。积极的情绪状态对心理健康发展成长具有促发作用。拓展构建理论认为积极情绪体验能扩大个体瞬间的知行观能力，使个体具有面对消极情绪的及时恢复力，还能提高个体心理适应状态能力。设想一下在该机制的基础上，当个体发生负性生活事件或者糟糕的事情同时能一瞬间转换状态，这就说明它可以提高心理的调节适应能力。

这些理论增强了积极心理干预训练理论的说服力。干预训练的出发点就是拓展构建理论的引导，当个体聚焦意见目标，并且每天坚持一步一步完成这个目标时，其他的事情大多不会影响他的情绪，首先他充实，其次即使其需求没有被满足时，他依然心存希望，可以及时调节情绪，即有目标才有动力。积极人格特质是一个人积极的前提和基本，即一个人的个性特点是积极正向的，那么他做事情的方向、方式、方法都是积极的，行为和情绪体验与信念系统也都是积极的。

积极心理学家认为，积极潜能与积极人格具有相互督促的作用，对个体潜能的挖掘与不断给予强化有助于塑造积极人格的特质，使其更好地适应生活。有研究者总结了包括自我决定性、乐观等各种积极的人格特质，其中自我决定性和乐观是心理健康和主观幸福感较好的预测指标。自我决定性是与自我概念相类似的又一自我意识范畴，它是指个体根据自己的特点对自己的发展能做出某种适合自己的选择并加以坚持的特质，而这种特质对于建立自信、降低焦虑有着很好的促进作用。乐观是对待事物采取积极态度的心理品质，乐观的人能够以积极的思维方式和行为去面对现实生活的事件。

第三节　积极心理学的干预方法

一、在线积极心理干预方法

在线积极心理干预是积极心理干预与在线干预技术相结合的产物。Ritterband等认为在线干预通常聚焦于行为问题，以建立行为改变、改善症状为目标。在线积极心理干预扩展了在线干预的目标，除了"改善症状"之外，还致力于"提升幸福感和适应力"。Riva、Botella 等提出了"积极技术"（positive technology）一词，将积极心理学的目标与信息通信技术相结合，利用信息通信技术培养积极情绪，提升自我实现等积极体验，并改善个体之间的人际联结、个体与群体之间的社会和谐，提升心理健康水平。

然而，至今研究者并没有明确界定什么是在线积极心理干预。结合积极心理干预与积极技术的相关研究不难发现，在线积极心理干预在积极心理干预的基础上融入了"在线"的成分，而在干预理念、策略与技术、干预目标等方面则与积极心理干预十分相似。整合 Hendriks 等对积极心理干预的界定及积极技术的相关研究，可以发现，在线积极心理干预是基于积极心理学理论与实践开展的、以积极活动为依托、以在线技术为载体，旨在提升人们幸福感和优势的干预方法。与其他在线干预（如基于认知行为疗法及其第三浪潮的干预方法，在线认知行为干预、在线正念干预、在线接受承诺干预等）不同的是，在线积极心理干预依托积极活动开展干预，并聚焦于提升个体的积极情绪、行为和认知，致力于提升参与者的生活满意度和幸福感，其资源取向对参与者有较大的吸引力，可以增加用户的参与度；提升参与者为自己的健康与幸福负责的意识，有助于增强其自我价值感；

与线下积极心理干预不同的是，在线积极心理干预依托在线技术开展，较少有线下的人际接触和反馈，虽然在线积极心理干预存在脱落率高等缺点，干预效果也未必有线下积极心理干预好，但在线积极心理干预具有可获得性强、目标群体广、成本低、可持续性强等诸多优势，可以突破时空限制，弥补线下干预在资源方面的缺陷，仍然值得被推广应用。

在线积极心理干预为线上形式，使用与线下积极心理干预类似的干预策略，依托特定的积极活动来进行，如三件好事（Three Good Things，简称TGT）、最佳可能自我干预（Best Possible Selves，简称BPS）、善行、人格优势等，以提升个体积极情绪、幸福感，增加积极认知，满足心理需求，帮助个体发掘、强化和维持本身及其生命中的"积极资源"，提升身心健康水平，降低精神疾病的风险。关于积极心理干预的常用干预策略，马丁·塞利格曼的幸福五要素理论（PERMA）指出，积极心理干预可以从积极情绪（Positive Emotion）、投入（Engagement）、人际关系（Relationships）、意义（Meaning）和成就（Accomplishment）这五个元素进行干预；Parks等认为积极心理干预主要涉及积极情绪、积极个人特征、积极人际关系和积极系统四个方面；而段文杰和卜禾认为，积极心理干预应围绕提升认识和运用积极特质、感知和欣赏积极体验、训练和养成积极思维、建立和维持积极关系等方面展开。

可见，积极心理干预主要聚焦在对积极情绪体验（感恩、快乐等）、积极个性特征（性格优势）、积极关系（善行、积极回应）等元素进行干预。近年来，同时针对两个及以上元素展开的综合干预数量不断攀升。因而，我们将从提升积极情绪、改善积极关系、挖掘个性优势和实施综合干预四种干预策略对在线积极心理干预实证研究进行分析梳理。

（一）提升积极情绪的在线积极心理干预

积极情绪体验是积极心理学研究的重点之一，积极情绪能够帮助个体减轻精神压力，获得心流体验、增强身体机能。增强积极情绪的在线积极心理干预常采用感恩、三件好事及其变式、积极情感日记（Online Positive Affect Journal，简称OPAJ）、最佳可能自我干预等活动，这些简单的干预，因成本低效益高，容易传播等优点，正变得越来越受欢迎。Otto、Lyubomirsky和Shin等都采用在线感恩活动进行了干预。Otto等把67名乳腺癌幸存者随机分为感恩干预组（每周花10分钟写一封感恩信）和对照组，干预持续六周。结果发现，感恩干预显著降低了患者对癌症复发的死亡恐惧，有意义的目标追求在其中起中介作用。感恩干预的效果具有文化差异，西方人比东方人从感恩活动中获益更多；乐观干预与感恩干预均可以提升参与者的幸福感，投入程度高的参与者的幸福感提升更大。Krentzman 等、Proyer 等和 Gander 等运用 TGT 及其变式来增加参与者的积极情绪和幸福感，缓解其抑郁症状，效应值 $\eta2$ 在 0.03 ~ 0.07 之间，积极情绪强度和种类的增加在幸福感的提升中起到中介作用。

Layous、Molinari、Auyeung 和 Mo 等采用了最佳可能自我干预来帮助参与者增加积极情绪、满足感、自我效能感、幸福感和心流体验等，改善参与者的抑郁症状，而积极情绪与自主需要的满足在干预提升幸福感的过程中起完全中介作用，自主需要的提升在干预降低抑郁症状中起完全中介作用。Boselie 等对 127 名慢性疼痛患者同时采用乐观、积极关注、自我同情、最佳自我等多种干预技术来提升其幸福感和积极情绪，改善抑郁和焦虑症状，效应值 $\eta2$ 在 0.05 ~ 0.07 之间。此外，在线积极情感日志、在线乐观干预、在线自我同情干预也是常用的、以情绪为中心的自我调节干预技术，这些干预可以降低参与者的抑郁、压力，提升幸福感，增强身体机能。

（二）挖掘个性优势的在线积极心理干预

个性优势是指个体典型的、真正代表个人优势的性格。与其他干预方式相比，挖掘个性优势更具个性化的特征，这也非常贴合在线干预的特点，常和提升积极情绪一起使用。挖掘个性优势的在线积极心理干预，通常采用"认识自己、探索自己的优势并运用到实践中"的模式。如，Proyer 等首先让参与者完成一项关于个性特征的测量，给出参与者五个主要优势人格或五个次要优势人格，要求参与者每天用一种新的方式使用这五个人格中的一个，持续一周。研究发现，后测时干预组的抑郁症状得到了明显改善，干预结束三个月后干预组与控制组在幸福感上仍存在显著差异。

（三）实施综合干预的在线积极心理干预

协同变化模型（Synergistic Change Model，简称 SCM）认为，个体持久的积极变化取决于心理和社会功能的多个领域相互支持、相互作用的结果。积极心理干预在提升特质、促进体验、训练思维、维持关系、提升意义等方面能够相互影响、相互促进，研究者开始尝试多种方式相结合的干预。实施综合干预的在线积极心理干预以提升参与者的幸福感、生活质量、改善抑郁症状为目标，研究者们同时采用多种积极活动来提升参与者的积极情绪、人格特征、积极关系中的两个及以上的要素，使用的硬件设施、多媒体技术和程序更加丰富、多样。Koydemir 和 Sun-Sellslk 针对 92 名大学生开展了一项持续 8 周的干预研究。研究包括五个模块：发现和培养积极人格品质、调控情绪和增加积极情绪、建立社会联结和积极关系、有效决策和解决问题、实现心流和练习感恩等。每周 1 次，每个模块耗时 60 ~ 80 分钟。结果发现，干预组的生活满意度和主观幸福感均得到了显著提升。Gander 等让干预组的参与者分别从 PERMA 的一个方面写三件事或同时从这个五个方面描述一件事，安慰剂组回忆早期记忆。结果发现，六种干预均可以提升参与者的幸福感、缓解抑郁症状，且干预对中等幸福感的人最有效。Hernandez 等把综合干预策略运用到 14 名伴有抑郁症状的血液透析患者身上，发现干预显著改善了参与者的抑郁症状，抑郁症状较重的参与者干预效果更好。

　　实施综合干预的在线积极心理干预研究者还探索了影响干预效果的一些调节变量。有研究显示，接受两个练习和四个练习的两组参与者抑郁症状的改善高于六个练习组。此外，基线情绪状态会影响干预效果，有抑郁症状的参与者干预效果更好。参与者的年龄较长、受教育程度较高、干预过程中给予邮件提醒和参与者的自主动机较高都可以提高参与度。研究者从干预策略、干预频率及时长、干预群体、干预研究设计及脱落率等方面对 25 项在线积极心理干预实证研究进行分析。从干预策略上看，提升积极情绪的在线积极心理干预应用较为广泛，实施综合干预的在线积极心理干预逐渐成为新趋势，而改善积极关系和挖掘个性优势的在线积极心理干预较少单独应用，常作为综合干预策略中的一种技术；从干预频率来看，23 项非单次干预中，每天 1 次的占到 39.13%，每周 2 ~ 3 次的占到 26.09%，每周 1 次的占到 39.13%；从干预时长来看，单次的占到 8%，1 ~ 3 周的占到 36%，4 ~ 6 周的占到 32%，8 ~ 12 周的占到 24%；从干预群体来看，60% 的研究中参与者是一般人群，8% 的研究中参与者是心理学专业大学生，16% 的研究中参与者是具有抑郁、焦虑等精神疾病的患者，20% 的研究中参与者是某种身体疾病患者，如慢性疼痛患者、乳腺癌幸存者等；从研究设计来看，有 3 项研究（占 12%）无对照组，1 项研究的对照组是等待组，其余 21 项研究（占 84%）均设计了安慰剂对照组；从脱落率来看，28% 的研究未明确显示脱落率，32% 的研究脱落率在 20% 以内，24% 的研究脱落率在 20% ~ 40%，16% 的研究脱落率超过了 40%；从研究是否有追踪随访来看，28% 的研究只报告了前后测数据，72% 的研究都有相关追踪数据；从研究效果来看，基本上所有的研究都显示干预可以有效改善被试者的抑郁症状，提升幸福感，从已报告效应值的 44% 的干预研究结果来看，干预通常具有小到中等的效应量。此外，研究者们还探讨了干预活动的特征（如活动的丰富性、活动的支持程度）、参与者的个体特征（参与者的动机及努力程度、人格特征、基线情绪状态等）和个体—活动—技术之间的匹配（如文化）等对干预效果的调节作用，并从有意义的目标追求、心理需要的满足、积极情绪的强度和种类等方面探讨了干预的潜在机制。

二、积极心理干预信息技术创新方法

（一）积极技术的应用框架

1. 愉悦体验层

核心情感是具有愉悦和唤醒等情绪特征的生理状态。愉悦体验层的积极技术以面向情感设计和客体表征的技术为主，通过创设积极体验的发生情境，强化客体（场景、事件、经验、案例等）的心理效价来提升核心情感的唤醒水平，进而激发积极情绪。

（1）视频技术

Chen 和 Wang 的研究表明，视频媒体具有内容可控性以及环境的情感感知性，相较于文本和交互式动画，其激发积极情绪效果更佳。Schatz 等利用视频自我建模（Video Self-Modeling）技术帮助自闭症儿童完成特定的行为任务，提取其中的良好行为（如举手求助老师、坚持完成任务等），添加积极的自我评价语句作为字幕，并且作为新任务的引导材料呈现给儿童。结果显示，视频建模技术能够提升自闭症儿童的自我效能感、行为投入度和积极情绪唤醒水平。

（2）脑机交互技术

脑机交互（Brain-Computer Interaction，简称 BCI）技术通过收集脑电信号测量注意水平和焦虑水平，完成对个体情绪状态的解读。Verkijika 等开发了名为 "Math Mind" 的 BCI 数学教育游戏，通过 Emotive EPOCBCI 耳机和头盔来实时捕捉用户大脑活动，并在焦虑水平上升时提供视觉反馈，通过调节游戏场景、减慢背景音乐节奏以及降低游戏难度来帮助用户控制焦虑情绪。研究显示，该款游戏能够成功降低 9~16 岁学习者的数学学习焦虑水平。

（3）可穿戴生物传感技术

可穿戴设备不仅可以评估个体的皮肤电导率、心脏活动、肢体运动情况，还可以扫描和测量个体情绪状态，提供即时反馈积极技术平台（Positive Technology Platform，简称PTP），是由Gaggioli团队开发的基于移动技术的压力管理平台。PTP创设了基于放松疗法的3D交互环境，支持用户在海滩、森林等虚拟环境中完成积极情绪训练。其间，生物反馈组件利用穿戴式心率监测器，将用户的心率变化以动画3D的方式呈现出来，并动态改变3D环境的特征（如篝火、瀑布的大小），从而在用户和环境之间建立反馈循环。结果显示，伴随心率的降低，用户的压力感知水平显著下降，正向心理效价明显上升。

（4）虚拟现实技术

虚拟现实技术能够创设出包含特定心理刺激的环境，从而完成积极情绪的训练。Butler系统对老年抑郁症患者进行诊断、治疗和娱乐等三个层次的心理干预。诊断层次使用决策算法，一旦检测到抑郁情绪，立即启动情绪治疗程序。该程序构建有放松和愉悦两种虚拟环境，要求用户自述以往的愉快体验，并对周围景观的光线、颜色、形状、位置等细节进行描述。系统还设置了自传记忆程序——"生命治疗书"（Therapeutic Book of Life，简称TBL），在系统监测到用户的负面情绪时主动呈现，从而唤起特定的愉悦记忆，并通过交互工具与同伴分享。研究表明，Bulter系统用户的放松感和愉悦感显著增加，悲伤和焦虑水平显著下降。

2. 个人成长层

个人成长层以心流理论为基础。心流是个体面对高难度挑战时所表现出来的积极而复杂的意识状态，在人机交互中激发心流体验的条件是可感知的环境、适度的任务和游戏性。因此，个人成长层的积极技术侧重于提供独特的场景刺激、设置与用户相匹配的任务以及呈现挑战性的内容，通过自我实现培养积极心理品质。

（1）沉浸式虚拟环境

沉浸式虚拟环境能够灵活设置情境和任务，并且提供多通道反馈，利用这一特性设计人机交互活动，有利于促进心流的产生，提升个体（特别是特殊群体）的情绪感知和社会互动能力。Wong等搭建了Half CAVE（Cave Automatic Virtual Environment）硬件环境，并开发了针对自闭症儿童的情绪—社交训练系统。儿童在训练员指导下完成校车、教室、图书馆、餐厅等虚拟场景中的情感识别练习和社交任务（如借阅图书、分享座位等），经历关系冲突（如被插队、喜欢的图书被借走等）。之后，儿童独自应对在操场上体育课时遇到的复杂场景，并反思自己的行为表现。结果表明，儿童的情感表达、情绪控制能力和社会适应力均得到明显提升。Ahn 等利用虚拟环境，支持正常用户体验色盲人群的视觉感受，完成颜色匹配任务。结果发现，用户对色盲人群的心理困境感同身受，对自身状态表现出满足和感恩，并体现出愿意付出双倍努力的行为意向。

（2）智能机器人

机器人技术能够有效应用于知识学习、认知训练和动作训练中。比如 TWCs（Transitional Wearable Companions）机器人可以帮助自闭症儿童完成交谈的任务。TWCs 拥有多个互动传感器，当儿童触摸机器人时，它会发出灯光、声音或通过振动来做出回应，增强儿童持续交互的信心。它还将生理传感器和互动传感器相连，通过皮肤电导获得儿童生理信息（如体温、心率和应力水平等），并以此来调整机器人的对话内容、语速及语调。治疗人员或父母也可以控制 TWCs 机器人与儿童进行互动，发展自闭症儿童的社交技能。

（3）严肃游戏

严肃游戏是具有挑战性目标、趣味性体验，并能够帮助个体连接游戏体验与生活体验的交互式程序，是帮助多动障碍患儿改善日常行为策略的在线冒险游戏。它通过十个不同的主线任务和多个支线任务，引导儿童完成故事情节规定的行为，并利用特定技能解决问题，减弱因注意缺陷而带来的消极情绪，培养基于理解与表达的同理心。JEMImE 则是训练自闭症儿童表情认知和再现能力的 3D 游戏。首先，儿童会观察虚拟人物的面部表情，理解表情的含义，并模仿指定的表情。之后，在积极和消极两种虚拟情境中与系统角色对话，做出表情反应，并开启新的场景和任务。研究表明，游戏中儿童的视觉感和游戏体验良好，情感理解和表达能力会明显提高。

3. 社会交往层

社会存在感是衡量个体通过媒介与他人互动程度的重要指标，与个体最佳体验正相关，是促进个体幸福的重要因素。社会交往层的积极技术聚焦建立关系网络、优化互通觉知（参与者产生的与人相伴相助的感觉）和改善社交习惯，进而构建积极的社会交互环境。

（1）基于大数据的虚拟社交系统

大数据与虚拟现实技术的融合能够"投其所好"，为用户提供安全可控的环境和个性化内容。Kandalaft 等在 Second Life 虚拟系统中设置了三个层次的交互任务，首先，用户在虚拟校园中观察同伴的表情和手势，寻找朋友；其次，参与同伴发起群体讨论，讨论主题根据以往交互数据的分析结果产生；最后，在虚拟生日派对上交替扮演来宾和主持人两种角色。系统对各类交互内容进行数据挖掘，并向用户说明其社交行为对他人情绪的影响。研究表明，该系统在帮助用户获得愉悦感、满足感和群体归属感方面效果显著。

（2）网络协作游戏

网络协作游戏要求基于合作完成挑战性任务，且不允许玩家单独取得成功。Come with Me 是一款双人协作游戏。用户分别扮演 Com 和 Mi 两个角色，合作完成解谜任务。两个角色各有所长，必须相互帮助才有可能成功，参与者可在游戏中获得协作的快乐、成功的喜悦、分离的悲伤等情感体验。Lorenzo 团队设计的 IVRS（Immersive Virtual Reality System）系统创设了十种社交情境，要求自闭症儿童协作完成社交任务，并做出情感反应。系统通过人脸识别监测个体的情绪水平，更新虚拟场景、显示视角以及背景音乐，并在儿童情绪指标过低时发送语音指令，引导其重建社会关系。结果表明，IVRS 系统改善了儿童的情感及行为水平，提升了现实生活中的社交技能。

（3）eHealth 移动医疗系统

eHealth 系统通过移动互联网或蓝牙技术，在医护人员与患者间建立专属虚拟社区，实现远程监控、日常护理和医疗信息共享。eHealth 系统支持基于 3D 眼镜的虚拟医疗，用户可以真实地"经历"信息内容，获得虚拟环境中的存在感。eHealth 系统还常常采用积极自我表达的策略，引导用户以"Today, I like"为前缀发表帖子，并智能推送给其他用户，实现积极情绪的传递。实践证明，eHealth 系统能够减轻个体在团体交往中的焦虑、沮丧情绪，增强对幸福的感知能力。

（二）积极技术的应用策略

积极技术引发情绪积极改变的前提是承认生活中"苦—乐"的矛盾统一性。Diefenbach 用"连续统"来形容苦与乐的并存关系，认为"苦—乐"的转换过程存在两个关键点：其一，个体必须具有对当前消极情绪的足够认知，并具有"使其改变"的信念，否则将会滞留在情绪舒适区，忽视、否定或逃避改变的意义；其二，在苦与乐的对抗中，个体必须在干预之初获得迅速增长的积极情绪，否则将会强化焦虑和自我愧疚，拒绝改变的持续发生。因此，应用积极技术的核心是引导个体正确认知消极情绪，并激活各种动力因素（自我实现的信念、自我效能感、成长潜能等）和刺激通道（情境认知、运动体验、生理控制等），实现积极情绪的尽早形成和持续增长。

1. 唤起情绪觉知

积极技术采用的治疗性对话通常包含差距认知、需求、自觉和激励式反馈四类要素。"差距认知"是利用技术将理想与现状的差距进行可视化呈现。例如，向个体展示其情绪指标的变化轨迹，并引导完成对不良态度和行为的分析。"需求"是唤起个体对改变情绪状态的明确信念。例如，在其情绪数据痕迹上设置"触发器"，通过对话框、选择列表等交互元素来提醒个体实施特定的调节行为。"自觉"和"激励式反馈"是利用技术向个体提供改变情绪的积极因子，前者强调在干预中引导个体进行自主决策，如在技术产品中增加个人定制的提示、预警功能；后者强调对个体的改变行为（特别是改变初期的代表性行为）做出积极反馈，如向个体呈现目标达成的进度条，并表达对其成就的赞赏。

2. 支持行为操作

实现沉浸式交互的策略有五种：第一，简约的自然场景设计。在虚拟场景中引入自然元素，将情境感知体验与日常经验关联起来，产生空间认同。第二，生理指标测量与反馈。动态采集个体情绪状态的生理指标，并利用类似冥想（降低血压、调整呼吸等）的方法来控制注意焦点，降低情绪压力。第三，可调节的环境表征。基于个体生理反馈的结果，对虚拟环境中的场景要素进行调整，帮助个体获得对环境的控制感。第四，身体运动与虚拟操作相结合。个体通过自然方式或者交互控制器来完成特定动作，从而产生较强的动觉反馈、心流体验和具身认知。第五，面向情感表达的社交网络。个体与教练、伙伴等虚拟角色进行自然对话，并配合手势、表情和语调的变化，获得群体生活的情绪感受。

3. 诱发情境认知

心理干预应当发生在面向生活的、信息丰盈的环境中。方法一，在沉浸式环境中纳入生活的因素，如呈现真实场景、角色、情节和结果；方法二，将虚拟世界与现实世界相互叠加，如通过增强现实技术来完成场景展示，模拟实物操作和个体运动；方法三，提供多模态刺激，采用真实、半虚拟和全虚拟方式，模仿真实生活的复杂性和多源性；方法四，支持个体对环境做出特定的解读，将情境体验与社会、文化倾向加以融合，获得思维启发和价值认同。

4. 引导目标达成

意外的成功是将个体自然地引入情绪调节的过程，使其摆脱对失败的担忧，并在成功的惊喜中获得信心和成就。首先，设置隐藏的情绪调节目标，如将不同类型的用户任务埋藏在主线任务中，并在任务完成后告知所取得的"额外"成就；其次，利用技术准确判断个体发生改变的潜能，并激活相应的积极心理资源（系统对话、虚拟教练、网络伙伴等）；最后，引导个体就成功经历进行回顾和反思，如发表自我报告或者完成心理评估等。

5. 消解技术压力

技术压力包含技术焦虑与技术成瘾。消解技术压力的关键是在个体发展需求与技术应用方式之间建立平衡。技术必须具有改善行为结果的有用性（如提升记忆效果、丰富认知体验等），以便使个体对技术产生信任和期待。技术应该具有易用性，避免复杂操作带来的技术过载效应。例如，实现基于行为偏好的自适应用户界面，使个体在自然状态下完成交互。技术应当具有支持个体发展的可靠性。例如，对个体心理特征或状态进行精准的数据分析，帮助完善自我认知。技术应当具有社会性。例如，基于文化特征和价值取向构建社交场景，实现社会角色认同。技术还应当具有隐匿性。例如，采用智能方法减少技术操作，使个体关注数字世界带来的真实体验而非技术本身。

第四节　积极心理学的意义

一、积极心理学的现实意义

（一）强调人性优点

在职校心理健康教育中，积极心理学的应用功能主要体现在对学生心理工程的建设，而不是后期的维护和修补，所以，积极心理学主要探索和研究对象应该是相对健康与思维意识正常的普通群众，而不是针对已经产生心理问题和不足的少数群众。而在职校心理健康教育中，积极心理学首先应该重视人性的优势，而不是强化学生的心理弱点。在实际学生心理教育过程中，积极心理学应该在基础心理学的条件上，进行继承和完善，从而研究和探索人类心理核心的美德，进而补充正常人在自身心理活动以及探索方面的不足和空白，从根本上恢复了人性基础的积极方面。

（二）提出了预防思想

在日常职校心理健康教育中，更加侧重于对于常见心理疾病的全面预防，并且在实际操作过程中，心理学家认为积极心理学可以有效地预防学生心理疾病的发生，并且在此基础上取得了重大的作用和意义。而积极心理学普遍认为，人类自身已经存在抵抗精神病症的核心力量，能够治愈积极心理学预防的大部分心理疾病，并且在实际教育过程中，积极心理学可以直接探索出如何在学生个体内部结构中培养相关的优秀品质，并且通过相关的实验可以得出相关结论，积极心理学通过不断挖掘和培养学生自身的精神力量，从而有效地针对心理疾病进行相关预防。

（三）兼顾个体与社会关系

积极心理学通过在职校心理健康教育中进行全面的应用和研究，已经初步在心理研究方面，摆脱了过于偏向学生个体的相关缺陷。在职校实际教学过程中，教师不仅需要重点关注学生个体心理变化，而且要强调针对个体与社会群体共同心理的讨论。此外，职校针对学生个体心理变化以及相关活动的原因，并且以此为基础，建设积极心理学的相关力量、社会群体构建以及社会文化建设等相互作用。积极心理学在实际教学过程中强调学生个体的心理、品格等优秀品质的重要性，同时也十分重视个体对于外部社会因素的综合影响。比如，人种因素、政治因素、经济因素、教育因素以及家庭因素等，都会对学生个体的各方面产生相应的影响，如学生情绪、学生人格、学生心理健康、学生创造力等。

二、积极心理学对心理学发展的意义

（一）扩展了心理学的研究对象

在近一个世纪的历史进程中，悲观主义人性观所驱动的消极心理学研究模式一直占据主导地位。特别是在二战后，西方心理学家逐渐将研究重心转向心理问题的探讨，心理学由此转变为专注于解决人类生活中各类问题的科学，如心理障碍、婚姻危机、毒品滥用和性犯罪等。马丁·塞利格曼指出，消极心理学偏离了心理学的核心使命，即帮助普通人过上更有意义、更幸福的生活。它过度聚焦于"问题"，却忽视了人类自身所具备的积极力量和品质，从而背离了心理学的本质。

积极心理学则秉持积极的价值观，认为人的生命系统是一个开放、自我决定的体系，它虽然存在潜在的冲突，但同时也具备自我修复、自我完善以及不断发展的能力。个体通常有能力决定自己的最终发展状态，并努力过上相对满意且有尊严的生活。因此，积极心理学致力于研究人类的积极认知过程、积极情绪体验、积极人格特质、创造力与人才培养等问题，并探索如何创造更美好的生活以及实现这一目标的途径与方法。

在具体的研究领域上，积极心理学涵盖了三个层面。在主观层面，它研究积极的心理体验，如幸福感、满足感、希望、乐观、充盈和快乐等。在个体层面，它关注积极的个体特质，如爱的能力、勇气、人际交往技巧、审美能力、创造力、毅力，以及对未来、灵性、天赋和智慧的重视。在群体层面，它研究公众的品质，如责任、利他、关爱和职业道德，以及有良好品质的社区、高效能的学校、有社会责任感的媒体等社会组织。

积极心理学的研究促使越来越多的心理学家认识到，消极心理学研究模式无法真实、全面地理解和诠释人的本质。关注人性的积极层面，有助于我们更深入地理解人性。大量的研究也表明，幸福、发展和满足感是人类的主要动机，而人类的积极品质则是其生存与发展的核心要素。因此，心理学需要更多地研究人类的优点和价值，这对于重构心理学的理论基础与研究视野具有重要的指导意义。

（二）发展了心理学的研究方法

一方面，积极心理学在研究方法上承继了西方主流心理学的实证主义方法论取向，借助了主流心理学在其发展过程中所积累的一些方法，如实验法、量表法、问卷法和访谈法等。但另一方面，积极心理学也借鉴了人文心理学的研究方法，学习和继承了质化研究的优势，吸收了经验性、过程定向研究方法的优点，并不断创新研究方法。强调与崇尚人文精神与科学技术的统一，显示了积极心理学比传统主流心理学更宽容、更灵活、更多样的方法论特点。因此，我们可以做出这样的描述：积极心理学不仅是对消极心理学研究对象和内容的超越，也是对其研究方法的超越和创新。这样，积极心理学才不会成为一种狭隘的心理学，才能更好地促进心理学的发展和繁荣，为心理学的整合奠定基础。

（三）改变了心理学的研究目标

精神分析、行为主义等西方主流心理学流派把普通人作为标准常模，其目标是把小部分有"问题"的人修补成大多数没有问题的普通人，其研究焦点集中于如何测评并治愈一个人的心理疾病，因此出现了大量人类消极心理层面的研究以及离婚、死亡、性虐待等环境压力对个体造成的负面影响的研究，心理学变成了专门致力于纠正人生命中所存在问题的科学。心理学的核心任务也变成了对问题的修复：修复个体损坏的习惯、动机甚至思想。消极心理学期望通过修复人类的损坏部分来达到心理健康的目标，虽然取得了很大的成就，但也导致了现代心理学知识体系的"巨大空当"以及"心理科学的贫困"。在积极心理学看来，心理学的目标并不仅仅在于解决人心理或行为上的问题，而是要帮助人形成良好的心理或行为模式。依靠对问题的修补并不能为人类谋取幸福，没有问题的人并不意味着一定是个健康、幸福的人。心理学必须转向于人类的积极品质，通过大力提倡积极心理来帮助人类真正到达幸福的彼岸。积极心理学在理念上有一个理想的模式，其目标是让所有人尽可能地达到一个他们所能达到的理想状态，使其都能过上幸福的生活，即使会面临种种困难。积极心理学的目标就是要开发人的潜力、激发人的活力、提升人的能力与创造力，探索使个体、团体、社会良好发展的因素，并运用这些因素来使人类健康、幸福，促进社会的繁荣。积极心理学真正恢复了心理学本来应有的功能和使命，这体现了一种社会意义上的博爱和平等，既是对人性的一种尊重和赞扬，又是对人类社会的一种理智理解。

（四）促进了对心理健康的认识

消极心理学在过去的历史中确实对人类和人类社会的发展做出了很大的贡献，正如马丁·塞利格曼在美国心理学会 1998 年的年度报告中提到的：今天的心理学家们已经能对至少 14 种 50 年前无能为力的心理疾病进行有效的治疗，这是一个实践性的伟大胜利。但这种胜利并没有使我们达到减少罹患心理疾病人口数量的初衷。今天的人们比过去拥有更充分的自由、更好的物质享受、更优良的教育和娱乐，而心理疾病患者的比例却成倍地增长。其原因就在于消极心理学只注意到了人的心理问题以及外部的不良环境和恶劣刺激，把心理学的目标定位于消除或修补这些心理与社会问题，形成心理治疗为问题而问题的发展倾向。消极心理学的已有实践证明，我们不可能通过消除问题来实现人类的健康和幸福，而积极心理学在人类的积极心理品质方面的研究成果，为其心理健康和心理治疗思想提供了坚实的理论基础和依据。主观幸福感方面的研究使人们越来越多地使用主观幸福感作为心理健康的重要指标，正如卡南等人所认为的：提升幸福感应该是心理健康的主要目标，心理疾病患者康复的基本目标之一应该是主观幸福感水平的提升。

另一个积极心理学的研究领域是瑞安和德西的自我决定理论。瑞安指出，只有一种方法可以促进人类的心理健康，那就是重视个人成长、自主、良好的友谊和社会服务，不断努力追求内源性目标。所谓的幸福生活就是个人为其成长、独立、与他人深厚的友谊和社会服务的努力过程。

此外，积极心理学有关积极情绪的研究也揭示了积极的情绪不仅可以消解消极情绪，而且可以极大地提升生理健康和心理健康。积极心理学认知方面的研究也告诉我们，良好的认知方式对人的心理健康具有极大的价值。这些研究不仅丰富了积极心理学的思想，而且对于我们预防和改善心理健康、实施积极的心理调控与干预都提供了行之有效的策略。

三、积极心理学对家庭教育的影响

父母的言传身教及教育方式，对子女的长远发展具有深远影响，是塑造子女未来社会化的关键因素。不同的教育方式会直接影响子女的行为模式和价值观。因此，家庭教育的重要性不言而喻，而教育方式的选择则直接关系到子女的成长轨迹和人际交往方式。

权威型家庭教育方式注重培养孩子的独立性和自主性，鼓励孩子在社会和生活中积极交往，有助于塑造孩子自信和自尊的品质。在此方式中，家长会积极肯定孩子，接纳他们的意见和建议，并与他们共同探讨生活中的问题，解释行为背后的规律和社会准则。这样的教育方式有助于孩子逐步成长为更加独立和自主的人。

然而，专断型家庭教育方式则可能带来负面影响。这种方式下，家长会批判孩子的意见和要求，甚至采用惩罚或训斥的手段，导致孩子在交往中缺乏主动性，情绪可能变得暴躁，甚至出现抑郁情绪。这种交流模式不利于孩子形成健康的三观。

放纵型家庭教育方式同样存在问题。过度溺爱和缺乏适度管教可能导致孩子情绪冲动、任性、缺乏责任心和专横态度，这些都不利于孩子的长远发展。

忽视型家庭教育方式也是很常见的。父母因工作繁忙而忽视与孩子的沟通和交流，可能导致孩子缺乏自尊心、做事不考虑他人、易怒，甚至有攻击性。这种教育方式同样会影响孩子未来的人格发展和处事方式。

（一）当前家庭教育模式存在的问题

家庭教育对孩子的身心发展具有十分重要的作用，父母是孩子的第一任老师，也是孩子认识社会、了解世界的主要渠道。因此，家长必须选择正确的方式开展家庭教育，为孩子的健康发展保驾护航。但是，当前主要的家庭教育存在一定的问题。

第一，只注重孩子的学习成绩。目前，许多家长在教育子女的过程中，主要聚焦于孩子的学习成绩，而对于孩子品德的培养和道德的提升，以及孩子的健康发展等方面，却未给予足够的重视。家长聚会时，最常见的话题也是关于孩子的学习成绩，对于孩子的内心想法和道德素养的讨论则相对较少。因此，社会上普遍存在的辅导热潮，使孩子的学习压力日益增大。孩子不仅要完成学校老师布置的各项作业，还需完成家长额外安排的练习题和辅导机构布置的作业，使得孩子身心疲惫，缺少休息和娱乐的时间，对孩子的身心发展产生了不良影响。

在家长的过度指导下，孩子逐渐成了为追求分数而忙碌的机器，十分不利于孩子的全面发展。此外，家长过于关注孩子的学习成绩，而忽视了对孩子兴趣的培养。为了让孩子有更多时间用于学习，家长减少了孩子参与文体活动、体育锻炼和社会实践活动的机会。这使得孩子除了书本理论知识外，缺乏社会经验和实践能力，独立生活能力和身体素质也相对较低。一旦脱离父母的照顾，孩子将难以适应快速发展的社会，从而影响其长期发展。

因此，家长在教育子女的过程中，应平衡关注孩子的学习成绩和全面发展，注重培养孩子的品德和道德素养，关注孩子的身心健康，以促进其全面发展。

第二，经常出现批评式教育。大多数的父母对孩子的要求过高，对子女经常采用批评式教育方式，批评多于赞赏，严重挫伤了孩子的自信心和自尊心，影响了孩子参加社会活动的积极性。并且，父母在教育自己的过程中，往往会放大子女身上的缺点，而忽视了优点。大多数父母会认为他们在家庭教育时处于权威地位，自己所提出的意见和观点都是正确的，认为孩子的想法都是幼稚的、天真的，对孩子的要求和意见都加以批评甚至抵触，导致孩子的想法始终得不到认可，从而严重影响了孩子的创造性，挫伤了孩子的自信心和自尊心。长期性的批评教育也会导致孩子可能会存在一定的抵触情绪，可能会加剧孩子的逆反心理，导致孩子反抗父母，做出一些错误的事情，甚至严重影响孩子未来的发展和就业。

对孩子要求较多，限制孩子的全面发展。许多父母往往以社会期待以及自我期待的框架束缚自己的活动去改造子女，让子女顺从自己的安排，决不允许子女违抗自己。这种教育方式也被称为硬性塑造，即家长根据自己的主观意愿去设计安排孩子的一生，而没有充分考虑孩子自身的想法和意见，也没有考虑孩子自身的兴趣。这种教育方式只能够满足家长自身的需求，而没有考虑孩子自身的想法，导致许多孩子出现反感和厌恶情绪。即使有很多孩子顺从父母的安排从事相关活动，但由于这并不是他们的兴趣所在，往往很难有突出的表现。此外，许多家长溺爱孩子，并没有将孩子当作一个独立的个体，也没有充分发挥孩子自身的个人能力，在处理事情时，只凭自己的主观意愿办事，而没有让孩子进行充分的思考和分析，代替孩子做一切决定，让孩子始终生活在家长的羽翼下。这种过度保护的教育方式，也会造成孩子自我保护能力较差，自我生活能力和独立生活能力也较弱。

（二）积极心理学对家庭教育的启示

传统的家庭教育方式中，家长永远是站在成人的角度，用成人的眼光去看待孩子的意见和要求，而没有结合孩子自身的身体发展规律。这种处理问题的方式，对于孩子来说有十分严重的负面影响，忽视了孩子的感受，导致许多孩子形成严重的逆反心理，讨厌与父母沟通和交流，对其未来的发展将会产生十分严重的影响。因此，家长要在积极心理学中获得一定的启示，要积极改变家庭教育模式，提高家庭教育的质量，更好地为孩子的未来发展提供帮助。

第一，要多多给予积极的肯定。在孩子成长和学习的道路上，他们会面临形形色色的挑战，在此期间，他们会有许多自己的意见和建议，家长在回应孩子的观点时，必须给予正面的反馈，认可他们在成长和学习过程中所取得的每一个进步。不论孩子所做的事情结果如何，家长都应该看到他们在过程中所付出的努力和展现的创新思维。家长在评价孩子时，不能仅仅依据事情的结果，而应该更看重孩子在过程中的付出和进步，给予他们适当的鼓励，并协助他们解决可能遇到的问题。

同时，家长应该认识到，孩子在成长过程中不仅需要物质上的满足，更需要情感上的支持和陪伴。家长应多给予孩子关注，积极学习积极心理学，以正面的态度引导和激励孩子，使他们在完成任务和学习过程中获得成就感和满足感。在与孩子进行深入交流和分析后，家长应继续给予肯定和鼓励，为他们提供更多的实践机会，使孩子在面对类似问题或挑战时更有信心，逐步培养他们的独立能力，从而进一步加强家长和孩子之间的情感纽带。

第二，要拥有积极的包容心态。家长具有丰富的社会经验，而孩子天性活泼好动，社会经验相对较少，孩子在做错事后，需要得到家长的帮助和理解。但许多家长在孩子犯错误后，只会一味地批评，从而挫伤了孩子的自信心，甚至可能引发孩子的抵触心理，造成孩子叛逆。因此，父母在孩子犯错时或者孩子提出意见和要求时，要在充分肯定优点的基础上，根据孩子目前处理事情的现状进行引导和帮助，让孩子能够充分地考虑事件的发展状态。家长要充分地调动孩子的积极性，关注孩子积极向上的心态，更好地了解孩子的一切，用一种更加积极的态度包容孩子、理解孩子，能够让孩子以后更加积极面对未知的挫折，从而更好地提高孩子自身的能力。

第三，要培养孩子面对挫折和困难时的积极心态。在传统的家庭教育方式中，许多家长会溺爱孩子，代替孩子做事、做一切的决定，导致孩子的自我独立意识相对较差。这类孩子在遇见困难或挫折时，往往会措手不及，不知道如何去处理和应对突发事件。因此，家长要积极改变传统的家庭教育方式，要明白挫折和困难对孩子的成长是必不可少的。家长要给孩子充足的时间和空间来思考，要提高孩子的独立意识，在适当的时候，该放手就放手，让孩子能够独立去处理并思考一些事情，而不应该全面代替孩子做出决定，要让孩子独立去完成事务。真正关心孩子的父母，就会让孩子去经历风雨，去见世面、受挫折，让孩子在碰壁后产生一定的保护心理，才能够提高孩子的自身本领。因此，父母要教会孩子正确认识挫折，正确认识困难，要让孩子明白在成长的过程中遇见困难是必然的，要让孩子能够在应对挫折时拥有积极的心理准备，从而更好地提高孩子自身的心理素质。此外，家长在开展家庭教育时，也要注重培养孩子的自尊心和自信心，要让孩子能够正确看待自身的优势和遇到的挫折，在对待问题时能饱含热情、充满信心，以更加积极的心态去应对各种事件，转变传统看待问题的视角，从而更好地提高孩子自我处理事情的能力。

第四，要尊重孩子，与孩子平等交流。积极心理学更关注个人的主观体验，更关注个人的积极品质和主观能力。每一个孩子都有自尊心和自信心，都有愿望和理想，那么孩子就有自我的生活方式和思维方式。因此，家长在开展家庭教育时，不能一味地将自己的意愿或想法强加到孩子身上，要充分地尊重孩子，了解孩子的思想和感受，与孩子进行平等的交流，从而形成稳定舒适的亲子关系。在处理任何事务时，都能够充分地征求孩子的意见，让孩子具有独立判断问题和独立思考的能力，为孩子创造一个舒适和谐的家庭氛围，才能让他们更健康快乐地成长。

四、2.0 时代的积极心理学带来的启示

随着积极心理学研究的不断发展深入，学者们既欣慰于已有的影响力，也认识到目前仍存在的局限，寻求在理论构架与论证方法上的完善。加拿大学者 Wong 认为马丁·塞利格曼等人的研究属于积极心理学的 1.0 时代，随着时代发展变化与人们需求的演变，1.0 时代的积极心理学思想已升级换代至 2.0 版本，被喻为积极心理学的第二波浪潮，比 1.0 时代具有三个超越。

（一）更加辩证地看待积极与消极的关系

"关注人们在和平繁荣时期的美好只是故事的一半，对处于黑暗时期个体的理解是故事的另一半。"[1]积极心理学2.0强调积极心理过程与消极心理过程之间是相互作用、转化发展的，以动态平衡的方式才能把握积极与消极的共生关系。因此，2.0时代积极心理学基于辩证思维视角，试图在发现美好世界的同时消除破坏性的事物。它不仅关注积极的潜能，还研究如何从消极中获得积极的潜力，倡导建立美好幸福生活，更要从人生的磨难与痛苦中学会成长，使生活更加充实。

（二）研究视域与现实情境更拟合

体现辩证的积极心理学2.0通过重新界定积极心理学的研究分类，完整地把消极研究吸纳进理论，从而解决了二元论引发的对立与割裂，拓展了积极心理学研究视域，使理论建构与生活现实更加吻合。Wong用"积极—消极双加工模式"来表示心理特质与结果的复杂形态关系。心理特质和结果分别包含"积极/消极"两个维度，由此形成四个研究大类，分别是：积极心理—积极结果（象限1）、消极心理—积极结果（象限2）、积极心理—消极结果（象限3）、消极心理—消极结果（象限4）。过去的积极心理学通常专注于象限1，倡导塑造积极特质带来积极结果，而忽略了象限2和3，其实象限2和3同样具有积极心理学的价值。首先，即便是拥有美德，但是过度或不及，也会引发后果。其次，追求幸福也有其隐患。例如，贪婪和沉溺于物质主义和环境开发。最后，最真实和最困难的往往是在经历困难和痛苦的时候来实现幸福，也就是对消极的超越和转化。Wong不是一味强调积极和避免消极，而是认为应该接受积极经验和消极经验之间动态和辩证的相互作用。

因此，积极心理学的实现需要组合四个象限：把"积极心理—积极结果"的效应最大化；"消极心理—消极结果"效应最小化；发现"积极心理—消极结果"和"消极心理—积极结果"的益处。这样才是推进积极心理学使命的完整策略。

（三）适合东方文化，关注生活意义

幸福一直是积极心理学领域的研究热点，马丁·塞利格曼将主观幸福感作为其研究中心。到2.0时代，Wong更看重意义与幸福感之间的关联，或者说意义成为积极心理学2.0的中心化。有学者提出，个体对于实现幸福状态有两种取向，一种是快乐取向：追求个人快乐和成功的幸福，强调个体最大化的追求主观快乐和

1　张心怡.变革与发展中的积极心理学探析［D］.西安：陕西师范大学，2019.

避免痛苦；另一种是意义取向追求意义与美德的幸福，强调个人成长、人生意义等更深刻的内涵，也包括社会性和道德的完善。马丁·塞利格曼的研究偏向于前者，Wong等学者认为偏向快乐取向的人可以获得短暂的快乐体验，但在追求过程中也容易感受到焦虑、恐惧等消极情绪，当快乐和痛苦交替出现时，这可能是身心健康问题的根源；反之，将注意力从自我转移到他人身上，有助于个体获得持久的幸福体验，有更灵活的适应性。

另有研究表明，秉持自我超越价值观是意义取向的基础，是这种持续性幸福感获得的源泉。自我超越价值观通过三个中介作用支持幸福感：一是较低的防御性自我关注，他们将注意力从自我转移到他人身上，这样有助于减少个体对自我缺陷的担忧，减少人们对外在评价的担忧及因人际冲突而带来的关系焦虑；二是体验到更多的社会关系导向的情绪，诸如共情、同情、关爱，帮助个体与他人的联进，促进建立亲密关系；三是有助于激发个体的亲社会行为，增进了社会融合和联结。心理健康教育不能单纯地依赖西方的技术手段，必须与大学生长久浸润的传统文化背景结合起来。2.0时代的积极心理学更符合中国大背景，不同于西方提升幸福感依赖于增加个人积极情绪，重视集体主义的中国更相信美好生活都是奋斗出来的，更看重家庭、集体和社会联结，通过自我超越之路，挖掘或创造生命意义，把个人的美好生活与利他、发挥价值、贡献社会和谐统一起来。

第五章 积极心理学视域下的大学生心理健康教育

第一节 积极心理学视域下大学生心理健康教育的内容

一、自我潜能的开发

（一）促进心理健康意识的培养

1. 自我认知的提升

大学阶段是个体认识自己的重要时期。此阶段的学生正处于人生转折点，面临着从青少年向成年人的过渡，需要更深入地了解自己，以适应新的社会角色和责任。积极心理学在这方面具有深远的影响，它不仅仅能培养大学生的心理健康，还能帮助他们建立自我认知的坚实基础。首先，积极心理学强调个体情感的自我反思。大学生面对的学业压力、人际关系等问题，都可能引发各种情绪。通过积极心理学的引导，大学生可以学会更加仔细地观察和分析自己的情感，从而更好地管理情绪。例如，大学生可能因学业紧张而感到焦虑，但通过深入思考，他可能发现这背后是对成就的渴望，从而能够更积极地面对挑战。其次，积极心理学关注个体需求的认知。在大学阶段，大学生的需求可能在不断变化，从追求学业成功到探索兴趣爱好，再到建立人际关系。通过积极心理学的指导，大学生可以更清晰地认识自己的需求，从而更有针对性地制订目标和计划。例如，一个大学生可能开始思考自己未来的职业方向，而通过深入了解自己的兴趣爱好，他能够更明确地规划自己的职业道路。最重要的是，积极心理学强调个体价值观的探索。大学生时期往往是个人价值观形成和塑造的重要时期，个体开始思考人生的意义和目标。积极心理学鼓励大学生深入反思自己的核心价值，从而更有动力地追求自己的目标。例如，一个大学生可能通过思考自己所关心的社会问题，逐渐明确自己想要为之努力的方向。

2. 积极情感的培养

积极心理学在大学生心理健康教育中，强调培养正面情感，如喜悦、希望和感激，对于塑造积极的心态和提升心理健康水平具有重要意义。在大学生的成长过程中，积极情感的培养不仅是心理健康的体现，更是他们积极应对压力、保持积极生活态度的关键因素。首先，培养喜悦情感有助于增强大学生的生活幸福感。积极心理学鼓励大学生从日常生活中寻找快乐和满足，如通过与朋友聚会、参与兴趣爱好等积极体验的方式，可以增强大学生的幸福感，从而减少负面情绪的影响。其次，培养希望情感能够激发大学生的积极行动力。积极心理学强调希望是驱动个体追求目标的力量，它能够鼓舞大学生克服困难，坚持努力。例如，当大学生在面临学业挑战时，通过培养希望情感，能够使其更积极地制订学习计划并克服学习困难。最后，感激情感的培养有助于培养大学生的感恩之心。在快节奏的现代社会，大学生往往容易忽视身边的幸福和美好。积极心理学鼓励大学生培养感激的心态，从而更加关注和珍惜生活中的积极方面，减少对消极因素的过度关注。最重要的是，这些积极情感的培养将在大学生的整个成长过程中产生积极影响。通过经验的积累，大学生能够形成更为积极的生活态度，更好地应对未来的挑战。同时，这些情感的培养也将为大学生心理健康的长远发展提供基础，减少潜在的焦虑和抑郁。

3. 心理弹性的塑造

积极心理学在大学生心理健康教育中强调心理弹性的塑造，这在面对挫折和困难时具有关键作用。大学生往往面临着学业压力、人际关系变化，以及未来职业选择的不确定性，因此培养积极的心态和应对能力对于他们的成长至关重要。首先，心理弹性的塑造鼓励大学生积极面对挫折。在大学生活中，大学生可能会遇到学业上的失败、人际冲突等挑战。通过积极心理学的引导，大学生可以学会从失败中寻找经验和教训，而不是被挫折击垮。这种积极的心态有助于他们更好地应对困难，不断积累经验并逐步成长。其次，从失败中学习的能力是心理弹性的重要组成部分。积极心理学鼓励大学生培养反思和自我调整的能力，以便从每次失败中有所收获。例如，在一次团队合作中遇到了问题，学生应通过深入思考，找出导致失败的原因，并制订改进计划，从而在未来的合作中获得更好的结果。其次，心理弹性的塑造也涉及保持乐观的态度。积极心理学鼓励大学生关注问题的解决方案，而不是陷入消极情绪。这种积极的心态有助于大学生更快地从困境中走出来，保持积极的生活态度。例如，当学生在就业面试中遭遇失败，乐观的态度使他能够相信自己的能力，并不断寻找其他就业机会。

4.压力管理的技巧

积极心理学为大学生提供了一系列有效的压力管理技巧，帮助他们更好地应对各种压力，减轻焦虑和抑郁情绪，保持心理平衡。第一个技巧是深呼吸，深呼吸是一种简单却极为有效的压力管理技巧。通过深呼吸，可以减缓心率、放松身体，从而在紧张的情况下保持冷静。在面对考试紧张或者紧急任务时，深呼吸可以帮助大学生恢复平静，更好地应对挑战。冥想是第二个有益的压力管理技巧。积极心理学鼓励大学生在日常生活中寻找一些安静的时刻，通过冥想来放松身心。冥想有助于降低紧张情绪，提升专注力，同时增强自我意识，帮助大学生更好地管理内心的情绪波动。第三个是积极的问题解决策略技巧。大学生在面对困难和挑战时，往往会产生负面的情绪，进而影响心理健康。积极心理学鼓励大学生积极寻找解决问题的方法，从而减轻压力。例如，当遇到学业问题时，大学生可以采用分解任务、制订学习计划等方法来解决问题，从而减少焦虑感。最重要的是，这些压力管理技巧的有效应用将在大学生涯中产生积极影响，掌握这些技巧，大学生能够更好地应对挑战，减轻负面情绪的影响，从而保持心理健康的状态。

（二）培养积极的心理能力

1.自我肯定感的增强

积极心理学强调个体的优势和能力，通过帮助大学生认识自己的潜力，增强自我肯定感，建立自信心。自信心不仅有助于大学生更好地应对外界的评价，还可以减少自我怀疑和不安。首先，积极心理学鼓励大学生正视自己的优势和长处。每个人都有独特的优点和特质，而积极心理学强调的是发现和发展这些优势。通过了解自己的优势，大学生能够更好地认识自己在某些领域的能力，从而建立自信心。其次，积极心理学注重个体的成就感。在大学生活中，每个人都会取得一些成就，无论是学业上的进步还是兴趣爱好的发展。通过意识到这些小而积极的成就，大学生能够获得自豪感，从而增强自我肯定感。此外，积极心理学强调自我价值的内在性。大学生常常会受到他人的评价和看法的影响，如果过分依赖外界的认可，就容易受到波动的情绪影响。通过从内心树立起自己的自我价值，大学生可以减少对外界评价的敏感性，从而更自信地面对不同的情境。

2.情绪管理能力的提升

积极心理学引导大学生如何认识、表达和调节自己的情绪，从而帮助他们保持情绪的平衡，更好地应对生活中的种种压力。首先，积极心理学强调情绪认知的重要性。大学生往往会面临许多情绪，包括愉悦、焦虑、沮丧等，但并不总是能够准确地识别这些情绪及其触发因素。通过学习情绪认知，大学生可以更好地了解自己的情绪状态，并能够在早期阶段识别并应对潜在的情绪问题。例如，当大学生意识到自己开始感到焦虑时，他可以更早地采取措施来缓解这种情绪。其次，情绪表达的技巧也是情绪管理的重要方面。积极心理学鼓励大学生积极地表达自己的情感，而不是将情感压抑或者过分发泄。通过合适的表达方式，大学生可以更好地与他人沟通，减少情感积累，从而维持心理平衡。例如，在面对困难时，大学生可以选择与朋友或家人倾诉，从而得到情感上的支持与释放。最后，积极心理学注重情绪调节的技能。大学生在面对挑战和压力时，常常需要学会如何平衡情绪，避免过分沉浸在消极情感中。通过积极心理学的指导，大学生可以学会采取积极的情绪调节策略，如寻找解决问题的方法、寻求支持、运动等，从而更好地应对压力和挫折。

3. 积极社交技能的培养

在大学生的成长过程中，积极的人际互动不仅有助于建立健康的人际关系，还能够增强社会支持系统，减轻孤独感。积极心理学鼓励大学生培养积极的社交技能，从而更好地与他人互动，建立良好的人际关系，促进心理健康的发展。首先，积极心理学强调积极的人际互动方式。大学生常常需要面对不同背景和性格的人，因此学会积极的沟通和交往方式显得尤为重要。通过培养积极的社交技能，大学生可以更好地与他人建立良好的互信和合作关系。例如，可以通过倾听和尊重他人的观点，建立良好的人际关系，从而减少冲突和紧张情绪。其次，积极心理学注重社交支持的重要性。在大学生活中，可能会遇到各种挑战和困难，而拥有良好的社交支持系统可以帮助他们更好地应对这些问题。积极心理学鼓励大学生主动与朋友、家人等建立情感联系，从而获得情感支持和建议。这有助于减轻压力和焦虑，提升心理健康水平。最后，积极心理学强调积极的人际特质的培养。积极的人际特质，如同理心、宽容和合作，可以帮助大学生更好地与他人相处。通过培养这些积极的人际特质，大学生能够增强自己在人际交往中的魅力和影响力，从而建立起稳固的人际关系。

4. 培养乐观和希望

积极心理学在大学生心理健康教育中强调培养乐观的生活希望和态度，这种态度可以帮助大学生更积极地面对生活中的挑战和困难。通过看到问题背后的机会，大学生可以激发积极的行动力和创造力，从而保持心理健康，实现全面成长。首先，积极心理学鼓励大学生培养乐观的思维方式。乐观不是盲目的积极，而是在面对困难时，能够看到问题背后的积极方面。通过培养乐观思维，大学生可以更好地应对挑战，减轻负面情绪的影响。例如，在学业中遇到一道难题时，可以通过乐观的思维，认识到解决问题的机会，从而更有动力去克服困难。其次，积极心理学强调希望的力量。希望是一种强大的情感，能够激发人们追求目标、克服困难的动力。通过培养希望态度，使大学生更有信心地面对未来，不论面临什么样的挑战都能保持积极的态度。例如，在面对就业市场中面临竞争激烈的环境时，通过培养希望，大学生能够相信自己的努力会带来积极的结果。最后，积极心理学强调积极行动的重要性。培养乐观和希望不仅仅是一种心态，更需要转化为积极的行动。大学生通过积极地追求目标、制订计划并付诸实践，可以更好地实现乐观和希望所带来的积极影响。

（三）基于个体优势的发展

1.发掘个体特长与兴趣

大学时期是一个自我认知和发展的关键阶段，每个人都拥有独特的个性特点、潜能和兴趣。积极心理学强调的是通过发掘个体的特长和兴趣，帮助他们更好地认识自己，从而提升自尊心和满足感。这种个性化的发展过程有助于大学生建立积极的自我认知，培养自信心，并在个人发展中获得更多的成就感。首先，积极心理学鼓励大学生积极寻找自己的特长。每个人都有自己的优势和擅长的领域，通过认识自己的特长，大学生可以更好地发展这些潜力，从而在相关领域取得一定的成就。其次，积极心理学注重发展个体的兴趣。兴趣是一个人内心的驱动力，有助于激发学习和探索的热情。大学生可以通过追寻自己的兴趣爱好，找到生活的乐趣和动力。最后，积极心理学鼓励大学生将特长和兴趣与个人目标相结合。通过将自己的特长和兴趣与未来的职业规划相匹配，大学生可以更有针对性地发展自己的能力，实现个人成长和事业发展的目标。例如，一个大学生可能热爱社会公益活动，通过参与志愿者工作，他可以将兴趣转化为积极的社会影响。

2.设定目标与成就感

积极心理学通过帮助大学生设定目标，并通过积极的努力和行动来实现这些目标，从而激发出成就感和自信心。这种过程不仅有助于塑造积极的心态，还能够培养大学生的自我效能感，为未来的发展打下坚实基础。首先，积极心理学鼓励大学生设定具体、可行的目标。设定目标可以帮助大学生明确自己想要达到的结果，从而为行动提供方向和动力。一个明确的目标可以分解为一系列小目标，逐步实现，从而增加实现目标的可能性。例如，为了提高自己的英语口语水平，可以设定每周参加英语角、每天背诵几个新单词等具体目标。其次，积极心理学注重积极的努力和坚持。达成目标往往需要一定的努力和付出，而积极的努力可以培养大学生的毅力和耐心。通过坚持不懈的努力，大学生可以逐步接近目标，获得成就感。例如，在学习上设定了提高分数的目标，则需要大学生积极参与课堂学习、完成作业、复习考试，这些努力将为其带来成就感和满足感。最后，积极心理学强调成就感的积极影响。当大学生实现了一个个小目标或者最终达到了大目标时，所产生的成就感可以增强他们的自信心和自我效能感。这种积极的情感会在其他方面产生积极的影响，激励大学生更有动力去追求其他目标。

3. 培养成长心态

在大学生心理健康教育中，积极心理学倡导培养成长心态，因为它能够帮助大学生更好地应对挫折，积极面对挑战，从而促进个人的全面发展。首先，积极心理学强调努力和学习的重要性。在成长心态的指导下，大学生会意识到努力和学习是取得进步的关键。无论遇到什么困难，他们都会把它看作是一个学习的机会，通过积极的努力去克服障碍，获取新的知识和技能。这种积极的态度能够增强大学生的毅力和动力。其次，成长心态使大学生更好地应对挫折和失败。在成长心态的引导下，他们不会将失败视为终点，而是将其看作是一个暂时的阶段。他们会从失败中吸取经验教训，寻找改进的方法，并继续努力追求目标。这种积极的心态能够减轻挫折带来的消极情绪，保持情绪的稳定。最后，成长心态促使大学生积极面对挑战。成长心态使他们更愿意主动承担困难和挑战，因为他们相信通过努力可以逐渐克服困难，实现目标。这种积极的心态鼓励大学生迎接新的挑战，不畏惧失败，从而展现出更大的勇气和创造力。

二、以积极心理学为取向

（一）幸福感

大学生心理健康教育并不是将课程内容定位为心理问题的评估和矫正。而是以积极心理学为取向，将培养学生的幸福感作为教育内容，引导学生理解并培养自身的主观幸福感，以沉浸式体验方式培养大学生拥有智慧与知识，拥有勇气、仁爱、正义、节制等卓越的美德，更多地融入乐观品质的养成、积极人格的实现、良好人际关系的建立、保持长久幸福的法则等内容。

（二）积极心理测量

心理测量是采用某一种将心理活动量化的测评或量表对研究对象的心理特征或行为进行描述，对个体行为表现及心理特征的数量化解释。心理测评是心理学中的重要手段，使用积极心理测量技术，客观地筛查、评估和判断学生心理健康状况，促进心理健康教育工作的深入开展。积极心理测量不但提供研究数据，还可以在了解个体优点的过程中促进测试者的积极反应。第一，研究对象可以正确理解自己的相关信息；第二，对研究对象表明其与他人的问题不是相同的；第三，研究对象没有增强自己"有了心理问题"的想法，只鼓励其优点；第四，促进学生回忆和改造个人价值观，这些价值观可能会通过填写量表慢慢消失，达到心理问题的消解作用；第五，强调学生的优点可以产生信赖，可以使学生建立良好的关系，促使学生提供自我信息，为进一步的积极干预做好准备。

（三）积极心态

在心理健康教育内容上，通过积极心理学理念来学习和掌握积极力量、积极品质、积极体验等。促使学生在学习中体验到快乐和满足，并结合积极体验来塑造个体的积极心态，培养学生积极向上、乐观开朗的性格。让大学生明确理解建立积极心态的重要性。如组织大学生对案例、故事上的一些人物进行角色扮演，然后根据自己扮演的角色进行分析，说出角色的心理活动，说明积极心态的重要性。

（四）积极的社会实践

积极参加各种公益社会的实践活动可以促进大学生健康人格的培养，在实践活动中不断形成和完善健康人格。实践活动是大学生与外界接触、感受外界环境的一种方法，利用所学的知识和技能回报社会、奉献社会，促进大学生的健康成长。心理健康教育中的社会实践活动主要包括参加公益活动、社会服务、社会调查、勤工助学等，促使大学生间接接触外界环境，丰富大学生社会实践的内容，鼓励大学生积极参与社会实践活动，在实践活动中发展自我、完善自我，促进大学生全面发展。

（五）积极的自我教育

积极的自我教育是以大学生积极品质展开的，以培养大学生积极品质、消除消极品质为目的。通过积极的自我教育使个体保持健康、积极的心理，从而更好地适应社会。积极心理学认为个体都有潜在力量和自我成长的能力，这些正向的、积极的人格因素本身就存在于我们自身当中，在没有被充分挖掘的情况下，这些潜能大都被忽视。高校心理健康教育应帮助学生挖掘其自身存在的积极心理品质，以培养大学生形成积极人格和积极的自我教育方式为主要目标。培养和强化大学生积极心理品质的形成，预防心理问题的产生和形成良好适应性，对有效提高大学生心理健康水平具有一定的实施性效果，对大学生形成积极、良好的世界观、人生观与价值观有一定的指导意义。

第二节 积极心理学视域下大学生心理健康教育的原则与意义

一、积极心理学对高校心理健康教育的影响

积极心理学自 21 世纪初被引入国内后，迅速受到学界的青睐和关注，涌现出丰富的理论研究。随着积极心理学的理念不断深入人心，各领域纷纷择其精华，运用于自身实践中。高校心理健康教育就是积极心理学广泛应用的领域之一，至今已获得了大量的现实成果。高校心理健康教育是提高大学生心理素质、促进其身心健康和谐发展的教育。然而在很长一段时间，心理健康教育的重点是教授普通心理学和各类心理疾病相关知识，这种模式背后的逻辑是学校重视学生心理疾病的发生，如若学生能掌握异常心理的知识，就能使自身远离心理疾病。可教育实践结果收效甚微，也印证了后续健康教育领域研究的结论：简单的知识教学难以改善学生的消极心理状态，知识掌握和行为改变并不等同。

而积极心理学理念的引进给国内教育界带来了一阵春风。积极心理学运动在 20 世纪 90 年代后期兴起于美国西方文化背景之下，由当时美国心理学会主席、著名心理学家马丁·塞利格曼正式提出，旨在希望心理学的研究能够摆脱过去对消极的过分关注，转向关注人积极的一面，进而促进人们走向更加幸福的生活。其观点主要有三个：一是实现心理学的价值平衡，积极心理学的目标与病理心理学不同，意在关注人的优势，致力于给人力量；二是强调研究个体的积极力量，挖掘个体的潜能并使其充分发挥；三是提倡对问题做出积极的解释，并相信个人或社会能从中获得积极的意义。心理健康教育者敏锐地察觉到积极心理学这股"西风"必将为学校心理健康教育带来巨大变革，他们纷纷从学校实际出发，把心理健康

教育的舵转向"积极"的方向。仅以"积极心理学""心理健康""高校"为关键词，在中国知网数据库里可搜索到200多篇文章，时间跨度从2006年一直持续至今。整理这些文献观点，可将积极心理学对高校心理健康教育的影响总结为两个方面。

第一，积极心理学定调心理健康教育发展方向。2021年11月29日，教育部全国高校学生心理健康教育工作推进会上，教育部部长怀进鹏提出要加强源头治理，全面培育学生的积极心理品质。同样，在当年教育部发布的《关于加强学生心理健康管理工作的通知》中，明确提到要大力培育学生积极心理品质。由此可见，教育界从上至下已达成统一的共识：远离消极并非心理健康的全部，应更体现为一种积极发展的心理状态。这种共识与积极心理学在国内近20年的长远影响不无关联。在2001年教育部《关于加强普通高等学校大学生心理健康教育工作的意见》曾经指出，"借鉴和吸收其他一些国家和地区的有益经验，探索新的工作思路，推动高等学校大学生心理健康教育工作健康地开展"。那么积极心理学便是引领心理健康教育发展的开路先锋。

第二，积极心理学丰富心理健康教育实现路径。积极心理学理念的融入使高校心理健康教育侧重于健康幸福驱动下采取的积极行动。许多学校经过多年摸索和实践，交流与推广，已形成多种行之有效的积极心理品质培育路径，心理健康教师尝试将心理健康教育融入学生的实际生活，以课堂教学宣教、校园活动营造、咨询辅导干预等方式，创设学生积极情感体验的场域、激发学生人格塑造的内生动力，利用正强化巩固积极行为的改变。幸福感恩、自信自尊、适应与交往是心理健康教育的亮点，哈佛幸福课成为热门学习资源，团体辅导（朋辈互助）是师生喜闻乐见的教育组织形式。

大学生信息获取途径丰富且资源多样化，经常会受到某些不良价值观的影响，由此加大了教师对学生心理健康情况进行预判工作的难度。与其不断解决问题，不如在环境上、认知上、行为上提前进行干预，营造健康和谐的心理氛围。采用积极心理学的理论和方法对学生进行教育和关注，立足心理健康教育的基础框架积极引进积极心理学理论，可以帮助大学生更好地破解生活及学业中遭遇的各类心理问题，培养大学生优秀品质的同时更有助于其积极调整自我认知，摆脱社会思维定式，推动其健康全面的发展。

目前，我国教育领域的国家课程纲要中已经明确提出了将培养"情感、态度、价值观"等纳入常规课程培养目标中。其中的"情感培育"主要是指学科对客观事物的态度与体验，也就是学生在经历一项学习任务后心情是否愉快、情绪是否稳定。"态度培育"是受教育者对特定客观事物的评价与态度，也就是能否持有积极的态度。积极心理学在充分肯定人类的积极性的前提下，通过积极的方式关注人类的发展和创造力，以及对于未来的无限可能性，其无论是目标、理念还是方法都呈现积极的特点，可通过对受教育者的正向引导，带动受教育者树立正确的价值观，培养他们积极的情感与人生态度，为心理健康教育的理论研究与实践提供了更多元、更创新的路径与方法。教师正确地解读与利用积极心理学，将其理念应用于心理健康课堂教学中，在"情感培育"和"态度培育"中发挥其指导意义，为助力大学生良好价值观的形成创造了非常有益的条件。

二、积极心理学视域下大学生心理健康教育的原则

（一）主体性原则

主体性原则指的是积极心理学视域下的大学生心理健康教育以学生为主体，以学生为中心和出发点，教学内容的选取与教学方法的运用，都充分尊重大学生的身心发展规律和成长需要，使大学生的能动性得到充分发挥。首先，心理状况是大学生自身内在倾向性的特征，大学生有选择地接受教育，在主观意识的作用下，将自己认同的观点外化为相应的行为。教育者应尊重大学生的个性，使大学生主动参与到课堂教学与实践活动中，促进外在的教育转化为主体的内部所在，实现内化与外化的统一。其次，心理健康教育需要他助与自助的结合。大学生的成长与进步在本质上是自我实现的过程，只有大学生主动参与教育活动，发挥主体作用，才能实现自助的目的。如果没有大学生的主观体验，教育活动就成为一种强迫行为，失去了教育的意义。大学生的自我意识与独立意识不断增强，贯彻主体性原则是大学生积极心理品质得以发展的内在需要。

（二）激励性原则

需要是个体做出行为的前提和基础，大学生的某种需要会刺激一定的动机，从而决定相应的行为。马克思指出："人所奋斗的一切，都与他们的利益有关。"[1]如果大学生心理健康教育能够满足教育对象的合理需求，就能获得大学生的认可，避免由于空讲道理，使教育失去立足点。教育者要坚持激励性原则，通过满足大

1　马克思，恩格斯.马克思恩格斯选集：第1卷［M］.北京：人民出版社，1956：82.

学生的合理需要，调动他们的内部心理机制，激发他们的动机、情感与内在潜能的发挥。激励包括物质激励和精神激励，教育者要科学地利用激励性原则，根据大学生的个体特点与实际情况运用不同的激励方式，做到多种激励方式相结合，并注重精神激励。

（三）体验性原则

体验性原则是指教育者要坚持通过实践活动促进大学生的发展。实践活动是一个人的能力得以发展提高的重要途径。大学生在活动中能够表现自我、认识自我、实现自身的潜能和价值。"现代心理学理论认为，培养人的心理活动离不开客观世界，认识来自主体与客体的互相作用，而行为活动则是认识的桥梁。"[1]心理健康教育要培养大学生健康的心理和健全的人格，这一目标的实现除了教育影响外，自我体验尤为重要。教育者要坚持理论育人与实践养成相结合，将体验性原则贯穿于教育教学的各个环节。通过实践锻炼、情境创设等途径使大学生在体验中收获感悟，加速对理论知识的领悟，自觉进行自我教育。

（四）发展性原则

唯物辩证法指出，世界上的事物是普遍联系和不断发展的。发展性原则包括两个方面。一方面，发展是与静止相对而言的。大学生是处于发展中的人，他们具有无限的发展潜能。心理健康是一个动态的发展过程，大学生的心理健康问题多数是非障碍性的，教育者要以发展的眼光看待大学生的心理问题，通过对问题进行多角度的分析，从而做出积极的诠释，而不是下绝对性的结论。另一方面，发展是与矫正相对的。传统的心理健康教育倾向于帮助少数学生解决心理问题，而积极心理学视域下的大学生心理健康教育把预防、治疗心理疾病作为辅助内容，把提升大学生的心理品质、开发他们的潜在能力作为教育的重点，在预防与治疗心理疾病的同时，更倾向于追求发展，因为发展的实质就是积极的防治。只有将防治和发展相结合，并以发展为主，才能真正提高大学生的心理健康水平。

（五）感染性原则

感染性原则是指在大学生无意识的情况下，通过一定的环境或客体对大学生的情感产生影响、感化和熏陶，实现教育的目的。感染包括情绪感染、形象感染等多种形式。情绪感染是通过营造一定情景氛围，影响受教育者的情绪，使其对

1　伍新春.心理健康教育概论［M］.北京：北京大学医学出版社，2006：73.

教育内容进行选择和接受。例如营造温馨的家庭氛围、开展文娱活动、参观校史馆等对受教育者施加的影响。形象感染是利用具体、客观的实物影响受教育者。例如实践教学法、加强校园物质环境建设等。心理学研究显示，放松的心情有助于对知识的理解与接受。通过丰富的活动、和谐的环境、典型的案例等方式使大学生在轻松愉快的心境下接受教育。

三、积极心理学视域下大学生心理健康教育的意义

（一）有利于丰富大学生心理健康教育的内容

传统的心理健康教育往往注重引导和帮助大学生解决可能出现的心理问题，这种消极、模式化的教育方式，忽视了大学生心理发展的积极因素与主客观条件差异，不能完全满足大学生需求。积极心理学视域下大学生心理健康教育强调，既要关注心理疾病，更要关注如何发挥大学生的优势，在治疗疾病的同时，更强调教育活动对于学生能力发展的促进功能。深刻把握大学生心理发展特点，从大学生实际需求出发开展有针对性、多样化的教育内容，使大学生积极接受、主动内化教育内容，使教育真正入脑入心。对大学生进行道德引领和心智开导，优化大学生人格系统，促进大学生全面发展。积极心理学认为，无助可以习得，乐观同样能够通过学习掌握。因此，积极心理学倡导的解释风格教育、积极的个性品质培养等内容有利于心理健康教育内容的丰富与完善。

（二）有利于拓展大学生心理健康教育的途径

传统的心理健康教育属于高校独立运行机制，其方法与途径比较单一，主要通过课堂教学、心理咨询室、开设讲座等方式进行知识传授。这种教育方式比较枯燥乏味，师生间缺少互动，教学效果事倍功半。随着心理健康教育内容的不断丰富，高校亟待拓展与创新教育途径，以便更好地实现素质教育的目标。积极心理学视域下大学生心理健康教育，充分调动学校、家庭、社会以及大学生的自我教育力量，采用案例教学、体验活动、情景模拟、行为训练等形式开展教学。注重大学生学习过程中主体作用的发挥、积极的心理体验与健全人格的塑造，更易拉近教育者与大学生的心理距离，有利于教学内容的吸收和理解，形成全方位、多元化的育人途径，发挥教育的合力。

（三）有利于提高思想政治教育的实效性

思想政治教育与心理健康教育分别从思想层面和心理层面对大学生进行教育引导，虽然侧重点不同，但两者的人才培养目标是一致的，都有助于大学生的正

向发展。一方面，心理问题的解决有利于大学生接受正确的思想观念，形成崇高丰富的精神世界和道德追求。大学生具备良好的心理机制和心理形式是实现思想政治教育目标的基础。积极心理学视域下大学生心理健康教育能够为大学生接受教育奠定良好的心理基础。另一方面，积极心理学视域下的大学生心理健康教育以学生发展为中心，选择恰当的教育方式方法，充分尊重大学生的主体地位，能够有效改善心理健康教育的师生关系，构建积极的师生情感，引起受教育者与教育者心理相容与思想共鸣，激发其学习兴趣，对于提高教学效果、增进大学生对思想政治教育学科的心理认同具有重要意义。

（四）有利于大学生身心健康和全面发展

从马克思主义理论出发，人的全面发展应该是智力与非智力因素（包括心理因素）等多方面的协调发展。健康包括身体健康和心理健康两个方面，两者是互相促进的统一整体。一方面，心理健康有利于身体健康。研究表明，"运动能力的提高、内在潜力的发挥，都有赖于心理素质的发展"[1]。自信自强、抗挫折能力强等良好素质有利于体能的发挥和运动技能水平的提高。另一方面，心理健康是个体全面发展的重要内容。没有健康的心理，个体不可能实现全面发展。积极心理学视域下大学生心理健康教育强调尊重、理解大学生，注重挖掘个人的潜在能力。当个人潜能被充分挖掘时，个人会体验到成就感、产生积极的情绪，有助于产生创造性思维与活动，使个体感到自身存在的价值，为其个性全面发展和健全人格养成奠定基础。

（五）有利于推动社会的和谐与进步

心理健康是影响社会和谐发展的重要因素。高校是构建社会主义精神文明的重要场所，有效开展心理健康教育，有助于大学生以智慧的生活方式和有意义的生命状态面对人生，为社会和谐提供源动力。在快速发展的社会背景下，大学生群体承受着来自不同方面的多种压力。近几年，发生在大学生群体间的极端事件屡见不鲜，给社会带来了不安定因素，影响社会的和谐与进步。事件的发生与心理因素有着不可割裂的关系，采取惩治手段与事后教育是必要的，但恶性事件给家庭、学校、社会造成的不良影响已经客观存在。大学生是未来社会主义建设的主力军，是中国梦的"筑梦人"，他们的素质不仅关乎着自身的发展、社会的和

---

1 伍新春.心理健康教育概论［M］.北京：北京大学医学出版社，2006：23.

谐与进步，更关系着整个民族的未来与希望。积极心理学视域下大学生心理健康教育以积极的理念为指导，能够培养大学生良好的心理素质，使其承受住各种严峻的考验，为服务社会建起坚固的心灵防线，推动社会的和谐与进步。

第三节 积极心理学视域下大学生心理健康教育的对策

一、积极心理学视域下大学生心理健康教育问题

（一）高校主导作用发挥不够

心理健康教育本应成为素质教育的重要组成部分。然而，仍有一些高校教育者对此不够重视，依旧坚持应试教育，以学习成绩作为衡量学生的标准，将心理健康教育看成是形式上的暂时需要，因此消极对待、敷衍了事。有的高校虽然形式上开展了课堂教学，建立了心理辅导室，但也处于"头痛医头，脚痛医脚"的阶段。高校倾向于指导大学生如何预防和解决各种心理问题，却忽视健康大学生的心理发展与积极人格的培养，导致教育理念滞后、内容陈旧、方法单一，心理健康教育难以取得理想的效果。此外，有的高校为了敷衍上级检查，往往措施简单，被动、消极地应付，并没有真正重视心理健康教育，在管理体制及教学资源投入等方面存在漏洞，大学生的心理素质难以得到发展与提高。

（二）家庭教育影响力不足

父母的为人处世、道德品行以及教养方式等，直接关系着子女的品行和心理素质。但是一些家长教育意识不强，榜样示范作用发挥得不够，过分溺爱子女，使孩子的抗挫折能力较差。现实生活中，大多数家长过分看重子女的学习成绩，对他们的心理健康状况不够重视。一些家长不懂得科学的教育方法，常常采取简单粗暴的教育方式，使得孩子养成偏执、焦虑等不良心理。家庭教育本应该是一个持续的过程，但一些家长在子女考入大学后，只为孩子提供经济支持，对其在校情况与心理问题关注不够，导致亲子关系的不和谐。近几年，我国离婚率逐年上升，离异家庭的学生也不断增多，这些家庭的孩子缺少家庭温暖，心灵遭受了一定的创伤，更易产生心理问题，在某种程度上削弱了心理健康教育的效果。

（三）社会支持力度不够

心理健康教育是一项多维度、复杂性的实践活动，需要学校、家庭和社会积

极配合，发挥教育合力，形成心理健康教育的综合效应。在某种意义上，社会的整体氛围以及方针政策等都影响着大学生的心理健康。大学生自身也普遍认为社会环境对自身的心理健康发展有一定影响。然而，社会竞争的加剧，人们无限地追求物质利益，忽视了精神文化建设对物质发展的导向、协调作用，未能正确认识心理健康对于个人及社会的价值。相关组织部门举措落实不到位，大众的心理健康意识不强，对心理健康重视程度和作用方向比较模糊，身心全面发展的健康观还未深入人心，甚至存在一些偏见和歧视。此种情况影响了社会教育资源的有效发挥，降低了社会教育对于心理健康教育的支持力度，无法充分发挥社会的教育影响力。

（四）学生认识不全面

大学生面对学习、人际关系、择业等方面的压力，很容易产生心理困惑，如果没能及时、正确地得到解决，将有可能发展成严重的心理问题。调查结果表明，大学生普遍认为自己的心理状况良好，没有心理问题。当出现心理问题时，多数大学生并不愿意主动寻求专业教师的帮助，而更愿意向自己信赖的朋友倾诉。大学生对心理健康教育、心理咨询以及自身心理状况缺乏全面、客观的认识，导致其主观能动性欠缺，他们对心理健康教育不够重视，甚至排斥心理健康教育活动，这必然会影响教育效果。因此，引导大学生对心理健康教育以及自身心理健康状况形成全面客观的认识，调动与发挥大学生主观能动性成为提高教育实效性的有效途径。

二、积极心理学视域下大学生心理健康教育的对策

（一）发挥学校教育的主渠道作用

1.打造高质量、高水平积极心理学教研团队

首先，要打造高质量积极心理学教师团队。现阶段，部分高校虽然开设了心理健康教育的相关课程，组建了心理学研究团队，但是其专业水准需要进一步提高，需要面向全体学生，面向社会，才能实现高质量的发展。为了更好地提高学校的心理健康教育工作的有效性，首先学校可以从本校教师队伍中挑选有积极心理学研究经验的教师，组建积极心理学教研团队，全方位了解学校的心理健康教育情况，然后开展专门的研究工作和备课活动，确保积极心理学可以融入高校的心理健康教育工作。此外，要加强人才的培养和引进工作，组织本校的心理健康教师开展积极心理学专项研讨活动和交流活动，以提升教师对积极心理学的认识水平，将积极心理学的相关原理与概念应用于心理健康辅导活动。第一是和同类型高校

合作，实现师资共享，引进更多的专业教师来充实心理健康教育队伍，使其发挥带头作用；第二是让本校教师多多外出交流学习，了解国内其他高校更为先进的心理健康教育模式以及积极心理学最新研究成果，将所学知识应用于队伍建设和教学工作中。

其次，要建立高水平、高素质的高校学生心理健康教育团队。学校除了要打造高质量、高水平的积极心理学教研团队，还要建立高水平、高素质的学生心理健康教育团队，第一，可以利用积极心理学教育团队来开展工作，建立心理健康咨询机制，先针对教师进行心理健康培训，使其了解如何发现存在心理问题的学生，如何运用积极心理学进行干预治疗，如何塑造高校学生积极的心理品质，让学生将学到的积极心理学的理论知识，以及心理健康教育课程知识，应用于自己的学习活动以及日常生活中，形成优秀的思想品质。第二，可以将各项工作任务进一步细分，组成学情搜集小组、积极心理学研究小组、心理健康教育策略研究小组，让本校的心理健康教育教师、教育学教师与心理学教师、心理咨询师都参与其中，在团队中承担相应的任务。大家共同探讨培养学生心理健康教育课程参与习惯，进而构筑心理防线，提高抗压能力、主动思考与探究表达思想情感的能力。第三，可在此基础上建立心理健康问题发现与应对机制，发挥团队的积极作用，为学校的心理健康教育工作提供重要的支持，帮助全体教师冲破传统的思维方式和教学方式的束缚，加强对学生的教育教学与引导工作，优化心理学课程，使其满足社会主义核心价值观的主旨要求，对学生施加更多潜移默化的影响。

2. 加强实践教学，增进大学生积极情感体验

高校要牢固树立实践育人思想，鼓励与组织大学生开展与专业学习紧密结合的社会实践，通过校企合作等途径为大学生提供实践基地，将理论教学与情境化的实践锻炼相结合。发挥大学生的个性和特长，加速大学生对知识的领悟与系统思维的提升，培养其自主能力、探索意识、创造才能和实践精神。促进大学生在实践中实现自我教育、自我管理与自我发展，提高社会适应能力。

3. 创设挫折情景，提高大学生抗挫折能力

挫折情景教学是教师根据教学内容与教育目标，创设特定的挫折情境，引导学生参与其中。通过教育者的启发总结，使受教育者获得一定的情感体验与正确认识，并使这些认识、经验转化为指导大学生应对挫折的准则，从而实现提高大学生抗挫折能力的目标。挫折由挫折情景、个体对挫折的认知、个体对挫折的应

对三个方面构成。挫折情景是认识与应对挫折的前提与基础，而认知是连接情景与反应的调节器。在同种情景中，不同的认识会有不同的应对方式。人对挫折的反应可以通过学习和锻炼提高。第一，教师通过课堂讲授，使大学生系统了解科学地认识与应对挫折的理论知识；第二，教育者要创设挫折情境，在模拟情境中指导大学生正确认识挫折，对挫折进行合理归因，并且能用所学知识正确应对挫折，及时将理论知识运用到实践中。通过反复练习，培养大学生积极乐观的心态、坚毅的品质，以及独立思考与解决问题的能力，使大学生能够以乐观自信的态度面对周围的人与事，真正提高心理承受能力与抗挫折能力。

4. 开展社团活动，塑造大学生积极心理品质

大学生社团是以共同爱好、特长、目标追求为基础，自愿组建的学生组织。丰富的社团活动对于活跃大学生思想、增进交流具有积极意义，是大学生的"第二课堂"。高校要有效发挥社团的积极作用。首先，要加强社团学生干部队伍建设。选拔一批心理与政治素质过硬、综合能力卓越的优秀大学生作为社团负责人，并对负责人进行定期的培训与考核，使他们成为教育者的得力帮手。其次，以社团活动为依托，将心理健康教育渗透其中。宣传心理卫生知识，介绍保持心理健康的新知识、新方法，使社团成为课堂教学的延伸和补充，促进社团活动与学校教学的良性互动。使大学生通过活动发展能力、操练品行，发挥社团教育人、凝聚人的作用。大学生社团类型丰富，不同类型的社团对于大学生能力的发展各有侧重。如公益服务类社团注重培养大学生的服务意识和奉献精神；技能类社团则以发展大学生的技能为重点。在社团负责人把握社团活动正确政治方向的前提下，提倡由社团成员共同商议、共同完成社团活动的策划、组织、开展与反馈，使社团成员在参与活动中能够发挥各自特长，培养团队意识，从而获得成就感与归属感。

5. 加强校园建设，营造和谐的育人环境

积极心理学认为："人不会完全按照遗传因素来发展自己，人格主要在个体与社会意义的活动，并以书面报告的形式汇报心得体会，使大学生了解国情、社情，全面客观地分析社会，从而自觉树立社会竞争意识和进取精神，促进思想与行为的互相强化，增进积极的情感体验，从而提升心理素质。在环境的相互作用中获得发展，内在因素与外在因素是相互作用的。"[1]心理素质的培养仅靠知识的

1　朱翠英，胡义秋.大学生积极心理素质教育研究［M］.北京：人民出版社，2015：155-156.

传授和教育难以达到理想效果，它需要一种文化氛围的熏陶、感染。校园文化以其优美整洁的物质环境与书香怡人的人文环境沁润心灵、陶冶精神，缓解因学习、工作产生的疲劳，改造大学生的内心世界，推动大学生理想信念的建立。

校园物质环境建设要始终围绕有利于大学生人格形成来设计与建设。第一，要完善基础设施建设，积极开展学校绿化工作，建造高雅的人文景观，为教学实践与课余休闲提供良好的支持。第二，高校要配合有关执法部门对学校附近环境进行专项治理，保障学校各项工作有序进行。第三，要重视校园文化环境建设，经常举办积极向上、内容丰富的文化活动。如利用校史、校训以及优秀校友事迹激励大学生奋发向上、发扬榜样精神；利用校园网站、广播、校刊等手段宣传大学生典型，激励大学生向榜样学习。在环境的熏陶下，使大学生逐步深化道德认知、充盈情感、坚定意志，形成严谨治学、乐观向上的行为习惯，发挥校园环境的隐性育人作用，构建和谐、文明的校园。

6. 建设校级幸福课程，丰富积极心理学视域下的心理健康教育工作

进行积极心理学视域下的高校心理健康教育工作的目的是让学生享受美好的大学生活，在拼搏和进取中寻找人生的真谛，提升其获得感和满足感。准大学生正处于三观形成的关键时期，要应对情感问题、职业规划问题以及学习压力问题等，此时就需要学校开展全过程育人、全领域育人，针对学生来进行课程开发工作，从积极心理学角度出发来优化课程，重点打造校级精品心理课程。以新生入学作为教育契机，积极普及和心理健康教育相关的内容，引导学生对自己的心理健康有初步的认识。之后，开展入学第一课——幸福公开课，让学生认识大学生活，初步了解积极心理学、心理学与生活、图说人际关系心理等课程，引导学生在入学之初就分析自己的优势和劣势，挖掘自身的潜能，提升寻找幸福的能力。通过体验式教学、翻转课堂式教学、游戏化教学等方式加强学生对于幸福课程的认识。在开学第一课以后要定期开展相关幸福课程教学活动，可以以周为单位，或以月为单位来进行校本课程的打造工作，让本校的心理学教师轮流参与，并主持课程教学活动和备课活动。

7. 挖掘教学资源，丰富幸福课程的内容与形式

在进行幸福课程建设的过程中要不断开展调研活动，了解大学生的行为特点、情感需求和诸多问题，然后开展策略制定活动，寻找更多的有效信息和辅助性的教学资源来进一步完善教学策略。互联网为课程建设提供了诸多支持，利用微课、慕课等来丰富幸福课程的教学形式，可以从知网、维普以及其他专业的教学网站，抖音、快手等短视频网站搜集和幸福公开课相关的教学资源，打造专属的教学资源库，利用大数据技术整合教学资源，从而为备课与授课活动提供更多的素材。此外，可以聘请知名专家、心理学教师参与课程开发活动，每人负责一门校级课程的打造工作，可以以人际交往的技巧、情绪管理的技巧、职业生涯规划指导、家庭生活与学校生活比较为主题来进行幸福课程的论述活动。为了进一步引导学生参与到课程开发的过程中来，帮助学生发现自身的优点，保持积极乐观的心态。学校可以鼓励学生将更多的感人事迹、校园风景照、与心理研究相关的影视作品带入进来，从而共同完善课程形式，使得积极心理学视域下的心理健康课程开发工作更有针对性。

（二）注重家庭教育的影响力

家庭是孩子幸福人生的起点，是学校继续教育的基础。家庭教育作用发挥得是否得当，将影响到高校教育的实际效果。家长应该创建好家庭、实施好家教，担负起教育子女的重要责任。

1.学习心理健康教育相关知识

父母承担着对子女进行抚养和教育的重要责任。父母的教育活动可以对子女形成正向的引导，也可能在无意识间产生负面影响。教育不只是针对孩子，父母也需要通过学习来提高和完善自身，习得教养子女和经营家庭的知识和技能，掌握心理健康教育的策略，在夫妻之间、亲子之间搭建交流互动的桥梁，对孩子产生积极影响，进行科学的家庭教育。大学生的心理特征主要包括两个方面，一方面是大学生群体具有的普遍性心理特征，另一方面是不同大学生个体由于独特的先天特点和生活环境而具有的心理特殊性。因此，父母要通过学习掌握大学生子女心理发展的特点与规律，尊重他们发展的普遍性与特殊性，在此基础上对子女实施教育引导。要善于观察孩子的神情、言语等特点，正确把握子女的心理状态，从而根据子女的实际情况，灵活选择和运用心理健康教育方法，进行有针对性的教育。此外，家长不仅要学会运用所学知识及时发现孩子的心理问题，并且能用正确的方法对他们进行心理调适，引导他们解决成长中的困惑与烦恼，陪伴他们健康成长。

2.营造温馨的家庭教养氛围

民主、温馨的教养氛围是子女健康成长的必要条件，也是实施科学家庭教育的保证。父母既要做孩子的人生导师与引路人，也要做平等交流的朋友知己，营造和谐的家庭氛围。一方面，倡导民主型的教育方式。家庭教育要坚持民主、平等的原则，给子女更多机会展示自己。孩子是有自己独立思想情感、内心体验和自主性的个体，父母要尊重他们的人格，就事论事地指出孩子的缺点，并指导他们加以改正，而不要用讽刺的言语打击他们。要帮助子女恰当地表达积极情绪，排解不良情绪，保持积极健康的心理状态。在适当的情景下，要多表扬和鼓励孩子，帮助他们增强信心，创造民主平等、和谐融洽的气氛。另一方面，融入情感教育。良好的家庭成员关系为子女涵养美德、陶冶情操提供心理港湾，是子女心理健康发展的土壤。父母要做到"寓爱于教、寓情于教"，使整个家庭教育充满情感张力。有意识地向子女传递爱和幸福、培养积极的情绪，传达健康的情感，使子女在充满爱的家庭中汲取成长的力量。此外，父母在教育子女之前，可试图了解并理解孩子的理想、兴趣、需要等，进而在教育中满足子女的合理需要，激发他们的创造力。

3. 运用恰当的激励教育方式

一个人如果能够经常得到别人的肯定和激励，就会充满信心，改正不良行为；反之，总是被他人批评与嫌弃，往往会产生逆反心理、自暴自弃，不利于个体的健康发展。激励可以使人心情愉悦，激发自身积极性和发展潜能。"一个人未被激励过时，只会发挥他能力的 20% ~ 30%；而当他被激励后，其发挥的能力是受到激励前的 3-4 倍。"[1]可见，激励是进行教育的有效方法，对于个体成长具有重要意义。父母要理性地面对孩子的一切，不以一时的成败给孩子贴"标签"，保持对孩子的信任、接纳和欣赏。要善于发掘孩子身上的优点，赞赏孩子的努力与成长，并提供条件激发他们的潜能。家长要坚持以精神激励为主，避免过分的物质激励，正向引导为主，避免过于严苛指责。要适度地表扬孩子的进步，指出孩子需要改进的地方，激励大学生不断完善自我。父母对孩子要爱而不娇、严而不苛，优点要给予肯定，缺点能够加以辨别，并运用正确的方法加以引导，培养人格健全的孩子。此外，孩子的大部分行为和心理模式都是从父母那里学习的。家长要以身作则，在情绪理智和行为习惯方面为子女做出表率，提高在子女心目中的信任感与接纳度，树立身心健康、言行得体的人生榜样。

---

1 郑雪.积极心理学［M］.北京：北京师范大学出版社，2014.

4. 建立积极的亲子关系

积极的亲子关系不仅能够营造和谐、宽松的心理环境，满足大学生的各种心理需要，而且有助于维护家庭的稳定与和谐。由于生活习惯的不同、年龄差异等，亲子关系会面临不同的问题与挑战。父母要适当地调整教育方法，以形成健康积极的亲子关系。首先，要树立正确的亲子观。在一些家庭中，家长习惯以权威的姿态与子女相处。然而，权威型的亲子关系不但不利于父母与孩子的交往，反而会导致矛盾。大多大学生虽已成年，但他们的生活方式与思维方式与成人有一定的差别。他们的个人意识与独立意识强烈，希望获得父母的认同与理解。父母要以平等的观念同子女相处，要意识到，每一个孩子都是独立存在的个体，家长需要观察和领会子女的行为模式和兴趣意愿，从而更好地进行教育。其次，要加强亲子之间的沟通交流。父母要时常与孩子交流，给他们自由表达自己想法的权利，尊重他们的意见和建议，与孩子建立信任关系，让孩子愿意将自己的心事向父母倾诉。父母才能及时发现并解决子女成长中的问题，亲子之间互相体谅与关爱，形成双向互动的、和谐的亲子关系，有利于子女身心的健康成长。父母在教育过程中，可以尝试将自己放置在与子女共同探索世界的同辈朋友的角色位置上，与子女共同感悟世界，共同成长。

（三）构建社会教育的支撑系统

积极心理学倡导营造积极的社会育人环境。人与周围环境具有相互作用，人在创造环境的同时，环境也影响着人。因此，有必要以社会为依托，发挥社会支持的积极作用。

1. 营造积极向上的社会道德风尚

社会道德风尚是一个国家、一个民族文明程度的象征，对于制约和调节社会成员的言行具有强大的精神感召作用。和谐美好的社会风气和精神环境使人精神舒畅，有助于提高国民素质及大学生心理健康水平。进步的时代需要向上的精神，发展的社会需要积极的风尚，用积极向上的社会道德风尚引导大学生健康成长、引领公民幸福生活。首先，相关部门要做好宣传与教育工作，引导公众端正道德认知。充分发挥各类媒体在传播社会公德方面的重要作用。大力宣传先进典型，坚决批评不道德行为和错误观念，抑制腐败之风和不正之风，净化道德环境，使公德意识和公德价值理念得以弘扬和传播。其次，加强社区建设。社区组织要提倡居民文明健康的生活方式，鼓励与组织居民积极开展社区公益活动，定期开展孤寡病残等弱势群体的帮扶活动。增进社区居民间的沟通与交流，构建和谐互助的邻里关系，形成团结友爱、安定有序的社区环境。此外，公民要身体力行，树立社会公德观念，培养健康理性的公共意识。在公共场所言行文明、爱护公共设施、自觉遵守公共秩序、人与自然和谐相处，全员参与社会道德风尚建设，营造积极向上的社会氛围。

2. 发挥媒体正向的舆论导向作用

舆论导向对大学生明辨是非具有重要引导作用。大众传媒要做好时代的引领者。一方面，要形成积极的社会舆论。大众传媒要增强社会责任感，树立正确的价值导向，坚持正面宣传为主的工作方针，将社会效益作为重要的工作准则。在重大问题、热点问题上，宣传者要始终保持冷静的头脑，严格把关、掌握尺度，形成积极正向的舆论环境。加强对好人好事的报道，宣传人性中的积极品质和优秀潜能，引导人们主动发掘闪光点。使社会"正能量"和积极精神在舆论的作用下得到广泛宣传，营造良好的舆论环境，成为大学生不断进取的精神动力。另一方面，传媒要兼具娱乐性和教育功能。广播影视以及新闻出版等部门要根据大学生的需求，利用大学生喜爱的栏目宣传健康向上的精神文化作品。用社会主义核心价值观和中华民族优秀文化滋养大学生心灵，培养大学生高尚的道德取向和高雅的审美心理。同时，大众媒体可以利用自身优势，开展一些有针对性的教育节目和专栏，帮助受众排除心理障碍、排解心理压力、消解不良情绪，引导他们合理地表达情绪、追求幸福。

3. 培育理性积极的社会心态

理性积极的社会心态是社会进步的表现，也是构建美丽中国的重要保障。我国正处于改革发展的关键期，利益格局的调整、社会结构的变化，使社会出现了急功近利、心浮气躁等不良社会心态，不利于大学生的健康发展。因此，培养社会成员理性积极的心态十分重要，要充分发挥健康心理在调解各种矛盾中的重要作用，引导公民正确处理各种利益关系，如理性合法地表达利益诉求、解决各种利益冲突，为大学生的健康发展创造和谐安定的外部环境。一方面，要提高社会成员的法律意识，避免情绪化的思维和简单粗暴的行为方式，减少社会负面事件的发生；另一方面，要积极开展社会成员的心理和谐建设，建立健全的民意诉求、危机干预、矛盾调节与权益保障机制。对贫困、残疾等弱势群体，给予切实帮助。

在民生改善、政策倾斜、社会保障等环节建立良性机制，构建公平的竞争环境，使公民通过自己的努力都有成功的机会。同时，利用电视、刊物、互联网等渠道宣传与普及心理健康相关知识，指导社会成员做好自身的心理保健，培养国民理性平和的社会心态。

（四）发挥大学生主观能动性

1. 形成积极的自我认知，提高自我效能感

自我认知是人格的核心，是衡量人格是否成熟的标准，是一个人具有自信心的前提条件。心理学研究显示："对自己的认知和评判越接近事实，其社会适应能力越强。而那些过分自卑或夸大自己的人，经常会备感紧张和压力，容易产生心理问题。"[1]大学生可以通过各方面的反馈信息正确认识自己，客观地看待自身的优劣成败，扬长避短，形成良好的自我意识。一是通过社会比较策略正确认识自己。大学生可以通过自己与他人的比较，尤其是与自己条件相似的人进行比较来认识和评价自己。既要避免选择"比自己优秀的人"进行比较而产生自卑心理，也要避免和"不如自己的人"比较而产生自大心理。大学生也可以根据别人的评价进行自我认知。最重要的是将现在的自己与过去的自己做对比，通过总结反省来正确认识自己。二是积极悦纳自己。人在本质上没有高低贵贱之分，每个人都有自己的独特之处。大学生既要发挥自身的优点，使自己变得更加出色，也要诚实理智地看待自己的短处，它们是个体发展、进步的空间。在成长的道路上，难免会遭遇失败，我们要冷静分析失败原因，而不是一味地自我否定，要积极寻找解决办法，促进自我效能感的提高。

2. 建立和谐的人际关系，增强朋辈支持力

马克思指出："人的本质并不是单个人所固有的抽象物。在其现实性上，他是一切社会关系的总和。"[2]良好的人际关系是健全人格的体现，是人与社会联系的纽带。和谐的人际关系可以增强大学生的归属感使其保持良好的情绪状态，形成积极健康的心理。和谐的人际关系也可以形成积极的朋辈支持，大学生要善于与他人交往，与他人交往时，要善于倾听，真诚对待，真心帮助他人，既不奉承别人，也不诋毁他人，增强个人的归属感与朋辈支持。当陷入情绪困扰时，要充

1　樊富珉.大学生心理健康教育研究［M］.北京：清华大学出版社，2002：80.

2　马克思，恩格斯.马克思恩格斯选集：第1卷［M］.北京：人民出版社，1995：60.

分利用良好的人际关系，积极争取亲人朋友的支持和帮助，消除不良情绪。同时，在别人遭遇困难时应该主动给予帮助，倾听朋友的烦恼，帮助寻找解决办法，既增进友谊又获得支持。

3. 确立合理的人生目标，增进主观幸福感

奋斗目标引导和激励着人的行为，为个人发展指明了前进的方向。理想自我的构建应该以坚固的现实条件为前提。罗杰斯指出，理想自我与现实自我相差越大，越容易产生适应不良；反之，理想自我和现实自我越接近，则心理健康水平越高。大学生要按照社会的需要和自身的实际情况（包括个人的知识、能力、经济等）确立合理的目标，必须具有明确性和可实现性。首先，要有明确的目标。明确的目标是实现目标的重要条件之一，包括目标内容、完成期限、应该达到的标准等。明确自己应该做什么，才能朝着目标不断努力。其次，应是能够实现的目标。合理的目标要难度适宜，通过努力可以实现，目标设置得过高，不但难以实现，而且会因失败使人产生挫败感，降低自信心；目标过低太易实现，则会降低成功带来的幸福体验。因此，大学生要学会确立合理的人生目标，并通过刻苦努力实现目标，增强个人的成功体验，增进主观幸福感。

4. 坚持适度的体育锻炼，锤炼坚强意志品质

身体素质是培养心理品质、提高心理机能、发挥心理潜能的基础。作为生长发育时期的大学生，加强体育锻炼、增强体质是精力充沛、保持良好情绪的有效方法。英国教育家约翰·洛克在《教育漫画》的开篇就强调了身体健康的重要意义，他认为健康的心理依赖强健的身体，健康是一个人正常工作与幸福生活的前提。

体育锻炼需要身体和心理的双重投入，在锤炼大学生坚强的意志品质方面具有独特的优势。一些需要耐力的体育锻炼（例如长跑、登山等）需要坚强的意志才能完成。通过体育锻炼，大学生可以不断克服主观（懒惰、胆怯等）和客观（例如天气状况、环境等）困难，从而形成坚忍的意志品质。大学生面临即将到来的就业与升学压力，在生理和心理上会产生不同程度的紧张和疲劳。近年来，高校频发的暴力事件显示大学生的心理健康状况不容忽视。要改善这一状况，除了采取心理方面的措施，进行体育锻炼、参加有益身心健康的体育活动也是必要的。专家指出，恰当的体育运动可以使身体产生一种多肽物质，它能令人精神愉悦振奋，而这些积极的体验会促使人持续地进行体育锻炼，从而获得良好的心理效应。国际运动心理协会的报告曾指出，运动有助于减缓焦虑、压力，带来积极的情感

效应，大学生要积极参加体育活动，在团队活动中体验合作的快乐、朋辈的认同，在体育竞技中体会成就感，形成积极的人格品质。

第四节　积极心理学视域下大学生主观幸福感的提升

一、幸福感概述

幸福感是积极心理学的一个重要指标，在积极心理学视域下，主观幸福感等同于幸福感。幸福感主要指个体以自定的标准为依据，对客观现实进行的主观反映，它具有较强的主观性、整体性和稳定性。主观性主要体现在幸福感的评定主要依赖于个体内在的标准，以人的体验而转变，乐观的人往往更容易感受到幸福，而悲观者则会体验到更多的负面情绪；整体性表现在幸福感是一种综合评价，既包括个体对生活质量的总体评价，也包括体验到的积极情感和消极情感。稳定性主要表现在幸福感与人格有关，乐观的人总能看到事情的积极面；反之，悲观的人总看到事情的消极面。关于幸福感影响因素研究，学者们从多个理论角度展开探索。状态理论认为，幸福是人们主观上对当前状态的一种心理感受，它与人们在日常生活中发生的幸福事件有关。人格理论认为，人们与生俱来就有快乐或不快乐的基因，这种遗传素质决定了个体积极或消极体验生活的倾向。目标理论认为，幸福感来源于自我目标的实现，而这个目标需要和人的内在动机相匹配，这样幸福感才会被提高，而且相比外部动机，内部动机会使人产生更多的快乐。以上研究表明，人们的幸福感主要受到主观和客观两种因素的影响，其中主观因素包括人格、情感、生活目标等方面，客观因素则涉及人们生活的社会环境、生活事件等因素。大学生的幸福感主要包括对在校生活质量和学习环境满意程度的综合性评价，以及人生价值与自我潜能的实现，并由此产生的情绪状态。

积极心理情绪是积极心理学研究的重要范畴之一，主要是指当个体自我需求得到满足时产生的愉快的主观体验，并且这种主观感受可以推动个体的行动力和积极性。美国著名心理学家马斯洛的需要层次理论，将人类需求分为生理需要、安全需要、爱和归属的需要、尊重的需要和自我实现的需要。相关研究表明，个人自我需求的实现是影响个体幸福感的重要影响因素。人类积极情绪为主观幸福感"保驾护航"，在这种保护下，个体能够获得更多的幸福感受。学者通过实证研究结果表明，主观幸福感与积极情绪呈显著性相关。幸福感是指个体感受和体验幸福时的一种满足的情感状态，从本质上来看就是积极心理学范畴的主要内容——积极心理情绪，我们可以说，大学生的幸福感来源于大学生自身的积极情绪。具体到大学生在自我意识、学校学习、人际交往、恋爱等方面产生的积极心理情绪，表现为对自己的未来充满希望；对目前的学习认真热情，对暂时的困境泰然处之；对周围的人际关系相处融洽；对自己的伴侣感到满意。

二、大学生幸福感的表现

科学范畴下的幸福感研究以威尔逊于1967年发表的《主观幸福感的相关研究》为标志。近几十年来，随着积极心理学的兴起，学者们的目光聚焦在对人类幸福感的研究上，幸福感体验成为激发人们潜在优秀品质及积极力量的不可或缺的因素之一。美国心理学家Diener指出，幸福感是个体对其长期生活质量评估后的感知，主要表现在自身对生活的满意度以及快乐感体验上，这种评估标准是不受他人评价影响的。我国学者从20世纪末开始对幸福感进行本土化研究，成果颇丰。苗元江提出，幸福感是个体在综合考虑所处社会经济、政治、文化等外部环境的前提下，对自我身心发展状态的心理感知。这种感知是内外因的共同作用，因此，个体的幸福感报告也是主观心理感知客观心理状态的统一表现。高良则认为，幸福感是反映个体心理健康、积极情绪以及个人社会价值的复杂心理现象。不难看出，学者们对幸福感的探究从早期仅仅关注个人评判发展到关注社会因素对幸福感的交互影响。对于大学生而言，其大部分时间在校园内度过，因此，大学生幸福感则主要指向学生在校的生活质量和学习环境的综合评价下的心理感知。

幸福感的测量方法主要包括对被试者的真实行为观察、脑电指标测量以及问卷测量三种方法。其中，早期学者多采用对被试者的真实行为观察来测量幸福感，但由于过分依赖主观观察到的表情来判断幸福感程度的科学性不足，缺乏信度与效度，行为观察法没有被后来的学者所重复使用。脑电指标测量虽然在技术方面有很高的科学权威性，但在实际操作后学者发现，它很难区别被试者在快乐情绪体验下得到的脑电指标数据是否能预测幸福感的体验。因此，问卷测量成为目前主流的幸福感研究工具。凤四海通过随机抽样的方式对大学生进行问卷调查，结果表明，学校支持对大学生幸福感体验存在正向预测作用。自我报告学校支持度高的大学生有更高的幸福感体验和更好的就业心理状态。在一项幸福感报告研究中发现，拥有乐观积极心理品质的大学生能够更好地适应当下生活，并对美好未来充满信心。教师对学生心理需求的支持与赞赏，可以显著增强学生的内在动机，并诱发学生更高的活动参与度和更多的幸福感。

帮助大学生实现自我完善与提升，增强大学生在校幸福感是高校开展精神文明建设和学生思想政治教育工作中不可忽视的重要课题。幸福感体验在大学生的成长道路上发挥着极为重要的支撑作用，大量研究表明，大学生幸福感体验可以有效预测多种行为倾向和心理特征。其中，低幸福感体验的大学生自我报告有较多的孤独感和消极情绪体验，学习动机及投入程度低，较少参与班级或社团组织的群体活动；而高幸福感体验的大学生自我报告则有更好的融入感和人际互动，有更多的积极情绪体验，更加乐观、自信，对生活和学习都有较好的自我掌控能力。在校幸福感成为大学生更好适应大学生活，更积极融入学校集体，更好完成学业的助推器，促进学生的全面发展。起源于心理的需求是人们强大的内生力量，心理需求的满足能显著提升个体的幸福感，推动着人们对幸福生活的目标前进。

（一）以提高自身能力为主的胜任需求

能力需求指的是个体对某种任务感到有能力做好任务的需求，这主要表现为一种胜任感，即自身可以胜任一项任务或工作。现如今，随着我国社会就业人口的不断增加，庞大的劳动力群体更对大学生就业带来不小的竞争。对提升自身能力的需求是人生来就具备的动力，大学生群体在社会就业高压下也在积极做出改变。在一项针对高校大学生阅读类型及推广的研究中发现，为避免毕业后就业如"白纸"一张，大学生阅读对日后就业有帮助的工具书的比例在逐步提高，以提高未来就业机会。自我能力提高带来的满足会大大激发大学生幸福感的体验，并且对自信心产生重要的牵引作用。

（二）以融入学校、良好互动为主的归属感需求

归属感需求是个体对自身与他人、团体建立友好积极的联系需求，这种需求其实和马斯洛需要层次理论中"归属与爱的需要"一致，主要体现在个体收到他人支持和良好的融入感体验。大学生归属感需求主要表现在两个方面：第一，对学校社会环境及文化的归属感。学校作为大学生日常生活和学习的主要场所，学生积极融入其中，在与校园环境、文化互动中逐步形成学校成员认同的积极认知是幸福感体验的重要形式。研究表明，诸如学校设施建设质量等"硬实力"表现成为学生在校幸福感体验的重要载体，可以有效缩短大学新生的适应周期，提高生活质量，增加对学校的心理认同，体验到强烈的学校归属感，从而更好地融入

学校。第二，在良好人际关系中的归属感体验。师生互动、生生互动作为学校人际关系两条重要线路，越来越被学者们重视，教师和学生的积极互动使学生在学习中更加感受到来自学校的支持与帮助，感受到获得感。与同学和睦相处，关心互助，在交往中获得情感支持，体验到人际归属感。黄慧华通过随机抽样调查发现，归属感体验对大学生积极的人际互动有正向预测作用，归属需求越得到满足，学生的人际关系程度越高，越能培养学生更多的积极品质，提高其幸福感。

（三）以提升自我决定为主的自主需求

大学生自主需求的满足是大学生适应学校生活、提高满意度评价的重要前提之一。自主需求是指个体可以根据内在意志所采取行为的需求，这种需求主要体现在个体自主发挥能动性、满足自我决定上，比如，大学生能够自主参加活动、提出建议、不受他人影响地做出个人决策选择等。这其中，学生对学习内容的自主选择又发挥着重要的积极作用。研究表明，高校通过对学生非本专业的学习领域和内容的兴趣调研，并有计划、有针对性地开设符合学生需求、产生良好社会影响力的选修课，可以大幅提升学生在校幸福感，从而调动学生学习的积极性。

三、大学生主观幸福感的现状

（一）当代大学生主观幸福感的现状

积极心理学认为，幸福感是对位于意识感受前面和中间部分的原始感觉的一种心理追寻。而主观幸福感则是从幸福感所延伸出来的，它是指人们对其生活的看法和感受，以及评价自身的生存发展所做出的心理认知和积极情感的结论。调查结果表明，当前人们患抑郁症的概率比50年前增长了10倍左右。其中，青少年群体的发病率越来越高。这一现象的发生与当代大学生感知幸福的能力有着紧密的关联。大学是大学生成长的新起点。在大学，没有了老师的监督与家长的管教，许多大学生都表现出了困惑迷茫与缺少幸福感等焦虑心态，这必然导致学生沉迷于手机和电脑等电子产品，企图以此来收获幸福感。

（二）大学生追求主观幸福感的缺陷问题

第一，目标动力不足。幸福感是人们在实现梦想过程中的一种精神体验。高中生以进入大学为动力，考上大学之后，很多学生就像失去了目标，无法坚定地朝着自身的奋斗目标前进，更加不明白自己所追寻的是什么，导致其不易体验快乐、收获幸福，并长期处于一种空虚、迷茫的状态。

第二，功利之心膨胀。常言道："钱不是万能的，但没有钱是万万不能的。"因此，一些大学生把金钱作为衡量一个人身份地位的唯一标准，导致其过于偏重物质的享受追求，忽视了精神生活的追求。过于注重物质享受将使其失去生活目标与动力，而毫无节制的攀比、高消费以及超前消费等扭曲观念，使得大学生缺乏精神品质的培养与熏陶，无法收获幸福感。

第三，抗压能力较低。随着生活水准的不断提升，大学生也更加注重生活品质。在这样的大环境下，他们对生活的期望值过高，只要学习和生活上稍有压力，他们就开始埋怨生活、埋怨自己，凭主观臆断评判自己的幸与不幸。同时，当代大学生的生活条件较为富足，没有吃过真正意义上的苦头，导致一陷入困境时就像帆船失去航海的方向和目标一样，茫然无措。

第四，人际交往不顺。当代大学生大部分从小在家庭中备受父母宠爱，都是以自我为中心。步入大学后，许多大学生仍然特立独行，处理问题的方式方法也比较偏激，这就在很大程度上导致他们人际交往不顺，使其陷入一种循环往复的失落状态，不能体验幸福，甚至会导致人格缺失，走向极端。

（三）制约当代大学生主观幸福感的因素

1. 社会因素

随着社会的发展进步，人才机制的意识越发强烈。首先，企事业机构对学历的要求越来越高，专业人才的竞争异常激烈；其次，互联网时代的兴起，电视、网络等媒体传播负面新闻所带来的消极影响，"毕业就等于失业"等网络舆论，使得大学生们对自己的未来感到焦虑与恐慌，都严重阻碍了当代大学生感知主观幸福的能力。

2. 学校因素

现阶段，高校对学生的幸福感教育十分匮乏。尤其是在功利之风兴盛的大环境下，有一部分大学生难以摆脱拜金主义和个人主义等一系列观念意识的侵蚀，从而形成了错误的幸福观。在日常生活中，他们扭曲了幸福的定义，沉浸在追求金钱利益，享受物欲的道路上一去不复返。他们认为享受主义、拜金主义、自由主义、个人主义就是幸福。纠正大学生的幸福观念已刻不容缓，但遗憾的是，我国高等教育中开设"幸福教育"相关课程的学校还寥寥无几。

3. 家庭因素

在家庭环境中，最能影响当代大学生主观幸福感效能度的是父母教育和家庭经济发展状况。父母在教育孩子时，所带的情感因素越丰富，孩子接收的幸福感越强；相反，所带的情感因素越薄弱，孩子接收的幸福感就越低。一般来说，和谐的家庭环境氛围使孩子更易获得主观幸福感。研究指出，家庭经济发展与接收幸福感的高低基本上呈正相关，家庭经济状况越差，对孩子感受主观幸福感的负面影响越大。但是当需求整体上得到满足时，经济的影响几乎可以忽略不计。因此，家庭经济发展的程度并不能完全决定个体主观幸福感的高低。

4. 个人因素

在个人因素上，主要是大学生的抗压力和感知幸福的能力较低。一方面，绝大多数的大学生在家都备受关爱，抗挫折能力低。因此，当其遭受磨难时就容易气馁，严重的甚至还会引起个体主观世界的混乱，形成一些扭曲的价值观，使其对幸福的体验几乎为零；另一方面，当代大学生感知幸福的能力极低。亚里士多德曾说"幸福来源于我们自己"，感知幸福是一种能力。当代大学生虽然处于衣食无忧、社会生活多姿多彩的新时代，但绝大部分学生在日常生活中缺少善于发现生活美好和幸福的眼睛，凡事只看到消极的一面，不敢去实践中找寻幸福，导致其主观幸福感大大降低。

四、积极心理学视域下大学生幸福感的提升策略

（一）大学生层面

第一，发挥能动性、积极主动社交是增强幸福感的有效途径。学生应积极参与到以社团、班级甚至是宿舍为单位的集体活动中。良好的人际关系可以在无形中给人心理上的寄托，使个体相信在必要时可以得到社会的支持。王琴等人指出，大学生应建立积极正向的心态，建立合理可行的人生目标规划，建立良好的人际关系圈，拉近自己与整体的距离，增加自身在学校和同学中的认同感。坚定而积极的意志品质同样对提升大学生幸福感有重要的牵引作用，乐观开朗、坚持不懈等优秀品质的养成在于学习生活中不断给予的积极强化与正向反馈，每一次成功、每一个收获都是幸福感积累的过程，同样又推动着大学生优秀品质的培养。

第二，加强在学习、生活中的自我掌控力。在高校相对自由的环境中，大学生可能会失去对学习和生活的规划与掌控，进而出现学习成绩下降、生活习惯无规律等现象。因此，大学生应加强对自身行为的监管，尤其是对时间和目标的管理，细化学习时间及任务，将之分解成适合自身实际的计划，在小步骤、阶段性学习目标和生活习惯的过程中逐步训练自己的掌控力。同时，养成"三思而后行"的思维模式，综合分析遇到的各种问题，坚持在自我决策中进行总结反思，真正

做到对学习、生活的掌控，体验自主决定带来的成就，进而增加幸福感体验。拓宽知识学习的广度，从实践中掌握本领。现代社会对复合型人才的需求越来越大，对即将进入工作岗位的大学生的基本素质要求也不断提高，大学生拓宽学习广度、掌握更多本领将大大提高其社会适应度。因此，大学生要在掌握本专业知识外，多领域地学习专业知识，关注交叉学科的前沿研究，尤其是要对本专业就业发展有前瞻性的掌握，了解自身学习方向。同时，大学生应充分调动自身兴趣爱好，用内在动力推动学习行为，做到"善学""乐学"，不断提升自身能力，在各种学习生活场景中体验幸福感。

（二）学校层面

第一，"以学生为本"，加强学校基础设施建设。学校作为大学生学习、生活的主场所，基础设施建设现状可以直观地反映学校对"解学生所需"的重视。不可否认的是，学校宿舍情况、食堂饭菜满意度、教室环境等越来越成为不同学校大学生之间幸福感对比的重要组成部分。因此，学校要统筹规划，积极改善基础设施建设，不断优化办学条件，学校建设凸显人性化理念，重点维护学生公寓、教学楼、食堂硬件，做到学校"硬实力"不掉队，还应拓展学生诉求反应渠道，切实增加学生在学校建设中的参与程度，发挥学生是学校的"主人翁"作用，不断提升学生幸福感。

第二，积极参与集体活动是大学生融入学校、建立同伴友谊的最有效的方式，发挥班级团建、学院活动以及学校比赛的"三级"联动体系，使大学生充分沉浸在集体中并扮演重要角色，产生集体认同感，在心理上得到情感寄托。研究表明，良好的宿舍文化构建对大学生幸福感有预测作用，以宿舍为单位的文化氛围营造是推动学生舒缓压力、增加幸福体验的有效手段，舍友间的相互鼓励加深了友好、和谐的氛围，从而满足学生幸福感体验的目的。

第三，紧扣时代需求，开发提升学生社会能力课程。培养、提升大学生综合能力是引导其将来更好适应社会的重要基础。现阶段，应届大学生的就业形势比较严峻，学生本人也能够深刻感受到就业压力，并且愿意从大学阶段学习除本专业知识外的能更好地服务于毕业后就业岗位的其他能力。因此，高校应积极以学生对能力提升的需求为出发点，综合分析专业特点，结合学科发展前景及就业岗位，开设综合课程，增加社会实践活动，尤其是增加学生实地进入企业的学习机会，引导学生了解工作中的实际要求以及应掌握的技能，并通过开发以提高学生综合能力的校本课程，更好地促进大学生全面发展，提升综合素质。

第四，培养积极的情感体验。保持心理健康，提升主观幸福感水平，积极的情绪体验是必不可少的因素。高校大学普遍有迷茫、生活空虚没有价值感、不知未来方向、轻微抑郁症状、攻击性行为、人际交往障碍（多存在宿舍当中）、严重程度的他杀行为（宿舍投毒）、自残、退学等心理素质方面的问题。高校一般都设有心理咨询室并配备接受过训练有素的心理咨询高校教师和部分心理学研究生助管，还有大部分高校设有心理健康中心，新生入学会进行调查问卷测试，并对特殊样本进行干预治疗，还会安排心理健康讲座和团体辅导游戏，但是，这样的心理咨询大多仍然是采取传统思想消极的心理治疗模式，而不是预防模式，甚至没有考虑过针对正常心理健康的大学生积极提高心理健康水平的干预方案。此外，心理咨询坚持自愿原则：来访者要自愿主动配合，如果学生不主动、不了解，就没有机会寻求帮助，以及不强迫不命令原则，学生中途坚持不下去也没办法给到相应的支持。而学生普遍对心理咨询存在误解，以为心理有病才能去找心理咨询师咨询，甚至大部分人分不清精神病和心理问题的区别。所以很少有大学生主动去咨询，当学生遇到心理问题时，不能适时地进行认知上的调整和情感上的引导，就会产生潜在隐患。

部分高校，特别是师范院校，对心理健康中心的工作给予了高度重视。他们致力于为学生提供教育心理学和心理学团体辅导等全面素质的培训。然而，目前大多数高校仍采用以教材为基础的传统教学模式，侧重于课堂讲授。尽管这种方式能有效普及心理健康知识，但忽略了心理健康教育的实际应用性。此外，现有的教学方法未能充分考虑到大学生心理健康的个体差异性和复杂性，因此难以有效预防和解决大学生面临的各种问题和困惑。我们的初衷是通过心理健康教育，全面提升学生的综合心理素质，帮助他们建立强大的心理防线，使原本健康的同学保持并进一步提升其心理健康水平。

因此，心理健康教育不仅是要让学生了解心理健康的概念，更重要的是培养他们将所学知识应用于实际生活中的能力，以便他们在遇到问题时，能够自我感知、自我调整并持续发展。

再者，我们应引导学生认识到生命的有限性，教育他们如何正确分配时间和资源，并确立符合自身价值观的生活态度。价值观没有对错之分，关键在于是否真诚对待自己。这是一个需要持续探索、体验和践行的过程。在这一关键时期，学校应作为学生坚强的后盾，提供必要的支持和指导，帮助学生自爱、自信、自尊和自律，以健康的心理状态迎接生活中的各种挑战和机遇。

第五，培养积极的意志品质。意志是这个世界上难得的品质，大学生意志发展程度呈现差异性和不平衡性。当在学习或生活上遭受挫折，有些人容易表现出懒惰、缺乏毅力等现象。逆境智商对于培养大学生的意志品质起到积极作用。傅佩荣教授在成功之树图谱中，把人的成功比作一棵树，树根是一切的基础，它象征着遗传、生长环境和信心。树干包括健康、品格、智能。树叶则是一个人的显现，包括人际关系、工作成绩、收入、他人的评价等。孕育树木的土壤是逆境，是长成大树的基础，它决定一个人对待事情的态度和施展才干的能力。逆境智商对于个人发展有着重要意义。鼓励学生根据自己的兴趣和梦想确立远大的目标和坚定的信念，可以使学生有不断追求积极人生价值的热情。此外，要增强抗逆境能力。冰心写过一篇文章叫生命从八十岁开始。人是最具灵活性的生物，我们只要掌握了规律，掌握了正确的方法，我们就可以改变自己的思想，调整我们的信念，同时也可以改变我们的习惯，使自己成为想要成为的人，过上自己想要的生活。

第六，注重团体心理健康教育建设。团体辅导是一种重要的心理健康教育方式，它通过模拟社会互动情境，帮助个体在交流体验中重新认识自我、探索自我，并接纳自我。同时，这一过程也有助于个体了解他人，调节人际关系，学习新的行为方式与态度，从而形成良好的社会适应能力。团体辅导的理论基础源于勒温的团体动力学理论，它强调在群体环境中个体与群体之间的相互作用和影响。

在高校心理健康教育中，团体辅导被广泛应用，其实践证明能够有效促进学生的心理健康发展。在团体辅导的实施过程中，教学环境的安全、积极、充满期望和爱至关重要。这种环境有助于引导学生形成积极的认知，并促进行为的正向转变。参与者之间应具备共同的需求和同质性，以确保辅导的针对性和有效性。这样的设计旨在让学生感受到被接纳和愉悦的人际交往体验，从而增强他们改变自我的信心。此外，团体辅导还注重培养学生的凝聚力和团队精神。通过共同经历、互助合作，学生成员之间建立起深厚的情感联系，相互支持，共同成长。这个过程不仅有助于提升学生的社交技能，还能培养他们积极向上的品质。与个案辅导相比，团体心理辅导更贴近现实生活环境，为学生提供了直接和间接的相互学习机会。在团体活动中，成员之间可以相互督促、共同努力，也可以通过互相影响、榜样力量等方式取长补短，形成积极的交往品质。

第七，重视校园文化建设。积极心理学家曾提出过这样的观点：社会制度是积极人格的支持力量。心理健康教育的实施效果和校园文化氛围密切相关，所以学校制度的支持和校园文化的氛围有助于提高大学生心理健康水平和主观幸福感。

首先，积极的校园文化建设需要学校管理制度的支持。为了全面促进学生的综合素质发展，高校的管理制度扮演着至关重要的角色。为了确保大学生在心理层面更为健全、人格更加完善、情绪更加愉悦，以及意志更为坚定，学校制度必须深受人本主义教育理念的启迪，并坚定不移地以学生为中心。所有的教育教学活动均应以目标为导向，旨在激发学生的潜能、发扬其个性优势，从而实现个人价值并培育人格美德等积极品质。因此，我们建议各高校在制订心理健康教育工作计划时，积极融入积极心理学思想。在对学生进行个案咨询时，同样应以学生为中心，教师仅起引导作用，并根据学生的具体情况进行因材施教。

其次，校园氛围的营造需要各要素的相互协调与配合。一方面，为了促进学生的优化发展，我们需要完善相关的制度体系，以规范学生的行为。学生是校园氛围的主要构成部分，因此，良好的行为能够促进校园秩序的和谐，从而形成良性循环。另一方面，和谐稳定的校园文化环境对学校制度具有积极的推动作用。人才的培养离不开校园秩序的和谐稳定，这种和谐的环境能让学生感受到归属感、认同感和自豪感，进而形成自我约束力和凝聚力，使他们更有动力投入学习，并积极参与课外活动。学生的健康发展为学校制度的完善提供了强有力的支持。

因此，加强积极的校园文化建设应成为学校管理层的重要任务。在教学和活动中，我们需要明确课堂目的，构建一个有利于大学生心理健康成长的课堂环境。教师应在教学实践中积极探索符合大学生身心发展规律的心理健康教育课程的途径和方法。高校教师在教学方面，应注重营造积极的课堂氛围，让学生感受到足够的、良好的、积极的情绪情感体验。在教学手段上，我们强调个性化教学与多种教学方法的有机结合，以充分发挥学生的主观能动性，鼓励他们自主探讨，体验收获和成功的快乐。

第八，榜样的力量不可忽视。教师应具备积极的心理和情绪，对自己和学生负责。特别是心理健康教师，无论是在课堂上还是课后，都应注重自己的精神状态和言行举止，以自己的实际行动潜移默化地影响学生，实现"桃李不言，下自成蹊"的教育效果。在科学调研方面，心理健康教育工作者应掌握关于大学生心理健康水平和主观幸福感提升的最新研究成果，并不断更新知识提升技能，在工作中处处留心，不断学习开拓进取的科研创新精神和爱岗敬业精神。把心理健康教育工作当作一份自己的事业去经营，一定能不断开拓我国高校积极心理健康教育新局面。

第六章 中小学德育与心理健康教育的融合

第一节 德育与心理健康教育的关系

一、德育过程概述

（一）德育过程的概念

《德育新论》中认为德育过程即思想品德教育过程。德育过程是以形成受教育者一定思想品德为目标，教育者与受教育者共同参与的教育活动过程。社会主义学校的德育过程是教育者根据社会主义社会对年青一代的德育要求以及社会主义条件下学生思想品德形成的规律，对受教育者施加教育影响，通过受教育者能动的认识、体验、践行，从而形成受教育者社会主义思想品德规范，发展其品德心理，培养品德能力的教育过程。班华认为，德育过程是教育者受教育者相互作用、相互促进、教学相长、品德共进的过程。现代德育过程是与外部环境相互开放、双向互动的过程。檀传宝认为，对于德育过程的理解反映在德育概念的界定，德育是教育工作者组织适合德育对象品德成长的价值环境，促进他们在道德认知、情感和实践能力等方面不断建构和提升的教育活动。简言之,德育是促进个体道德自主建构的价值引导活动。德育过程实际上也是德育对象自身在道德等方面不断自主建构的过程。[1]有学者从建构主义的角度解释德育过程，认为德育过程包括以下几个方面：德育过程是在教师的引导下，学生自主理解道德认识的过程；德育过程是在教师的关怀下，学生体会感染道德情感的过程, 德育过程是在教师的指导下,学生自主感悟道德信念的过程, 德育过程是在教师的帮助下，学生自发调节道德行为的过程。

从以上关于德育过程的观点可以看出，对德育过程的理解经历了由教师主导到师生双向互动再到着重强调学生自主建构的过程。我国学校德育发展到今天，依然需要强调学生的自主性，注重学生在德育过程中的自主建构。由于受传统德育范式的影响根深蒂固，还无法从根本上改变这一局面，教师的德育素养还有待

---

1 檀传宝.德育原理［M］.北京：北京师范大学出版社，2007:5-6.

提高。因此，对德育过程的理解应注重教育者和受教育者双主体的能动性和自主性，注重教育者的能动性与自主性是指教育者不再是只依靠书本照抄照搬地教，而是通过提升自身的道德素养，将书本知识与现实生活紧密结合，按照学生品德的形成规律对其进行引导；注重受教育者的能动性与自主性是指德育知识和德育价值不再只通过传统的讲授获得，而是通过激发学生的道德需要，促使学生产生学习动机，从而主动地汲取知识。

所以，我们认为德育过程就是在师生双方能动自主的基础上，依照一定的德育目标，通过双方主体的相互作用和共同参与开展德育活动，并促进学生道德主动内化的过程。

（二）德育过程的范畴

从宏观上讲，德育过程伴随人的一生，人在发展的过程中总是有意无意地接受着来自外部世界的德育影响，人的道德发展水平以及道德境界客观上来讲总是持续上升的。从中观上讲，德育过程则指学校德育过程。学生从入学起到完成各教育阶段的学业上，即受教育者在整个学校教育期间，都是以特定的德育目标为导向，以具体的德育活动为载体，使受教育者不断地获得阶段性的成长。在学校德育过程中，受教育者不仅会受学校德育的影响，同时也会受到来自家庭和社会的德育影响。从微观上讲，德育过程指某一次具体的德育活动过程。包括某一次专门的德育课程，也包括教师在某一次具体教学过程中所实施的隐性德育。

德育工作仅靠专门的德育课程是远远不够的，要切实落实"立德树人"的教育目的，就要把握好专门德育与隐性德育的关系，使之相互配合，形成德育合力。针对学校德育现实，我们所论述的德育过程范畴是指基础教育阶段的微观层面的德育活动过程，秉持着"立德树人"以及"终身德育"的理念，深入细微处探究某一具体德育过程的现实，以期形成有一定德育价值的观点。通过对德育过程中概念、要素以及范畴的界定，应进一步认识德育过程中体现"育人"特性的应然状态，使教育者认识到德育过程应该是怎样的，从而加强教育者的"育人"观念。

1. 从学生品德发展的规律上看，教育者应将受教育者的道德需要放在首位

灌输式的道德教育通常依据教学大纲和德育目标进行呆板的教学，其被学生接受的道德知识具有极大的偶然性和随机性，甚至有可能造成学生对道德教育的疏远和厌恶。为了避免上述情形，教育者应将受教育者的道德需要放在首位，重点在于强调道德教育的现实性，项贤明认为："真正有效的道德教育最终必须体

现为生活世界的教育,因为现实的伦理只能在社会生活中。"因此,道德教育就不能仅仅依靠教学大纲和德育目标进行教学,而应该着眼于现实的教育情形,根据受教育者的道德发展阶段和道德需要来进行道德教育。"因为生长是生活的特征,所以教育就是不断生长。"学生的发展性和生活的前进性决定了教育要不断地生长,要依据人的变化发展不断调整自身的发展,道德教育也要依据受教育者的现实需要来进行。聚焦到具体的德育过程中,道德需要是教育者首先要考虑的问题,它决定了教育者是否选取了合适的道德知识或价值,是否采取了恰当的引导策略。道德需要作为品德心理结构最核心的要素,是个体主动进行道德内化的必要条件,而教育者对受教育者道德需要的预判以及选取策略的适配性是一个具体德育过程的良好开端。

2. 从学生品德形成的内在机制上看,教育者应遵循道德知识与道德实践并重的原则

我国德育发展经历了知识化德育到生活化德育的转变,从知识灌输到强调主动建构,已发生了质的变化。在知识化德育面临困境、知识灌输遭遇人们的反对时,人们开始关注人本身,关注人所生活的鲜活的现实世界,生活化德育应运而生。生活化德育的基本理念是回归生活,"德育课程是以生活为本的、是为了生活的、是通过生活而进行的"。生活化德育极大地强调了人的价值,强调了德育过程的实践性,这对我国德育发展起到了至关重要的作用。但是教育现实并不总是以人的意志为转移的,对于生活化德育的理念落实不到位或者理解偏差等现象显现出来,甚至会造成过分强调道德实践的情况,这样便在一定程度上忽略了道德知识的意义,道德知识的忽略会导致学生缺乏一定的道德认知基础,相应地也会导致学生的道德判断能力缺乏有力的依据,所以说道德知识和道德实践在德育过程中不可偏废。从学生品德形成的内在机制上看,注重道德知识的重要性有助于使学生在德育过程中建构自身的知识体系,形成一定的道德判断能力;注重道德实践的重要性有助于使学生将具有一定道德水平的心理模式付诸实践,在不断的实践中形成个体稳定的道德人格,也有助于对某一道德价值获得新的理解与认知,从而促进个体道德水平的发展。

上述所提到的道德实践是指个体道德的外显行为,个体道德的外显行为越具有自发性,那么个体的道德意志则越坚定,我们对于道德教育的目的就是达到意志的自律。从学生品德形成的内在机制上看,教育者应遵循道德知识与道德实践并重的原则，这里主要强调的是教育者在进行道德教育时，不仅要注重道德知识的作用，也要注重道德实践的作用。注重道德知识就是要将道德知识转化为学生易于接受的形式，从而使学生知晓某些道德事理；注重道德实践就是要注重道德教育的实践性，单一的讲授很难使学生对道德行为有具象的认识，在知识讲授的同时，将道德事理应用于实践，开展道德实践活动，让学生从课堂上的听说者转化为道德实践的主体，这样做不仅有助于激发学生学习道德的兴趣，更有助于使学生对道德实践获得直观的体验和感受，在潜移默化中使学生将道德进行内化，从而形成个体的品德。

3. 从德育过程的过程性和正面性上看，教育者应注重道德理性能力的培养和道德价值的引导

一次道德实践活动或一次道德探讨课堂，都是一次具体的德育过程，而每一次的道德价值传递，都离不开道德推理过程与价值澄清过程，那么德育过程的过程性就要求教育者在传递道德知识或道德价值时注重道德理性的培养，例如科尔伯格利用"道德两难故事法"来锻炼学生的道德推理能力，使学生学会站在不同的角度和利益出发点来思考不同做法的缘由；例如路易斯·拉思斯使学生通过对价值观的澄清过程从而深思熟虑地选择自己的价值观，有助于学生获取价值观，也有助于尊重学生的主体性。不管是道德推理过程还是价值澄清过程，都充分调动了学生的理性思考能力，使学生成为道德主体。德育过程的正面性是指"德育影响在价值选择上考虑到了积极的价值内容和最有利于德育对象品德发展的教育方式，因此德育过程的正面性有两个内涵：第一，德育价值的正面性；第二，德育方式的正面性"。德育价值的正面性就是要求我们选择并确定具体的道德价值引导学生，如果不对道德价值进行明确的规定，仅仅注重道德推理的过程性以及价值澄清的相对性的话，那么道德教育就像是没有风向标的船只，随处摇摆。

20世纪六七十年代，美国受认知发展理论和价值澄清理论的影响，使得个人极端主义盛行，在此背景下人们意识到道德价值对学生的作用，开始呼吁加强品德教育。从一定意义上说，确定有意义的道德价值有主观之嫌，但是在某一具体的社会范围内，总是存在着人们普遍认同和约定俗成的价值取向，就像里克纳所说：即使在文明冲突价值多元的社会中，仍然存在普遍认同的价值，除非我们承认正义、诚实、文明、民主、追求真理等价值观，否则价值多元是不能成立的；传授正确的价值观过去是、现在仍然是文明之举，在社会普遍忽视德育的情况下，

学校德育尤为重要，否则对良好品德的敌视很快就会弥补道德教育的真空。可见，明确道德价值是道德教育中不容忽视的一部分。关于德育方式的正面性，檀传宝认为："首先是指教育方式本身应有正面教育的意义，是一种优质的隐性课程，其次是指在一定条件下道德教育宜采用的正面教育方式。"强调德育方式的正面性是为了呼吁教育者要正视德育问题，遇到具体的德育问题就应该重视起来并进行分析，让学校成为真正可以育人的场域。这样考虑的出发点在于明确学校教育与社会影响的区别，作为专门的育人机构，就应该有意识、有目的地对学生进行正面教育，这样的影响对学生产生的作用是不可忽略的，它不同于一般的社会影响。一般的社会影响对学生的品德发展具有很大的随机性与偶然性，因此在学生接受了各类影响的同时，学校作为专门的育人机构就应该将正确的影响与价值予以强调，从而使学生在主流的轨道上发展。

4. 从德育过程的复杂性和多端性上看，教育者应具包容性与灵活性

从根本上说，人的复杂性决定了德育过程的复杂性，在德育过程中，教育者要认识到学生作为一个发展中的人，其受到的影响来源各异、程度各异、性质也各异，因此不能一成不变地组织教学内容。高德胜曾说："德育不应囿于'有目的有计划的活动这样的成论'，偏执于教育者的主观意识，而应将有目的、无目的的影响看得同样重要。"他从学生接受德育影响的途径出发揭示了应注重广泛的德育影响，而我们从学生的发展性出发，强调了学生在生成过程中受到影响的多样性使不同学生在同一阶段生成了不同的人。所以说，从整体上看，教育者要面对整个班级进行德育，就体现了德育过程的复杂性，教育者不仅要兼顾学生整体的道德发展水平，还要关注学生的个性心理，使学生最大限度地参与进来；从细微处着眼，教育者在面对学生个体进行德育时，其复杂性主要表现为人的复杂性，教育者要对学生个体所受的各方面影响如家庭、社区、学校、同伴等进行整合分析，对学生的个性进行判断，做到最大限度地了解学生，只有这样才能形成教育者与受教育者之间的良好生态。

关于德育过程的多端性，檀传宝认为道德教育过程可以从知、情、意、行任何一个心理环节开始。也就是说，道德教育同其他教育一样，可以根据具体的知识特点选择恰当的德育策略，从学生的认知需求、情感共鸣、意志激励、行为体验等方面进行切入，最大限度地激发学生的学习兴趣。德育过程的多端性其实也可以理解为道德内容的丰富性，不同的道德内容表现出不同的性质，这就要求教育者要审时度势，具体问题具体分析，从而采取相应的实施策略。综上所述，德育过程的复杂性要求教育者在全面了解学生的基础上对学生表现出宽容，也就是说，要理解不同学生道德发展的现状并有能力根据不同学生的发展特点进行恰当的引导，从而使每个学生的道德水平都得到最大限度的发展。德育过程的多端性要求教育者要灵活运用道德实施策略，根据不同的道德发展目标以及道德内容特性选择贴切的教学策略，使德育发挥最大效用。

5. 从教与学的关系上看，师生双方在道德教育中表现为双主体性

自古以来，我国道德教育深受家庭观念的影响，表现出浓厚的权威性和封建色彩。即使至今，这些观念仍或多或少地影响着教育领域，尤其体现在道德教育中的权威主义倾向。尽管社会呼吁实施素质教育，但教师仍被视为权威人物，这在一定程度上造成了师生之间的隔阂。在此情境下，教师占据主导地位，而学生则往往因对权威的畏惧而表现得过分谨慎。许多教师错误地将学生的这种谨慎和对纪律的遵守视为"听话"和"有道德"的表现，这无疑阻碍了学生的道德发展。

中立主义则试图改变这一传统观念，将学生置于道德发展的核心位置，强调尊重学生的个性和注重学生道德思维的培养。与此同时，教师不再进行主观引导，而是尊重学生的自主发展。这种观念的转变无疑为学生的发展带来了显著的进步。然而，中立主义不涉及价值观的引导和选择，因此，其是否能有效促进学生道德思维的健康发展，尚需深入探究。

在这一问题上，杜威的观点为我们提供了重要的启示。他认为，教师在学校中的角色并非强加给学生某种概念或习惯，而是作为集体的一员，选择并帮助学生适应那些对其产生影响的因素。这种观点强调了教师和学生在教育过程中的平等作用，并突出了教师在选择恰当影响和价值观方面的重要作用。同时，学生作为道德行为的实践者，其主动性同样不容忽视。

檀传宝教授对师生主体问题进行了深入阐述，他将其称为"新保守主义"。他认为，尽管我们应坚持教师在教育或德育过程中的主体地位，同时也应重视和吸收学生主体、双主体及主体转化理论中的观点，强调学生的主体性。这一观点既突出了教师在教育中的主体性，又强调了学生的主体地位，有助于教师正确认识自身在教育中的角色，体现了尊重学生、发挥学生主体性的重要性。

强调教师的主体性，有助于提升教育者的道德水平，促使其投入更多的情感和信念，从而改变德育过程中例行公事的状态，为道德教育注入真正的灵魂。

强调学生主体性,有助于充分发挥学生的能动性,引起学生对道德教育的重视。强调师生的双主体性,有利于重建健康、平衡的师生关系,避免学生由于教师权威而产生恐惧感,避免因沟通问题导致师生关系的疏远。

二、心理健康教育在德育工作中的作用

第一,心理健康教育是德育体系中的重要构成部分。心理健康教育虽在当前从教育工作中单独提出来制订教育计划,但是从本质上来说,心理健康教育也属于德育的一部分,以培养学生健康、良好的心理品质为主要目的。所以,开展好心理健康教育能在极大程度上推动德育工作的顺利开展。尤其是在当前学生成长面临的影响因素愈加增多,心理障碍问题逐渐凸显,并对学生的正常学习、生活以及人际交往都造成了极大影响的情况下,更应当积极做好心理健康教育,确保德育工作的有效性。

第二,心理健康教育能提升德育工作的针对性和实效性。在素质教育政策指导下,各高校所开展的德育工作形式多样、内容丰富,但是总体而言,所开展的德育工作大都以学生群体作为教育目标,缺乏针对性,难以提升学生的重视度,也难以将关注投注在每一位学生身上。而心理健康教育工作则将落脚点放在了学生个人身上,不仅通过集体咨询、间接咨询来开展教育工作,同时还采用个别交谈的形式。这种方式相比集体性质的德育工作更具有针对性,能帮助教育工作者切实了解每一位学生的实际情况,切实解决每一位学生所存在的心理健康问题。

第三,心理健康教育能推动德育观念与模式的创新。传统德育工作大都严格遵循教育部门指导文件,按教材说教,一板一眼,仅仅将德育知识与理论灌输式地传送给学生,并未真正贴合学生实际情况,考虑学生的心理感受,将学生成长过程中面临的一切问题都笼统地划分至思想问题范围,对学生投入的关注度较少,且在出现问题时,大都通过说教、批评以及阻止等方式来进行教育。这不仅难以达到教学目的,还可能会引发学生逆反心理,使其与教师之间形成隔阂或矛盾。而与之相比较,心理健康教育大都采用心理咨询的方式来进行,严格遵循保密、尊重以及公平看待的原则,需要教育者将自己放在与学生对等的位置上,通过交谈、表扬、鼓励和疏导等形式来完成教育工作,从而影响学生的世界观、人生观以及价值观,教育意义凸显。

三、德育对心理健康教育的正面影响

第一，德育为心理健康教育提供正确的政治方向引导。当前，在社会因素、环境因素等方面的影响下，学生或多或少都存在着一定的心理健康问题，只是程度存在差异。心理健康教育工作的主要目的就是发现学生的心理问题，从而进行有效引导或处理，但是由于心理健康教育相比德育更为抽象，仍需要德育对其进行正确的政治方向引导。即在德育明确的政治准则与道德规范下，明确心理健康教育目标，并在教育中将其转化为学生的个体素质，提升其认知水平。

第二，德育可有效提升心理健康教育的规范性。德育是依托完整的教育文件来开展的，具有明确的教育目标，其能为心理健康教育提供完整的思想指导、行为规范、程式，指导心理健康教育工作的开展。同时，这样的规范还能提升心理健康教育工作者的重视程度，促使其更加关注学生的意识形态，并提出学生行为规范，确保学生在成长的过程中，一方面不限制其个性发展，另一方面也能对其形成一定的制约作用，促使其形成良好品质。另外，若在心理健康教育中缺乏了对德育的融入，则所能收获的品德教育效果是微乎其微的，难以让学生形成完善的个性，更进一步对学生的心理健康状况造成十分不利的影响。综上，教育工作者应当注重心理健康教育与德育工作的有机融合，使两者一起发力，共同完成素质教育目标。

四、德育与心理健康教育的区别与关系

德育与心理健康教育都是学校素质教育的重要组成部分，它们对于学生的成长和成才具有重要意义。两者之间既有区别，又有联系。只有厘清两者之间的关系，才能在教育教学实践上使两者有机结合，从而促进学生道德素质和心理素质的全面发展。

（一）心理健康教育与德育的区别

第一，心理健康教育与德育的内涵不同。心理健康教育更注重学生能力的培养、情绪的调节，以及意志力的培养等心理品质的教育，还要教会他们适应社会、处理人际关系、合理规划自己的职业生涯、养成良好的健康习惯，以及出现心理疾病时如何治疗等。所以，心理健康教育注重对学生良好心理素质的培养；而德育的内容则更注重对学生政治、思想方面的教育，并通过教育者的教育和积极的实践，养成良好的行为习惯，成为社会主义社会所需要的品德健全的优质青年，即教育

者通过多方面的努力，动员全社会力量共同努力保护青少年，使他们能够健康快乐地成长。

第二，心理健康教育与德育的理论基础和培养目标不同。心理健康教育的三大理论基础为心理学、哲学和社会科学，关注于每一个学生个体合理的心理需求。针对学生个体更加注重培养良好的心理素质，提升学生个体的价值感和成就感，同时以塑造学生个体完善的人格为教育目的。学生个性发展是心理健康教育的核心问题，通过解决个性的心理问题，形成友好的性格，并帮助学生实现个人的价值。而德育主要是强调社会价值，它是以马克思列宁主义、毛泽东思想、中国特色社会主义理论体系作为理论指导，遵循社会发展要求，着重于提高学生对国家与社会的归属感、自豪感。最终将学生培养成合格的社会主义接班人，使每个学生都能够茁壮成长，从而推动社会和谐发展。

第三，心理健康教育与德育的工作原理和工作方法不同。心理健康教育拥有一整套科学严谨完备的教育形式，包含心理辅导、心理咨询、心理测试和心理治疗等多种方法。心理健康教育主要采取团体活动、个体心理辅导、集中讨论等方式来调动学生的主动性和积极性。而协助学生的心理健康教育的教师必须具备专业资质，懂得倾听、能够共情，帮助学生预防和排解紧张、焦虑的情绪，促成学生个体达成合理的价值判断。而德育则普遍运用集体传授的方式来对学生进行灌输，具有广泛性和群众性等特点。由于德育工作尤其强调言传身教，所以德育工作者必须有明确的政治倾向和先进的思想意识，而且必须旗帜鲜明地进行政治演讲。

（二）心理健康教育与德育的关系

1. 心理健康教育是德育的重要组成部分

"德育即对学生进行爱国主义教育、集体主义教育、社会主义教育、精神文明教育、心理健康教育、法治教育等。"意大利诗人但丁曾说过，"一个知识不全的人可以用道德去弥补，而一个道德不全的人却难以用知识去弥补。"通过这句话我们可以总结出，学校思想品德教育对一个人的发展是十分有必要的。因此，思想品德教育作为我国教育体系中的一个重要组成部分，广泛受到教育者的关注。而心理健康教育对于构建和谐校园、建立良好的人际关系、健全人格、帮助学生从容应对各种挑战与挫折有着重要的意义，对全面施行素质教育，协助学校和家庭有针对性、实效性地提高中小学生的思想品德修养具有重要价值。

2. 心理健康教育与德育具有共同目标

心理健康教育与德育二者的共同目标都是帮助他们适应紧张的学习生活，培养良好的抗压心理，树立正确的世界观、价值观、人生观、道德观，它们的最终培养目标都是把学生培养成具有综合素质的"人"。二者的教育目标都包含着相同的要素，并且这些要素所包含的主要理念也是一致的。从个体发展教育的角度来说，中小学生的心理正处于关键时期，一个健康稳定的心理状态是形成良好道德品质的基础，是培养学生全面发展的基石。他们在学校期间所面临的各种问题，都与心理健康有紧密的联系，比如学习的热情与兴趣、如何与同学交往、健康人格的培养、青春期心理等问题都是与心理健康教育息息相关的。

3. 心理健康教育拓宽了德育的教学方式

心理健康教育为中小学校的德育注入了新的血液与活力，拓宽了传统德育的教学方式。传统的德育通常采用整齐划一的教学方式把知识灌输给学生，严重打压了学生的创造力，而心理健康教育融入中小学德育后，会运用新的教育理念，尊重学生的主体性，增添学习的趣味性。把心理健康教育融入德育中去，可以了解学生的心理需要，规范学生的思想行为，尊重学生，理解学生，从而有助于德育工作的顺利开展。所以心理健康教育为学校的德育工作提供了有效的教学方式和教学手段。

第二节　心理健康教育融入中小学德育的意义

一、中小学德育与心理健康教育的内容

（一）中小学德育的内容

根据《中小学德育纲要工作指南》，德育包括以下几种教育：理想信念教育、社会主义核心价值观教育、中华优秀传统文化教育、生态文明教育、心理健康教育等。其中理想信念教育包括开展马克思列宁主义、毛泽东思想等中国特色社会主义理论体系的学习，引导学生了解中国历史上的几种教育思想，以及中国共产党是如何带领中国人民一步一步走到今天的，引导学生深刻领会中华民族伟大复兴的中国梦，培养学生不断树立为共产主义远大理想而奋斗的信念和信心；社会主义核心价值观教育包括引导学生熟记并理解国家层面、社会层面以及个人层面

的三个部分，并将其内化于心、外化于行；中华优秀传统文化教育包括对学生进行国家情怀教育、社会关爱教育以及人格修养教育，积极引领中小学生了解祖先的文化，并把它发扬传承下去；生态文明教育包括帮助中小学生了解我国人口多、资源丰富但是人均占有不足的基本现状，树立中小学生的环保意识，引领中小学生养成保护自然、勤俭节约的良好习惯；心理健康教育包括开展心理健康教育课程、成立心理咨询室等方式，从而帮助中小学生正确地认识自我、学会自己调节控制自己的情绪、适应复杂的学习环境，培养健全的人格和优良的心理品质。

（二）中小学心理健康教育的具体内容

"小学阶段主要是培养小学生进入校园之后对校园生活的适应能力，培养他们乐观、合群、好学、独立的健康人格。"小学低年级的心理健康教育内容主要包括：帮助学生适应新的环境和集体，在集体活动中健全学生健康人格，培养学生交往和主动参与活动的能力。在学习方面，激发学生的学习兴趣，使他们热爱学习，帮助小学生解决学习中的困惑，调整学习心态，提高学习兴趣与自信心，体验学习的乐趣，克服厌学的情绪；在生活方面，使学生遵规守则，形成良好的行为习惯；在社会方面，使学生适应学校的环境，同时帮助学生在彼此之间建立一种友善的人际关系，提前感受社会关系，进而完成角色的转变；在人格发展方面，激发学生的自我意识，培养学生乐观积极和善于交往的优秀品质。此外，对有心理健康问题的学生，要及时进行适当的心理健康辅导。高年级小学生基本上完成了从幼儿到小学生的角色转换，自我意识逐渐显著。按照 Erikson 的心理发展理论，6～11 岁的儿童正处于一种勤奋感和自卑感的对抗阶段，成年人的性格和品质与上述阶段的心理发展状况有直接关系。因此，教师在此阶段对学生进行合理有效的心理健康教育就显得尤为重要。学习上要使学生形成良好的学习方法和态度，在生活上养成良好的行为习惯、学会简单的生活技巧，具有良好的自信心与集体感；在人格发展上使学生形成敏捷的思维能力、积极健康的生活态度和性格，以及良好的意志品质。

初中生的心理状况则具有不稳定性，身体上也已经显现出青春期的特征，已经完成了从儿童到青少年的转变，在思维上处于更进步的"形式运算阶段"，在情感问题的处理上比儿童期更具理性，又更易冲动，在自我意识上属于"自我同一性对角色混乱"阶段，常常由于认知能力不足与欲望过度的矛盾而导致心理冲突的加剧。这一阶段的学生虽然独立性不断增强，但同时更加依赖与朋友的亲密关系，希望通过广泛的交往获得同伴的认同。在生理方面，随着年龄的增长和身体的发育，性意识和性心理会对学生原有心理状态发生冲突。综上所述，对初中生的心理健康教育要比对儿童的要求更高。在学习上要让他们更加热爱学习，同时要解决学生学业上的压力；在生活上使学生养成健康的生活习惯，同时掌握基础必备的生活技能；在社会适应上，使学生具有应有的社会交往能力，还要学会正确地与同伴特别是异性交往；在人格形成上，使学生正确认识自我，同时树立正确的三观。

高中生的心理发展正经历着从"自我同一性"到"角色混乱"的转变。在这一阶段，学生面临的主要挑战是如何在竞争激烈的高考中脱颖而出，这给他们带来了巨大的学习压力。与此同时，他们正逐渐走向成熟，渴望得到同伴和社会的认可，但由于缺乏社会阅历和判断力的不成熟，他们更容易受到外部不利因素的影响。

此外，高中生在情感认知方面也变得更为敏感，特别是在处理爱情、婚姻和家庭等方面的问题时，他们可能会与家长产生矛盾，并对异性产生爱慕之情。因此，心理健康教育在这个阶段显得尤为重要。

针对这些问题，高中生的心理健康教育应侧重于心理疏导，传授实用的方法，以缓解学习压力、激发学习兴趣，并提高学习效率。同时，生活方面的教育也应关注学生对自身的了解和对未来人生道路的规划，以及生活技能的培养。

在情感与性教育方面，我们应引导学生尊重异性，并正确处理与异性之间的情感关系。在社会适应方面，社会实践能力的培养应成为心理健康教育的另一个重点，帮助学生树立正确的择友观。

人格发展方面，心理健康教育的目标应是提高学生的抗打击能力，促进人格健康发展，并帮助学生了解自己的长处和兴趣，为他们顺利走向社会奠定基础。

在家庭教育方面，心理健康教育应通过讲座和家长会等形式，为家长普及心理健康知识，教授他们如何处理与孩子的矛盾冲突，并及时解决他们所遇到的困难，从而促进高中生的健康成长。

此外，我们还应根据时代的需求、环境的变化来调整中小学心理健康教育的内容，从而适应不同学生的心理需求，适应社会的不同需要，心理健康教育的变化发展应该具体问题具体分析，更好地符合时代的发展变化和社会的发展需求。

二、心理健康教育融入中小学德育的意义

随着我国教育改革的持续推进，心理健康教育的地位日益凸显，引起了广大教育专家的深切关注。作为德育工作的核心组成部分，心理健康教育不仅显著提升了德育的实效性，还为德育工作的顺利开展提供了坚实的支撑和保障。

在跨世纪素质教育工程的引导之下，中小学心理健康教师要关注德育和心理健康教育相融合的重要作用，为新时期培养具有行动力和较强创造力的高素质人才。这是实现社会主义现代化建设目标的必然要求。

中小学阶段的学生正处于成长和发展的关键时期，在这一时期，德育工作是不可忽视的。心理健康教育学生政治思想及道德培养的重要途径，使学生树立正确的价值观，培养爱国主义情怀，能正确地辨别是非善恶。中小学心理健康教育和德育工作的融合可以培养学生积极向上的良好品质。在新时代背景下，学生接触的内容日益丰富。一些学生受到不良网络环境的影响，形成了不良的学习习惯，形成错误的认知。为了改变这一状态，教师在对学生进行教育时，就要对学生的学习情况和思维情况有清晰明确的判断，并以此为重点，将实际案例融入心理健康教育，提高学生的思想道德品质，使学生获得积极向上的情感。当下，校园宣传和课外实践活动等得到教师的广泛关注，这是心理健康教育开展的途径之一，也是中小学德育工作的重要发展方向。中小学心理健康教师在开展心理健康教育的过程中，不仅要关注学生的心理素质，还要关注学生的思想道德水平。在素质教育深入发展的背景下，教师在教学工作中既要提高学生的知识水平和综合能力，也要注重学生思想道德修养的提升。学生在接触知识的过程中，能用知识武装自己，并树立正确的价值观，培养良好的审美情趣和审美态度，从而成长为对社会发展和国家进步有贡献的人才。

心理健康教育和德育工作的融合可以营造积极和谐的学习氛围。学生在学校内接触更多的知识，从而促进其成长与发展。良好的心理健康教育氛围，可以让学生保持身心相对放松的状态，缓解他们在学习和生活中的压力，也能让学生在课堂上乐于与教师和其他同学交流。相比传统枯燥乏味的理论式教学模式，新时期心理健康教师就要注重营造积极和谐的学习氛围，促进学生健康成长。在当下，家长和社会高度重视思想道德品质的引导，而心理健康教育和德育工作的融合，可以让教师成为学生成长路上的引路人，学生在面临消极情绪时能有合理的发泄途径，学会自我调节和自我控制的方法。当然，心理健康教育和德育工作的融合

也能提高学生的综合能力，培养学生良好的思维品质。德育和心理健康教育有不同的功能，一般而言，德育倾向于帮助学生树立良好的品格和道德意识，而心理健康教育则倾向于提高学生的心理素质，使学生拥有健康向上的心态。二者的融合是落实"双减"政策的途径之一，也让教师在教学工作中关注学生的心理成长，从而更好地达到教育的本质要求，落实立德树人的教育目标。

此外，德育和心理健康教育的融合可以使学生获得更全面的教育。学生在学习的过程中形成正确的价值观，能在学习知识的同时，遵守相关的道德法则，从而实现个人的更好成长。目前，心理健康教育尽管受到国家和社会的重视，但尚未建立心理健康教育机制，将德育融入其中就可以推动心理健康课程的创造性发展，以德育准则规范课堂秩序，规范学生的学习行为，从而推动学生成长与进步。中小学阶段的学生对社会未来的发展和民族的进步都有重要影响，可以说他们是社会发展的重要力量。心理健康教师在教学的过程中，应当着力使学生获得更全面的教育，有更深刻的情感体验和认知体验，从而在学习知识的过程中提高能力，完善自我。新时期心理健康教师如果能结合学生的学习情况对学生进行教育，就可以改变学生学习过程中存在的不足之处，从而推动学生健康成长，使学生在学习和生活中不断地完善自己、发展自己。

三、中小学德育对学生心理健康的影响机制

（一）中小学德育对学生个性发展的影响机制

中小学德育通过塑造学生的价值观和道德观念，促进了学生的个性发展。通过开展德育活动，学校可以引导学生形成正确的价值观和道德观念，培养学生的社会责任感和公民意识。这种积极的影响机制有助于学生形成积极的心理特征，如正直、宽容和尊重他人。

第一，中小学德育注重培养学生的自我认知和自我意识，对个性发展起到重要的推动作用。德育活动可以帮助学生了解自己的兴趣、特长和优势，并提供适当的培训和指导，使他们更好地发展自己的特长和潜力。这种积极的影响机制有助于学生建立自信心和自尊心，促进他们积极探索和实现个人价值。第二，中小学德育注重培养学生的社交能力和合作意识，对个性发展产生积极的影响。德育活动通过组织团队合作、社区服务等形式，为学生提供了与他人互动的机会。这种积极的影响机制有助于学生建立良好的人际关系，培养团队的合作能力，促进其积极融入社会。第三，中小学德育注重培养学生的自我调节和情绪管理能力，对个性发展产生积极

的影响。德育活动通过启发学生对情绪的认知和理解，教授情绪管理技巧，帮助学生有效处理情绪问题和应对挫折困难。这种积极的影响机制有助于学生建立积极的情绪状态和应对能力，增强他们的心理韧性和抗挫折能力。

（二）中小学德育对学生社会适应能力的影响机制

社会适应能力是指个体在社会交往和与环境相互作用中，能够适应社会规范、价值观念和道德要求的能力。中小学阶段是学生社会适应能力发展的重要时期，而德育在培养学生社会适应能力方面起着至关重要的作用。

1.培养良好的人际交往能力

德育旨在培养学生的道德素养和社会行为规范，其中包括培养学生的人际交往能力。人际交往是社会生活中不可避免的一部分，而良好的人际交往能力对学生的社会适应具有重要的影响。中小学德育通过引导学生学习与人合作、互动和沟通的技巧，促进学生与他人建立良好的人际关系。

2.培养公民意识和社会责任感

德育有助于培养学生的公民意识和社会责任感，从而促进学生积极参与社会生活的能力。中小学德育通过培养学生的法治意识、公民道德和社会伦理意识，让学生对社会问题和公共利益有更深刻的认识。

3.培养学生的社会交往能力

学生在日常生活中需要与不同背景、价值观念的人进行交往，而德育有助于培养学生的社会交往能力。中小学德育通过引导学生了解社会规范、尊重他人差异和文化兼容等方面的教育，帮助学生建立良好的社会交往模式。

（三）中小学德育对学生情绪调控的影响机制

1.德育引导积极情绪表达

中小学德育通过引导学生积极表达情绪，帮助他们理解和认识自己的情感体验。德育教师可以通过情感教育活动、角色扮演、语言表达等方式激发学生情绪的表达与分享。

2.德育培养情绪管理策略

中小学德育通过培养学生的情绪管理策略，帮助他们有效地控制和调节自己的情绪。德育课程可以引导学生了解不同情绪的产生原因，并学会运用积极有效的情绪管理策略，如情绪识别、情绪释放、情绪应对等。这些策略可以帮助学生更好地应对挫折、困难和压力，提高他们的情绪调控能力。

3.德育提供情感支持与关怀

中小学德育为学生提供情感支持与关怀，促进学生积极的情绪发展。德育教师可以通过关心、倾听、理解和支持学生的方式来建立良好的师生关系。这种关系能够让学生感受到学校的温暖和安全，引导他们积极面对各种情感问题，从而提高情绪的稳定性和积极性。

第三节　心理健康教育融入中小学德育的路径

一、心理健康教育融入中小学德育的必要性

（一）宏观层面德育视域下中学心理健康教育的必要性

1.开展心理健康教育对中学生的身心发展意义重大

中学生正处于青春发育期，此阶段他们的"自我认知"显著增强，会深入思考自己的优点和不足。他们对他人的评价极为敏感，心理上认为自己已趋近成熟，对外在事物持独立见解，并渴望得到周围人的尊重、理解和接纳。同时，他们的情绪多变，容易受外界影响，多愁善感又喜怒无常。

在学校和家庭中，他们期望获得与教师、家长平等的地位，因此可能会通过抵触行为来强调自己的权利。此外，学业压力、外部不良环境和人际交往的困扰都可能对中学生的心理状况产生影响。人们普遍认为，青春期的中学生好奇心旺盛、叛逆、高敏感、自尊心强，有时难以进行有效沟通。

为了与中学生和谐共处，教师和家长须深入了解他们在此阶段的心理特点和变化。面对学生的反常行为，应从心理层面分析其原因，采取倾听的方式了解具体情况，然后针对具体问题制订有效的解决方案。不应单纯依赖说教与学生沟通，以免导致学生产生抵触情绪。当前，中学生厌学、沉迷网络和自杀等事件频发，这反映出学校和家庭在心理健康教育方面的不足。

2017年12月31日，湖南衡南县13岁男孩因与家里要钱和母亲发生争执后，锤杀了父母。2018年9月，陕西神木市一名15岁少女被人杀害，最后6名嫌疑人落网，发现均系未成年人。一件一件触目惊心的案件背后都有着一个共同的因素——心理健康教育的缺失。中学生处于青春敏感期，如果没有得到良好的思想品德教育、明确的行为规范指引、充实的精神文化生活和父母亲的关心照顾，那

么他们受到不良因素的刺激，很容易产生心理问题。而这些心理问题若不能及时得到有效的解决，便会像多米诺骨牌效应一样产生一系列的不良反应，从而影响这些学生以后的身心健康发展。对中学生进行心理健康教育可以陶冶他们的情操、培养他们的品质，促进其身心健康发展和健康人格的养成，为他们走出校门进入社会打下坚固的心理基础。

2. 开展心理健康教育适应了新时代的教育发展趋势

随着社会进步，我国逐渐认识到应试教育已然不适应社会发展对人才的需求，这就要求我们的教育必须把培养社会主义建设者和接班人作为根本任务，培养思想道德品质好、文化知识水平高、综合能力素质强，身心健康、人格健全的有用人才。心理健康是一个学生成长为对国家、社会和家庭有用的人的前提和基础。心理健康教育为其他各方面的教育奠定基础。只有一个保持心理状态健康良好的学生才能顺利地接受德智体美劳各方面的教育。虽然人的智商主要是由遗传因素决定的，但心理健康教育却可以从需要动机、兴趣、态度、情感和意志等方面来为学生提供帮助。通过心理健康教育可以为学生提供有效的学习方法，进而提高学习效率；通过对学生情感方面的教育可以帮助他们及时解决在学习过程中出现的各种不良情绪，摆脱学习困境，保持健康愉悦的心情；通过对学生人际关系交往指导、自身个性特点认识、升学减压、专业选择等方面的心理辅导，可以帮助他们更好地适应周围环境，更加客观地认识自我，让学习的目的性和计划性更强，化被动为主动。

对中学生进行心理健康教育还可以帮助他们培养乐观积极的生活态度，化解日常学习、生活中遇到的不良情绪，保持健康稳定的精神状态，进而有助于他们形成正确且坚定的理想信念，高尚的道德品质，正确的世界观、人生观、价值观。同时，心理健康教育可预测和治疗心理疾病，增强学生身心健康。临床试验证明，人在紧张、焦虑的状态下，会出现头晕、胸闷、心悸、呼吸困难、口干、出汗、身体颤抖等症状。如果长时间处于这种状态，会导致焦虑症、抑郁症等心理疾病。中学生长时间处于繁重的学习压力下，中考、高考和前期的备考阶段的紧张气氛很容易造成焦虑，如果调节不及时，就会对心理造成影响。心理健康教育正是可以通过聊天、团体辅导活动、催眠疗法、音乐疗法等方式帮助学生减压。帮助他们恢复平稳的心理状态。进而促进身心的健康发展。心理健康教育丰富多样的活动形式，让学生获得良好积极的情感体验，在素质教育过程中培养学生的创造力、自学的能力、团队的协作能力、主动劳动的观念、良好的文明习惯、遵守社会公德的意识等所需的健康的心理品质。

3. 开展心理健康教育是培养新时代中国特色社会主义新人的客观要求

习近平总书记在党的十九大报告中提出，要"培养担当民族复兴大任的时代新人"。什么样的人才称得上时代新人？时代新人要有理想、有道德、敢担当、肯作为、能奋斗、勇开拓、敢创新、讲奉献。摔打、挫折、考验是时代新人成长过程中的必经之路，练就宠辱不惊的沉稳气质、百折不挠的进取意志、乐观向上的精神状态，是时代新人必备的素质。当前社会只掌握单一技能的高精尖人才已经不能满足社会的需要，以核心素养为目标，培育知识面更广、能力更强、各方面素质全面发展的综合型人才是新时代发展的必然要求。青少年作为我们国家未来的栋梁，是时代新人的中坚力量，其知识水平和道德水准的高低，都将直接影响我国新时代中国特色社会主义的建设进程。在中学阶段，学生面临着繁重的课业负担、激烈的学习竞争、巨大的升学压力、父母的殷切期望、社会的嘱托，同时还要应对青春期因体内激素分泌不均衡所带来的一些困扰。这些都如同一座座大山压在中学生稚嫩的肩膀上，让他们在生理和心理上都承受着巨大的压力。如果在此阶段中学生承受不住这些压力，就会产生焦躁、抑郁等种种心理问题和障碍，严重的甚至会演变成心理疾病。

当前中学生对生命淡薄、对生命意义重视不够，自杀自残事件频发，都是因为在平时学习和生活中没有做好心理健康教育，没有引导他们养成健康的心理理念，缺少耐压力、耐挫力的训练，使得学生在面对压力、困难、挫折时不知如何调整心态，最终走向极端。所以学校、家长和社会通过健康心理理念的教育，系统性、有针对性的心理技能训练，科学的、专业的心理健康教育普及宣传，营造全社会应共同关注青少年心理健康教育的氛围。通过认真聆听学生的心声、关怀学生，与学生建立良好的关系，让学生充满安全感和归属感。通过心理健康教育帮助中学生在成长过程中具备解决问题的良好能力，拥有健康的身体、丰富的知识、较强的团队协作能力、稳定的思想素质和心理素质、较高的人文修养和道德情操。为新时代中国特色社会主义建设培养更多有理想、有信念、有担当、肯实干、讲奉献的时代新人，为国家的建设添砖加瓦。

（二）微观层面德育视域下中学心理健康教育的必要性

1. 心理健康教育有利于提升中学德育工作的说服力

中学德育工作通常采用谈话、灌输、批评教育、树立榜样等形式来对学生进行理想信念、道德品质、行为习惯的教育。在实践中，德育工作者常常发现教育的效果不明显，说服力度比较小。

比如，德育工作者在给一个自私自利的学生进行道德品行教育时，如果还是一味地采用"孔融让梨"等老套的事例或其他大道理来说服，就会发现学生根本就不会有任何触动。究其原因，是我们的德育工作者在对学生进行教育时没有抓住学生的心理特点，没有了解学生当时的心理状态。现在的中学生大多数是独生子女，在家里都是爷爷奶奶、爸爸妈妈的"心头宝"，便养成了他们强烈的独占意识，不愿与他人分享，人际关系较差。针对这样的学生，我们的德育教师可以从心理健康教育的角度出发，通过开展以"分享"为主题的团辅活动，让他们在活动中自己感悟自私自利给他们带来的烦恼，体会通过改变自私自利的行为给他们带来的快乐和幸福。让学生从内心深处认同老师的教育，进而改变自己的行为。倾听、聊天、心理测量、团体辅导等是心理健康教育常常采用的工作方式。在心理健康教育过程中，老师把学生当作平等的沟通对象，强调尊重、共情、信任，充分考虑学生的内在需要。学生愿意打开心房，通过心理咨询了解学生当前的心理特点和思想状况，了解当前行为背后的深层次原因，可以做到"对症下药"，及时准确地调整教育的形式。德育老师可以在学生心理悦纳的情况下，加强对他们理想信念、核心价值观、中华优秀传统文化等方面的教育，使德育的整体效应放大，提高中学德育的说服力，真正发挥德育在素质教育中的主导作用和渗透作用。

2. 心理健康教育有利于提高中学德育工作的接受度

中学德育工作的核心在于引导学生确立共产主义远大理想和中国特色社会主义共同理想，积极培育并践行社会主义核心价值观，深入学习和传承中华优秀传统文化，树立生态文明意识，养成保护环境的行为习惯，并塑造健康的心理品质和健全的人格。然而，传统的德育方式往往给学生留下内容空洞、形式刻板的印象。

在移动互联网时代，中学生广泛通过手机、电脑等电子设备，通过网络获取多元化的知识信息，并受到不同文化的冲击，对其思想产生了深远的影响。因此，教师在德育中应更加关注学生的心理需求，避免单方面理论灌输导致的"假、大、空"现象。

为了更有效地进行德育，教师应结合学生的心理特点，运用心理学原理，如期待效应，通过心理暗示激发学生的内在学习动力，引导他们将德育内容内化为自己的行为准则。同时，结合中学生关注的社会热点和生活实际，设计符合他们心理特点的教育活动，以理论联系实际的方式，激发学生的学习兴趣和参与度。

以生态文明教育为例，教师可以通过研学活动，让学生在亲近自然的过程中，了解生态文明的重要性，体会建设美丽中国的意义。这种切身体验的方式，有助于提升学生对德育的认同感和接受度，从而实现德育的内化。

3.心理健康教育有利于改善中学德育工作中的师生关系

师生关系是社会广泛关注的问题，当前中学的师生关系普遍没有小学好，媒体上常常有老师体罚、责骂学生或学生伤害老师的事件报道，老师与学生之间存在着急需改善的关系。

在中学德育工作中，一些老师没有顺应形势改变观念，还是受"师道尊严"这种传统德育观念的影响，在课堂上或其他教育场合在学生面前摆"师威"，认为学生必须完全服从老师，老师与学生的关系应该是"老师讲，学生听"，如果学生和老师的观点不一致，老师就认为此学生不听话，会对他进行批评；一些教师关心热爱学生的方式不当，认为对学生管教越严格就是对他们越关心，但有些学生并不认同老师的这种"爱护"方式，反而认为老师是在和自己过不去，一些老师在应试教育的影响下，用"成绩"的来评判学生，对调皮捣蛋和成绩不好的学生区别对待。这些都是破坏和谐师生关系的表现。

而中学生处于青春期，由于生理和心理的发展，他们对事物有着自己的见解，渴望老师能够尊重他们，认真地倾听他们的心声。有时他们会采取顶撞、逆反的方式来引起老师对他们的关注。如果此时老师没有读懂他们的"行为语言"，可能就会采取一些不适当的形式，从而加剧了师生之间的矛盾。但是，心理健康教育可以改善中学德育工作中的师生关系。心理健康教育主张教师用平等的态度，放下身段与学生进行沟通交流。强调换位思考，让教师和学生能够站在对方角度来思考问题，体会对方的心情。同时，教师通过心理健康教育也可以调节自身的心理健康水平，拥有积极乐观的心态，让学生在接受教育的过程中感受到教师的亲和力，建立平等、信任、和谐的师生关系，为德育工作的高效开展打下良好的基础。

4.心理健康教育有利于解决中学德育工作中的个性问题

中学德育工作在学校主要通过思想品德课、团辅活动、班会课等形式由德育教师统一对学生进行爱国主义教育、文明行为教育、道德品质教育等。在这个过程中，德育能解决大部分学生的道德品质、行为习惯上的问题，但由于每个学生都是一个独立的个体，他们在价值取向上有着差异和多样性。他们在品行方面就会有着不同的表现。例如，现在的校园暴力，学生之间因学习、生活观念及习惯的不同造成种种摩擦和矛盾；有些学生喜欢说脏话，习惯不文明，容易与他人产生矛盾；还有些学生受不良图书、音像制品及网络游戏里的暴力因素的影响，会模仿网络和书本里的暴力行为。面对校园暴力，如果老师和家长只是一味地从学生产生暴力的行为表象来对他们进行批评教育，效果一般不明显。因为从表象只能看到行为的发生，却无法得知行为发生背后的原因。找不到原因就无法"对症下药"。德育教师可从学生心理角度出发，通过交流、倾听、开展活动等形式查找暴力产生的原因，从而找到对策并实施。

再比如，从小学升入中学，面对突然增多的学业课程，有些学生因适应能力差或小学基础薄弱等不能及时跟上教师的讲课进度，从而产生厌学心理。还有部分面临中考和高考的学生因考试压力大，心理过于紧张，也会在某段时间对学习产生厌恶。面对这种情况，老师可以通过个体咨询、团体咨询找出学生厌学的真正原因，引导学生消除厌学情绪，找出疏通中学德育工作中个体"心理拥堵"的办法，使得德育工作顺利进行。

二、心理健康教育融入中小学德育的问题

（一）学校教育理念转变缓慢

学校作为心理健康教育的主要阵地，受传统观念影响，教育部门、老师和学生等对心理健康教育的重要性及必要性认识不足。在他们看来，升学率和分数是衡量学校优劣、生存发展、社会评价及家长选择的关键因素。受这种应试教育思维的左右，学校在各阶段考核中常常忽视学生身心发展规律，以牺牲教育长期目标为代价来追求短期分数的提升，其中包括对学生健康心理的塑造。因此，心理健康教育课程往往被视为非核心课程，课时安排相对较少，甚至部分学校未设置相关课程。还有相当一部分开设了心理健康教育课程的学校仅是形同虚设，缺乏实质性成效，仅仅为了应对上级行政部门的检查而将其挂在嘴边、写在墙上。在我国部分地区，尤其是偏远地区，中学的心理健康教育主要停留在中央的部署、地方的传达，以及基层学校的文件落实层面，缺乏统一的师资、设备配置机制及工作管理方法，导致心理健康教育难以真正落地生根，从而无法达成中学德育的

既定目标。

（二）学校心理健康教育活动开展不充分

心理健康教育是一个集维护学生心理健康和矫正学生心理行为问题为主要内容，面向全体学生实施心理健康教育的过程。它形式多样、内容丰富。在中学，除了品德与生活、品德与社会、思想品德等课程外，还可以利用班会课、团队活动、研学活动、社会实践活动，举办心理健康教育的专题讲座、心理剧展演、心理健康教育团体辅导等不同形式的心理健康教育。但在实际教学过程中，心理健康教育只局限于心理健康教育课和心理讲座。一些教师由于对中学心理健康教育的内容、目标和评价不清晰，在教学过程中把心理健康教育搞成传授心理学知识和相关理论的教育，在课堂上向学生讲授心理学的专业术语，让学生背诵一些名词解释、概念、定义等，甚至像语文、数学课一样制定学习目标与任务，完全把心理健康教育模式化，并认为只要开设了心理健康课程就是对学生进行心理健康教育。还有一些学校认为请一些心理学专家学者给在校的学生做几场讲座就是心理健康教育，看上去挺热闹的，殊不知这些没有针对性和指导性的知识讲座在学生听来也就是"左耳朵进、右耳朵出"，无法入脑入心。最有效的教育应该是在潜移默化中完成的，而不是靠着背诵几个专业术语、听几场讲座就能实现的。

（三）教师心理学专业性知识不足

心理健康教育作为一门新兴学科，其实践中面临诸多挑战。目前，多数学校尚未配置专业的心理健康教育教师，多由班主任、思政教师或团队干部兼任，构成中学心理健康教育的主力军。由于缺乏系统的专业培训，其心理学知识多源于大学时期的教育心理学课程及省市级培训，理论根基尚显薄弱。在实际工作中，由于缺乏系统的理论知识补充，他们对心理健康教育的内在规律及其与其他课程的关联认识可能不够深入，难以全面把握心理健康教育在学生成长和学校德育中的关键作用。

此外，部分从事心理健康教育的教师因专业知识不足，难以迅速准确地分析、判断和解决学生的心理问题。部分学校通过心理测评软件作为心理健康教育的主要内容，对测评结果不佳的学生采取过度反应，这不仅不能有效帮助学生，反而可能加剧其心理困扰。在实际操作中，一些心理健康教育教师因实践能力有限，导致心理健康教育讲座内容空洞、形式枯燥，难以吸引中学生。他们在设计心理健康教育团体辅导活动时，往往缺乏系统性规划，活动效果不尽如人意。

为改善这一现状，学校应加强对心理健康教育教师的专业培训，提升其实践能力，以确保心理健康教育工作的有效性和针对性。同时，学校应优化心理健康教育方式，使之更符合学生的心理需求，从而达到更好的教育效果。

（四）教师自身心理健康水平不佳

尽管学生的心理健康教育还存在很多问题，但已经得到越来越多的关注，相对而言，教师的心理问题却被忽略了。很多中学教师反映教学任务繁重，每天除了上课，还要备课、批改作业、指导课外活动、从事教育教学教研等，其中大部分的工作是教师在业余时间完成的。教师每天接触的人际范围比较狭小，只是同事、学生和家人，很少有机会和社会上的其他人接触，导致部分教师性格比较孤僻，容易产生抑郁情绪。同时，学校对教师严格的绩效考核，中考和高考的升学压力和社会对教师的"模式化"要求导致部分教师产生职业倦怠，并常常伴有不明原因的不安；有部分教师工作成就感低、心态不佳，对自己在学校的地位和待遇感到不满，认为付出多回报少；还有个别教师觉得自己能力有限，难以达到教学要求，工作压力大；兼任班主任的任课教师们则普遍认为班主任杂事多任务重，既要抓学生总体成绩，又要管纪律、卫生、安全和各项活动，经常感到身心疲惫。如果教师自身出现心理健康问题，不仅影响工作效能，还会将这种不良情绪传递给学生，进而影响学生的心理健康和发展。

（五）家长心理健康教育认知水平参差不齐

家庭教育在孩子的成长过程中具有至关重要的地位，它是塑造孩子性格、价值观和行为习惯的第一课堂。青少年的心理健康状况与家长对心理健康教育的认知程度紧密相连。然而，由于家长的知识背景和成长经历各异，他们在心理健康教育方面的认知存在显著的差异。

在应试教育的背景下，部分家长过度聚焦于孩子的学业成绩和外在表现，将成绩视为衡量孩子发展的唯一标准。这种倾向导致家长在课余时间为孩子安排大量的辅导课程，以提高其学术和文化艺术修养，从而增强孩子在未来升学和就业中的竞争力。然而，这种做法在无形中强化了孩子的应试心态，使他们过于关注分数，而忽视了实践活动和内心世界的成长。

此外，部分家长由于自身文化素质有限，尽管他们主观上有强烈的愿望教育好孩子，但由于缺乏科学的教育知识和沟通技巧，他们难以与孩子建立有效的沟通渠道，更难以实施有效的心理健康教育。还有一些家长错误地认为孩子的教育完全是学校的责任，他们认为将孩子送到学校后就已经完成教育任务。当孩子的行为出现问题，如厌学、离家出走或有暴力行为时，他们往往将责任完全归咎于学校，而未能从自身家庭教育的角度进行反思和改进。

三、心理健康教育融入中小学德育的路径

（一）学校完善心理健康教育，增强德育功能

开展心理健康教育并不是一件简单的事情，需要调动学校的一切可利用资源，比如健全心理健康教育机制、提高教师的专业技术能力等，共同完善德育的功能。

1. 健全心理健康教育机制

学校的心理健康教育是一项复杂而系统的过程。心理健康教育应该以心理学的知识为基础、教育学的基本原理为辅，整合学校相关资源，形成系统有效的心理健康教育机制。

第一，整合心理健康教育与道德教育机构的相关职能。学校德育工作领导小组是在学校党支部和校长室领导下主管学校德育工作的专门机构，常设机构是学校政教处，专门负责学生德育工作的日常管理；教职工全员参与德育管理工作，由学校各部门具体负责实施，工会落实检查考核。而班主任，作为德育战线的主要人员，没有一个特定的归属部门。所以，当前中小学校的心理健康教育部门与德育部门，存在着职能模糊与界定不清的问题。因此，健全心理健康教育机制首先要划分心理健康教育部门与德育机构的职能，使他们既可以各司其职又能够互相联系，把课堂教育部分归属到教学部，心理咨询的部分归属到学生处。这样才能及时、准确地把握学生的心理状况，促进德育工作的开展。

第二，建立具有校本特色的心理健康教育课程。中小学校除了设立合适的心理健康教育部门之外，还可以举行相应的特色教学活动，开展一些心理健康教育方面的讲座，做一些有意义的团体辅导活动，从而帮助中小学生健康人格的养成，也可以在一定程度上促进德育工作的有效开展。同时，中小学校还可以建立结合本校、符合本地特点的心理健康教育课程，用来帮助学生了解地域文化和地域特色，进而更加深入地了解自己的成长环境和历史，从而塑造完整的人格。当然，促进中小学心理健康教育发展的形式可以多种多样，如开展网络咨询等常规咨询，开设符合本学校特色的心理健康讲座，给每个学生建立相应的心理档案，采取广播的方式舒缓学生的心情，让学生画手抄报或者展板来展示自己的心路历程，缓解青春期的小情绪，从而使学生心理问题得到及时缓解和消除，通过以上方式，

有效地把心理健康教育融入德育中，引导学生对自我有正确的认知。

2. 正确发挥心理健康教育功能，提高德育工作的影响力

心理教育的功能具有导向性和凝聚性的作用。心理健康教育对中小学生心理的导向作用主要体现在心理健康教育能够建立起一套完整体系，对中小学生的行为举止产生积极的影响。通过心理健康教育的一些手段有效地让学生意识到做一件事情的后果和严重性，通过举办各种有意义的活动，逐步使学生形成正确的三观。心理健康教育对中小学生的凝聚作用主要体现在校园的文化氛围的作用，良好的文化氛围可以影响中小学生对价值观的认同，也能增强学生的凝聚力，在日常生活中形成一种向心力，一种团结一致的合力。以上两种心理健康教育的作用会随着他们的成长一直伴随他们下去，受用终生。

3. 学校成立心理健康教育专门机构

中小学生的心理健康教育处在实践并不断发展的阶段，中小学生的心理问题大多是在成长中形成的，及时有效的心理干预能尽早解决学生的困扰和问题。更重要的是可以避免严重心理问题的产生，有助于促进德育目标的实现。对此，学校建立"心理咨询室"十分必要。建立"心理健康教育咨询室"的目标主要是为了增强学生心理素质，分析中小学生遇到的困境，消除他们的困扰，调节中小学生的情感需要，使中小学生避免情绪激动，并且教会他们如何理智地对待情感。同时，在一定程度上协助学生克服内部障碍，提高意志行为水平，使其不为偶发诱因所驱使。

学校"心理健康教育咨询室"可以每日安排固定的教师值班，利用课间时间和课外活动时间，耐心为学生排忧解难。心理咨询教师还可以为学生建立"学生心理档案"，了解每一个学生的具体情况，并且定期跟踪服务。在咨询过程中要尊重学生，对学生的谈话严格保密，对学生倾注真挚情感，既赢得学生的信任，又要发挥学生的主体地位。通过心理教师的开导，使学生正确认识自己的情感和情绪，帮助其更加自觉、果断、自制、坚韧，在此基础上，达到塑造中小学生健全人格和良好品质的德育目标。

（二）教师学习掌握心理教育经验，提高德育水平

教师作为学校心理健康教育的主力军和推动者，对中小学生的心理健康教育具有重要的影响力。发挥教师在学校心理健康教育中的作用，将有力促进学校德育的发展。

1. 提高教师群体的心理健康教育专业素养

教师专业化水平的高低决定了学生将面临什么样的心理健康教育课程。因此，增加心理健康教师数量，以及提升教师的心理健康教育专业化水平是非常必要的。学校可以聘请心理学相关专业的大学毕业生或外聘具有心理咨询师资格证书的教师。同时加强对学校教师的培训，开展心理健康教育相关知识和技能方面的讲座，以提升学校教师心理健康专业素养。开设心理健康教育课程，还可以通过心理健康教师向学生传授心理健康知识的方式间接解决中小学生的心理问题，让学生通过学习更加了解自己，用基本的心理尝试调节自己，达到促进中小学生健康心理发展的目的。

2. 德育内容贴近学生实际，重视学生的学习主体地位与参与意识

德育将学生成长过程中的发展需要视为出发点，以培育人格健全、适应发展的学生为目标。从概念上理解，德育是学生在成长过程中内化的教育，也可以理解为学生自己需要解决的事情，所以在德育实施过程中必须将学生的学习主动性与学习主体地位摆放在首位。学生作为受教育者，教师应在德育实施过程中给予相应的关怀、支持与帮助。但从中小学生品德形成的规律上来看，中小学生要经历从依附性向自觉性、从外部监督向自我监督、从服从型向习惯型的过渡。对源于外部的德育培养，学生们会根据自己的喜好做出选择。因此，在不同的学生身上就会产生不同的效果，从而呈现出德育培养的差异化。通过提高教师心理健康教育方面的专业素养，进一步优化德育的内容，可以增加教师对于学生心理健康教育方面的情感投入，更好地与学生产生共鸣，同时减少中小学生在道德接受方面所产生的道德接受和道德阻抗的负面作用，尽可能将心理健康教育在德育中的作用最大化。同时，借助心理健康教育等团体活动，可以客观了解学生的个人状况，使德育工作在实践中更有针对性。也可以让学生在情境中去体验，去主动互动、沟通、讨论，形成对自己以及外部环境的客观认识，为良好道德品质的形成打下基础。

（三）"家校联动"心理健康教育模式营造良好的家庭德育环境

家是孩子成长的摇篮，家长是孩子的第一任老师。家庭教育是教育的重要组成部分。充满关爱的原生家庭氛围对学生的身心发展有决定性作用，营造良好的家庭德育环境对学生性格的塑造具有重要意义。家庭教育与学校教育脱节甚至相互矛盾最易导致中小学生出现心理障碍。学校德育必须与家庭教育联动，打造一

个学校、家庭、社会三位一体的教育体系，使教师、家长、孩子良性互动，营造良好的德育氛围。

1. 学校和家长在心理健康教育方面的沟通与配合

学校不但是学生学习文化知识的地方，还是养成良好的道德品质、健康的人格的重要场所。家庭对孩子道德品质和人格形成具有潜移默化的作用。在孩子的成长过程中，二者的作用缺一不可。二者协调联动、良好沟通，会产生事半功倍的效果。研究表明，家庭构造以及父母的相处模式，还有家庭氛围都会对学生的心理产生一定的影响。和睦的家庭环境可以使学生形成健康的人格、积极向上的生活态度、阳光开朗的性格，给他们一个温暖的归属港湾；反之，在一个紧张的家庭氛围中长大的孩子往往缺乏安全感、封闭自我、自卑消极，极易产生心理问题。学校要主动与家长沟通，力所能及地给家长提供指导，开展面向家长的心理咨询服务。比如，向家长宣传心理健康知识，使他们意识到心理健康教育的重要性；向家长提供有关亲子关系和家庭教育的咨询，指导家长正确地认识孩子的心理特点、成长规律等，帮助家长了解影响学生心理健康问题。家校积极配合，必将有力促进学生健康成长。

2. 在家庭中实施良好的心理健康教育

作为家长，应该在家庭中对孩子实施心理健康教育，端正孩子的人生观、使孩子学会控制情绪，正确认识自己、评价和表现自己。

第一，家长要"爱"孩子。首先，要理智地对孩子施爱。爱也是有分量的，超过一定分量就成了溺爱。对孩子的期望过高，使孩子压力过大，久而久之会引发孩子的逆反心理。这样不仅不利于德育的发展，反而会起反作用，这就要求家长对孩子的爱要理智，对于孩子的缺点和不足，要及时进行纠正，而不是一味地迁就、纵容他们。有效地去爱孩子要做到四个方面：第一个方面，父母要爱孩子并且让孩子感受到父母的爱，父母要尊重孩子的兴趣爱好，促进孩子健康人格的养成；第二个方面，孩子要爱父母，与父母进行互动，从而促进亲子之间感情的交往；第三个方面，对孩子要严而有度地爱，严格中有宽容，适度地去爱，以调动孩子的积极性，发挥孩子的潜力，让孩子有机会与父母交流自己的想法、困难和苦闷；第四个方面，对孩子的预期不要太高，一味地"望子成龙"，而忽略了最本质的人格养成、人本意识以及和谐性情，反而会适得其反。

第二，要正确应用奖励和惩罚手段。正确的奖励与惩罚是父母必要运用的教育手段，适当地运用奖励和惩罚手段，对于形成良好的家庭氛围必不可少。但是这两种手段的使用要适度，奖励应多于惩罚，因为正确的奖励会增加孩子的自信心，激发他们做事情的动机，增强他们的精神力量。奖励应该以精神奖励为主，如多说鼓励孩子的话，物质奖励为辅，可以奖励学习用具、书籍，或者是有益于智力开发的玩具。惩罚孩子应该谨慎使用，不当的惩罚，尤其是打骂，一则为法律不允许，二则影响孩子身心、人格的健康发展。但惩罚是一种不可或缺的教育手段，但要掌握合适的度，让他们意识到人生不是一帆风顺的，并帮助他们分析失败的原因，找到克服困难的方法。合理正确地使用奖惩机制，是中小学生心理走向成熟与稳定的必要条件，当他们在心理上逐步趋于稳定和成熟时，才能在受教育过程中自觉接受德育，更好地去认同社会的秩序、规范和价值。

第三，营造良好的家庭文化环境。一是提高家长的思想道德修养与科学文化素养。孔子云："其身正，则令行；其身不正，虽令不行。"从古至今，教育家都十分重视家庭教育，以及家庭教育对学生产生的影响，家长一定要发挥榜样示范作用。家长要提高自我思想道德修养和科学文化素质，利用好潜移默化的家庭氛围，促使学生在家庭中就形成良好的意志品质和科学素养。二是转变家长的观念，与孩子平等相处。孩子是独立的个体，尤其是处于青春期的孩子，独立意识更加强烈。所以，家长要构建"民主型"家庭，营造平等民主的家庭氛围，尊重孩子独立的人格。

（四）整合社会资源，营造健康的社会心理环境

整合社会资源，对于中小学德育工作的开展至关重要，可以更大限度地发挥基层群众性自治组织、企事业单位、社会团体、公共文化机构、街道社区等社会机构对中小学生心理健康教育建设工作的作用。

1. 社会有关机构对学校心理健康教育的指导和介入

中小学校对学生们提供的帮助在一定程度上起到了一定的积极作用，但是也有一些学生的心理问题通过学校的帮助没有办法得到解决，这个时候就需要权威的社会机构来介入。例如重症心理障碍和精神疾病诊治等相关医疗机构可以提供心理创伤干预、搭建全社会的心理健康教育服务平台、规范发展社会心理服务机构、提升医疗机构心理健康服务能力、建立健全心理援助服务平台等方式方法，在地市、县两级设立未成年人心理健康成长辅导中心，依托条件较好的心理咨询站点，整合区域内的心理健康服务资源，面向未成年人开展心理健康知识普及与专业的心理咨询服务。

2. 政府部门对中小学校提供相应的帮助

政府应采取一定的措施，为中小学生提供一个祥和、文明、积极向上的社会心理环境。比如通过财政拨款、政府统一规划、给予必要的政策指导的行政手段，对中小学校提供相应的帮助；改善社区环境，以保证中小学校的心理健康教育可以有序地开展进行，从而促进德育的发展。针对偏远山区的留守儿童，政府部门应该给予特别的关心与爱护，成立相应的留守儿童心理护理机构，建立有关关爱留守儿童团队等社会爱心组织，有效地改善留守儿童的心理现状，呵护其因为父母外出打工而缺乏家庭教育和亲情教育的幼小心灵。

第七章 家庭教育对青少年心理健康教育的影响

首先，家庭是道德价值观念的传承者，通过家庭教育，家长能够向孩子传递正确的价值观和道德观，引导他们树立正确的世界观、人生观和价值观，培养品德高尚的人才。其次，家庭教育对于学业发展的重要性也不可忽视。家庭可以提供学习资源和学习环境，引导青少年制订学习计划、培养学习兴趣和学习能力，为他们的学业发展提供有力支持。最后，家庭教育还能培养青少年的社交技能和人际交往能力。通过家庭教育，家长可以引导青少年学会与他人合作、沟通和解决问题，提升他们的社交能力，改善人际关系。

第一节 家庭教育对青少年心理健康的影响

青少年时期是其自我意识快速成长的时期，这一时期家庭教育的方式方法对青少年的心理成长非常重要，同时也是其与父母矛盾冲突最多的时期。良好的家庭教育能够使青少年在不知不觉中形成正确的心理认知，健全的人格，拥有稳定的情绪以及和谐的人际关系，从而使其心理得到健康发展；相反，不当的家庭教育会极大地影响亲子关系，导致青少年出现各种心理问题，使其心情压抑、情感封闭，甚至性格扭曲，进而影响青少年的个人发展。国内外大量事例和研究表明，不良的家庭环境和不当的家庭教育容易造成青少年的心理行为异常，甚至走向犯罪。著名心理学专家郝滨曾说，家庭教育是人生整个教育的基础和起点。

青少年时期的心理健康与家庭教育密不可分，中国有句俗语"家是心灵的港湾"，很好地诠释了家在人心理上的重要作用。青少年时期在心理上尤为需要家庭的温暖和关爱，有家庭的坚实力量做支撑，有助于青少年形成阳光乐观的性格，拥有坚强豁达的生活态度。因此，家长要重视青少年心理发展的特点和规律，学做智慧父母，确保青少年身心健康成长。

一、青少年的心理特点

第一，既独立又依赖。处于青春期的孩子已有了强烈的自主意识，对很多事情的看法也发生了改变，具体表现为不再盲目地遵循大人的指示，对他人的评价也多了一份质疑，并意识到自己原来的很多想法都不能算是自己的，而是老师和父母灌输的。因此，他们开始用探索的眼光看待世界，多了一份审视和思考。但由于知识储备有限，阅历不足，他们仍不能达到"看透世界"的理想状态，在很多事情上仍要依赖大人，这就使得他们的思想和行为处在一个既独立又依赖的矛盾状态。

第二，既理想又现实。每个人都有自己的理想，中学生更是如此，他们对自己的未来有美好的向往，而随着阅历的增长，他们逐渐意识到实现理想是一件很困难的事，也发现了理想和现实之间的巨大鸿沟。这使得他们产生了巨大的矛盾心理。但实际上，很多孩子之所以产生过于理想化的想法，其根本原因往往在父母。有的父母出于对孩子的爱，在教育的过程中，向孩子展示的都是世界美好的一面、生活的积极面，将不理想、消极的一面隐藏起来，导致孩子对世界的认知不够清晰，欠缺客观性，因此在实现理想的过程中，一旦遇到与预期不符的情况，就草草放弃。

第三，既自负又自卑。青春期前后的孩子的自我意识开始萌发，他们开始像旁观者一样审视自我，渴望提高对自我的认知。而这种认知在很大程度上都是从他人的评价中和与他人的比较中得来的，极具主观性，而且也十分片面，很容易让孩子产生依赖心理，使其过分看重他人的评价，听到好的评价容易自负，洋洋得意，听到不好的评价容易自卑，妄自菲薄，从而产生极端化的心理状态：自负心理和自卑心理的切换几乎是瞬间的。

第四，既封闭又开放。青少年都喜欢深度思考，因此渴望跟他人交流思想，倾心沟通。在这个时期，他们初尝孤独，常因思想无人分享而伤感。另外，他们对未来充满憧憬和向往，渴望拥有自己的空间——属于自己的房间、能承载心事的日记本等。因此，也越来越不愿向他人吐露心声，对父母的询问也越来越厌烦。在这一时期，青少年跟父母之间形成的"代沟"最为明显。但同时青少年又兴趣广泛，什么都想尝试，对很多事情又表现出十分开放的态度，因此，这一时期的青少年的思想跟行为既封闭又开放。

二、家庭教育对青少年心理健康的影响

（一）家庭结构对青少年心理健康的影响

家庭结构就是指家庭的组成状况，最常见、相对完整的家庭结构是由两代人组成的、由夫妻共同养育子女的家庭，有更多的精力和金钱，能够为子女提供一个健康的生活环境，并有足够时间教育和培养孩子，为子女建立和灌输正确的三观。在计划生育实施之后，独生子女越来越多，父母对子女的关爱也日益增加。随着经济日益发展，国家、社会及家长对青少年有了不同的要求，父母溺爱子女已经是影响青少年健康发展的一大阻力，因此，家长对子女的教育是溺爱、纵容还是严格、民主，他们的要求是否超出预期、是否恰当，都对青少年的心理健康有一定的影响。而单亲家庭属于不完整的家庭结构，只有父亲或者只有母亲的陪伴，可能会使孩子缺少关爱，缺乏沟通，对其心理上造成不利影响。学者张兆琪认为，生长在单亲家庭的儿童的心理健康水平普遍处在较低水平，人格不够健全，会出现抑郁、仇恨、易怒、自卑、偏执、嫉妒、胆怯和孤独等情绪不稳定现象。由于缺乏一方的关爱，往往会去寻求家庭之外的关爱，以至于不慎交往上不良少年。

（二）家庭成员关系对青少年心理健康的影响

从古至今，我国都十分重视家庭的和睦，家庭是国家发展、民族进步、社会和谐的重要基点。党的十八大以来，习近平总书记围绕注重家庭、注重家教、注重家风建设发表了一系列重要论述，习近平总书记强调："家庭和谐则社会安定，家庭幸福则社会祥和。"因此，父母之间的关系将直接影响青少年的心理健康。如果青少年在成长过程中，父母关系和谐融洽，子女自然而然会形成积极向上、活泼开朗的品格；反之，父母长期争吵不休，孩子极有可能会变得脾气暴躁。处于平衡状态的家庭便是稳定和谐的，并且这种平衡具有自我修复的能力，当失衡状态超出最大接受限度，这种平衡就会被打破，使得家庭关系受到伤害。

（三）家庭教养方式对青少年心理健康的影响

家庭教养是指父母在教育子女过程中的行为，如专制型教养、溺爱型教养、放任型教养和民主型教养等方式。专制型教养的父母要求子女一切事宜都听从安排，不考虑子女的自我意识，父母对子女的要求十分严格，对其行为有很多限制，使得子女缺乏独立思考、判断的能力，形成缺乏主见和自信的性格，或形成逆反、冷漠、狂躁的性格；溺爱型父母对子女提出的要求百依百顺、有求必应，对孩子的缺点和过错不加以纠正和教育，不利于青少年健康成长；放任型教养则是对子

女的各种行为都不加以干涉，放任其自由发展，这类父母大多忙于工作和交际应酬，与自己的孩子缺乏沟通和交流；民主型教养则是我们所提倡的方式，父母会为子女的成长提供自由发展的空间，对孩子的兴趣爱好持鼓励态度，在这种民主的环境中容易激发孩子自身的潜能，形成积极上进的学习态度，培养青少年形成独立、善于交流、团结协作的优秀品质。

三、家庭教育对青少年价值观的影响

家庭教育作为一种特殊形态的教育形式，本身具有一定的广泛性和局限性。一方面，家庭内部的成员组成、家长本身的受教育程度、父母以及子女双方的家庭地位，以及当前的社会背景和时期都会影响其家庭教育的质量和效果；另一方面，家庭教育与学校教育无法类比和统一，每一个家庭的核心追求都存在一定的差异，而每一个家庭的教育形式、手段方法与思想观念，也会对青少年的价值观念与思想品德造成不可估量的影响。

（一）积极影响

受社会主义核心价值观的影响，各个家庭对子女的期望不一样，一部分家庭对子女的期望比较简单，希望能够在力所能及的情况下为子女提供最优质的生活与物质条件，期望子女在未来有所成就的时候能够为父母、社会以及国家做出一点微薄的贡献。父母对子女的期盼和教育方面的付出，让很多青少年从小意识到努力学习、孝敬父母和回馈社会的重要意义，在思想和价值观上也是相对淳朴和简单的。在当前信息化时代背景下，青少年拥有更多认识社会与外界的途径和机会，进而也会得到更多的启发和影响，他们会选择一些更加适合自己以及喜好的方式和途径来感恩父母与回报社会。比如，在父亲节或母亲节时，通过网络视频学做手工，为父母准备一份精心的小礼物，感恩父母对自己的付出和呵护；在一些国庆等特殊节日里学习主动发扬红军精神，向祖国献上一段真挚的祝福等。这些孩子不经意的表现，往往能够从一定程度上体现青少年积极向上的思想价值观念，以及背后父母对孩子的积极教育和价值观引导。

（二）负面影响

父母是孩子的第一任教师，有些相对缺乏经验的父母在有意识或无意识的过程中，会应用一些错误的教育理念和方式方法，影响孩子的素质能力发展，甚至一些错误的行为和做法，还会塑造学生错误的思想价值观念。常见的家庭教育情况就是父母和子女地位不对等、教育理念偏激或缺失等问题，如父母过于强权或

弱势，或者过于强调对子女的教育引导。有的则是过度溺爱，尤其是集万千宠爱于一身的独生子女，不论是物质条件还是精神需求，都会被家长或长辈无条件满足。但由于青少年从小处于被溺爱或过度关注的环境中，没有树立正确的价值观念，缺乏挫折的生活成长环境和经历，较难具有正确的社交模式，进而在对外相处或与同龄小伙伴社交期间，会不自觉地以自我为中心，表现出自私、不懂谦让或喜好被人追捧等。

另外，拜金主义、存在主义也是比较常见的错误价值观念，会严重影响青少年的思想观念与品质发展。与独生子女家庭教育方式相比，留守儿童的情况也比较突出，尤其是在一些经济和教育发展水平相对落后的地区，家长为了生计被迫外出打工，与孩子长时间分离，导致家庭教育缺失，即使学校教育一直在大力弥补和注重加强对留守儿童的心理健康教育和关爱，但教师替代不了家长的角色，一些孩子从小缺乏安全感与家庭观念，进而形成相对极端或错误的价值观，在成长与发展中深受其害。另外，留守儿童往往在心理和性格上也会表现出敏感、自卑、极端，有碍他们在社交关系与学习成长方面的进步。

第二节　提升家庭教育质量的有效路径

进入新时代，关于人才培养的目标、方法和目的，其核心在于提升家庭教育的质量。家庭教育的质量不仅关乎青少年的全面发展，也是提升国民整体素质的关键。为提升家庭教育质量，须深入理解其特点，发掘优势，并有针对性地解决存在的问题。

家庭教育具有长期性和持续性的特点，这是学校和社会教育无法替代的。同时，家庭教育中父母对子女具有权威性，这源于父母作为长辈和生命赋予者的特殊身份。同时，家庭教育的情绪传染性也不容忽视，父母的情绪状态对青少年的身心健康产生直接影响。

然而，在现实中，我国家庭教育仍存在一些不科学的方式。一方面，部分家长的教育观念相对滞后，过于追求高分数，忽视青少年的全面发展；另一方面，传统的家训式教育难以满足现代家庭教育的需求，限制了青少年的全面成长。

值得注意的是，如果不能正确运用家庭教育的特点，可能会导致教育失败，甚至使青少年走向违法犯罪的道路。因此，家庭教育的实施需要科学的指导和技巧，以确保青少年的健康成长。

一、当前家庭教育中存在的误区

（一）不重视思想教育

如今，很多家庭都是独生子女，孩子被当成"小皇帝""小公主"，导致孩子形成以自我为中心的性格，养成好逸恶劳的恶习，在学校甚至表现为不服从老师的管教，不讲道德，不团结同学等。究其原因，就在于家庭教育的缺失。当孩子出现问题时，家长并不重视，而是置之不理，久而久之，孩子就会形成问题性格。另外，有一部分家长在孩子出现问题时，对孩子恶言相向，非但不能让孩子心服口服，改正错误，还会严重伤害孩子的自尊心，反而起到相反的教育效果。

（二）欠缺良好的心理教育

所有的父母都希望孩子能成才，"望子成龙"更是大部分中国父母的普遍心态。但是部分父母由于对孩子成才的心切，一心想着让孩子考上名牌大学，将大部分关注力都放在了学习成绩上，从而忽视了孩子的心理健康。还有少数家庭存在角色缺失问题，如父母离异、父母早逝等，在这样的家庭中成长起来的孩子由于长期得不到温暖，很容易产生心理问题。另外，有的家庭中的某个成员有不良嗜好，如赌博、偷盗、吸毒、酗酒等，在他的影响下，孩子的心理健康度会受影响。以上几种父母都无法提供给孩子良好的心理教育，对孩子的社会交往、孩子的阶段性变化等也都漠不关心，孩子的心性发展必定也会受到严重影响。

（三）家长素质参差不齐

为了给孩子提供更优质的学习环境，让孩子的未来有更好的发展，家长都在拼命赚钱。有些父母有"赚钱大于一切"的思想，因此很容易导致孩子建立"金钱至上"的价值观。另外，由于父母长期在外打拼，尤其是农村父母，跟孩子相处的时间十分有限，更谈不上教育孩子。加上父母的综合素质有限，在教育孩子时，只注重学习成绩，对孩子的心理及各方面能力的发展状况等一概不问，采用打压为主的教育方式，无形中给孩子造成巨大的心理伤害。

（四）家庭教育导向偏差

很多家长都是十分欠缺教育耐心的，为了让孩子提高学习成绩，一些家长会选择严格限制孩子的课余生活，对孩子的自由成长造成极大的限制。对于青少年来讲，这是无比残酷的，他们思维活跃，活泼好动，对外界充满好奇心，而在家长的限制下，却只能在一方被书本填满的小世界里啃读课本，他们的综合能力和个性发展受到严重制约。而现今社会是一个竞争激烈的社会，对人才的要求也越来越高，未来社会的建造者必定都是综合型人才。因此，从长远的眼光看，仍将提升学习成绩视为关注重点的家长，在教育理念上已经十分落后了。另外一些家长过分强调综合发展，给孩子报各种各样的兴趣班，且不尊重孩子的选择，无视孩子的喜好，导致孩子的课余时间被一再占用，能用来进行自我支配的时间越来越少，加上这类家长存有严重的焦虑心理，害怕孩子未来无法在社会立足，因此不断向孩子灌输"危机论"，导致孩子的心理焦虑程度也随之越来越严重。

二、提升青少年家庭教育的有效路径

（一）强化家长责任意识

观念是行动的先导，要改变家庭教育实践滞后于政策导向的被动局面，实现回归教育初心、减轻儿童负担、促进儿童全面发展的目标，就需要强化家长的责任意识，树立科学的教育观。《家庭教育促进法》明确规定："父母或者其他监护人应当树立家庭是第一课堂、父母是第一教师的责任意识，承担对未成年人实施家庭教育的主体责任。"家庭教育指导应加强家长对家庭教育相关法律法规的学习，引导家长明确自己的法律责任，扭转将教育责任转嫁给学校和社会的错误观念。

此外，家庭教育指导应进一步引导家长树立科学的家庭教育观。一是树立全面发展观，端正教育目的，保持对儿童发展的合理期望。引导家长明确学业成绩只是选择性教育的尺度，而不是个体优秀与否的绝对标准，充分尊重孩子发展的特殊性，培养孩子广泛的兴趣、健康的审美追求和良好的学习习惯，增强他们的科学探索精神、创新意识和能力。二是树立平等、尊重的亲子观，调整教育动机。一项跨文化研究结果表明，与美国母亲相比，中国母亲更倾向于相信"我的孩子就是我的成绩单"，将孩子视为自己的附属品，将孩子的发展和成就视为个人价值的实现。因此，应引导家长反思自身教育理念和行为的科学性，扭转不合理的教育认知，充分尊重孩子的意愿，给孩子更多的成长空间。

（二）引导家长参与共育

家庭教育和学校教育是教育中最重要的组成部分，家庭教育要取得良好的效果，离不开与学校教育的紧密结合和充分配合，成为好的合作伙伴是每一位家长的必修课。家庭教育指导应引导家长积极参与家校联合教育，与学校教育共同努力，为孩子的健康成长保驾护航。

一方面，加强家长对家校共育的内涵和重要性的认识，增强家长参与家校共育的积极性。家长参与家校联合教育具有丰富的内涵，既包括家长参与学校活动和家长组织，也包括家长参与学校管理或决策。因此，家庭教育指导可以通过多种形式引导家长参与家校合作共同育儿，如加强与教师的线上线下沟通，及时了解和反馈孩子在学校和家庭中的心理状况和行为等，共同探讨合适的育儿方法；充分利用家长学校、家长委员会、家长会等渠道，与学校密切合作。通过家长学校提供的家庭教育指导服务和实践活动，提高家庭教育能力，成为家庭教育的终身学习者。

另一方面，引导家长在家校共育中发挥主体作用，鼓励家长为学校提供各种教育资源或积极在学校开展志愿服务活动。如充分发挥家长的专业优势，邀请不同领域的家长进入课堂，为青少年创造丰富多元的学习体验，帮助青少年全面发展。

（三）发挥家长主体作用

第一，传承家族传统，培养家族品德，教育子孙后代。家风家训是中华优秀传统文化和家庭伦理的重要体现。良好的家风是社会主义核心价值观在现实生活中的直接体现。在学习、思考和行动的过程中，父母应结合自己家庭和家庭的奋斗历史，产生独特的家风家训，使孩子在获得物质和经济支持的同时，获得源源不断的精神养料。

第二，调整高等教育期望，优化教学良性生态。"教育期望"是指青少年或其家庭监护人对其将来接受最高水平教育的期望。目前，青少年繁重的作业负担和校外培训负担很大程度上源于父母的高教育期望。家庭教育期望受主客观因素的影响，包括经济基础、家庭文化资本、学校资源环境、家庭人口结构变化等社会因素，以及个体心理特征、人的差异、人际交往等个体因素。家庭教育期望应适度分化。家长应以青少年全面发展为目标，根据现实社会需求、青少年人格特征等内外因素，以个性化、多元化的价值标准为指导，提出合理可行的教育期望，缓解家长自身的焦虑，帮助孩子健康成长。

第三，平衡家庭关系，构建和谐家庭。家庭关系是以婚姻和血缘为纽带的家庭成员之间的联系和互助方式。和谐的家庭关系是儿童与社会联系的基础。夫妻之间围绕共同的教育目标，明确各自的角色，既分工又合作，实现优势互补，共同完成幼儿教育活动。此外，我们必须逐渐重视孩子的作用。让孩子感受到自己对家庭的作用和贡献，培养家庭责任感，主动参与家庭建设，并健康成长。

第四，提高家长的教育能力，推进科学的家庭教育。在家庭教育中，父母作为教育者，必须具备一定的教育能力。家长既要树立终身学习的观念，陶冶情操，培养品德，不断发展和完善自己，更要掌握相关心理学和教育学的知识，了解和掌握儿童身心发展的规律、家庭教养的类型和优缺点、家庭教育的基本原则和具体方法。

第五，提高家长沟通能力，促进家庭教育的有效性。良好的沟通和信任是家庭教育的基石。家长应与青少年保持密切的沟通，倾听他们的需求和关切，理解他们的想法和感受。同时，家长应创设信任的氛围，鼓励青少年敞开心扉，与家人分享他们的困惑、挑战和成就。家长可以定期组织家庭会议或一对一对话，共同讨论问题，解决矛盾，增进亲子关系。

家长需要注意以下几个方面：第一，建立明确的界限意识，相互尊重个人隐私。即在教育过程中，尊重孩子的独立性和主体性，明确哪些方面属于个人隐私，哪些问题应该由自己来处理，从而帮助孩子形成自主自律的素质。第二，学会非暴力沟通，让孩子在遇到问题时愿意去找父母，并能从家人那里得到帮助。"观察""感觉""需要"和"请求"是非暴力沟通的四个要素。家长要注意让交流在同一时空形成共振，要客观地描述所看到的事实，承认并清楚地表达由此产生的主观感受，反省并解释自己相应的主观感受的思想或内在需求，然后告诉孩子你想让他做什么。第三，培养爱的能力，帮助孩子消除各种不良情绪，增强孩子忍受不舒服情绪的能力。

（五）充分利用外部资源

第一，家校合作，力求家庭教育有针对性。教育是系统性的，青少年的成长很大一部分时间是在学校度过，这就要求家长教育要和学校教育联合，争取教育的一致性。根据学校的反馈，获得教育的针对性，真正做到家校合作、联合教育，让青少年的心理成长向正确方向统一迈进。

第二，外部求助，充分利用专家资源。大部分家长是第一次做家长，没有相关的专业培训和积淀，所以对有些棘手的问题，例如成长危机，往往难以着手。随着网络教育、信息搜索引擎的发展，家长可以搜索相关知识，向相关专家等专业人士求助，在促进青少年心理健康发展的道路上，不断加强家长自身的教育成长。

第三，与时俱进，家长自身不断成长。家长拥有与时俱进的成长理念，不仅能成为孩子的榜样，也能不断充实促进青少年心理健康成长的知识，不断完善促进孩子发展的经验，是孩子心理健康成长发展的重要保障。

（六）创造良好家庭关系

教育家马卡连柯说："没有父母的爱所培养出来的人，往往是有缺陷的人。"缺少父爱、母爱的孩子感受不到家庭的温暖，会经常处于紧张忧虑中。相亲相爱，和谐的家庭氛围利于提升孩子感受幸福的能力，使其形成良好的心理品质，有利于创新思维的培养和人格的完善，从而提升青少年的心理健康水平。和谐的家庭氛围中，家长善于向孩子表达爱，积极关注孩子，并注意倾听，经常赞扬和鼓励孩子，父母常常是积极乐观的榜样，是和谐家庭氛围的创造者、引领者。

参考文献

［1］李慧芹.积极心理学视野下高校学生心理健康教育体系构建研究［J］.
佳木斯职业学院学报，2024，40（03）：139-141.

［2］鲍爱霞.跨学科视阈下中小学德育协同模式探析［J］.黄冈师范学院学报，
2024，44（02）：6-11.

［3］李云.新媒体视域下高校心理健康教师教学能力提升的路径探究［J］.
新闻研究导刊，2024，15（06）：163-165.

［4］王卓.高校大学生心理健康教育课程思政的功能及其实现路径［J］.现
代职业教育，2024（09）：9-12.

［5］张婵，王晓艳.创新整合模式下的大学生心理健康教育与正念训练［J］.
科教文汇，2024（05）：181-184.

［6］务凯，宋金沛，王春前，等.中小学校长的心理健康素养对其生活满
意度、工作满意度的影响：心理健康和主动工作行为的中介作用［J］.
信阳师范学院学报（哲学社会科学版），2024，44（02）：63-69.

［7］韩芳，田飞，丁可，等.新媒体时代大学生心理健康教育与疏导机制的
构建策略研究［J］.新闻研究导刊，2024，15（05）：42-44.

［8］江婷.高校大学生心理健康教育发展策略研究［J］.佳木斯职业学院
学报，2024，40（02）：87-89.

［9］王维力.新时代大学生心理健康教育长效机制的构建与应用研究［J］.
中国军转民，2024（04）：96-98.

［10］酒卫华，韦玉敏，张磊.双创背景下大学生心理健康教育实践路径
［J］.中国学校卫生，2024，45（02）：308-309.

［11］杨平.大学生思政教育与心理健康教育协同育人探论［J］.中学政治教
学参考，2024（08）：101.

［12］高亮.大学生思政教育与心理健康教育的同向同行［J］.中学政治教

学参考，2024（08）：104-105.

[13] 杨晓睿.新时代加强大学生心理健康教育的路径探析[J].科教导刊，2024（06）：139-141.

[14] 金琪.新时代中小学党建德育工作体系建构研究[J].上海党史与党建，2024（01）：107-110.

[15] 周秀芳，周振华.信息时代高校大学生心理健康教育新思考——评《新时代应用型高校大学生心理健康教育研究[J].中国教育学刊，2024（02）：134.

[16] 高红娜，杨天悦.大中小学心理健康教育一体化师资队伍建设探究[J].大众文艺，2024（02）：195-197.

[17] 李箫，王玉山.学校心理健康教育与家庭干预结合对大学生心理健康的影响研究[J].心理月刊，2023，18（23）：68-70+110.

[18] 马莉.心理健康教育融入中小学思政教育的策略[J].中学政治教学参考，2023（46）：93-94.

[19] 李书慧，覃耀文.教育数字化转型背景下中小学心理健康教育策略研究[J].中国现代教育装备，2023（22）：17-19+30.

[20] 李沁蓉，刘瑞儒.人工智能与中小学德育融合机制研究[J].黑龙江教师发展学院学报，2023，42（11）：109-111.

[21] 梁秋栢，白雪.大中小学心理健康教育一体化研究：真实性问题的视角[J].辽宁省交通高等专科学校学报，2023，25（04）：25-28.

[22] 李军霞.科学人本主义视角下的中小学心理健康教育[J].教育理论与实践，2023，43（20）：29-32.

[23] 李慧.《大学生心理健康教育》课程思政途径研究[D].桂林：广西师范大学，2023.

[24] 梁小玲.大学生心理健康教育获得感研究[D].南昌：南昌大学，2023.

[25] 王芮一.心理健康教育视阈下当代大学生友善价值观现状及培育路径研究[D].重庆：重庆交通大学，2023.

[26] 张媛媛."大学生心理健康教育"课程思政建设研究[D].杭州：浙江工商大学，2023.

［27］中国健康教育中心.初中生健康教育手册［M］.北京：人民卫生
出版社，2022：104.

［28］马雁思.高等教育水平分层视角下当代大学生心理健康状况研究［D］.
济南：山东大学，2022.

［29］王梦喆.新媒体环境下大学生心理健康教育对策研究［D］.沈阳：沈
阳航空航天大学，2022.

［30］周石其，陈福娇.大学生教育一般问题研究［M］.北京：中国政
法大学出版社，2021：209.

［31］付国秋，赵丽娟，邓晶.大学生心理素质拓展［M］.重庆：重
庆大学出版社，2020：167.

［32］俞国良.心理健康教育理论政策研究［M］.北京：北京师范
大学出版社，2020：362.

［33］赵琳.互联网视域下高校心理健康教育模式发展研究［M］.重庆：
重庆大学出版社，2019：170.

［34］刘文.心理学基础［M］.南京：南京大学出版社:，2018：303.

［35］夏海鹰，吴南中，胡艳芳.班主任与心理健康教育［M］.北京：人民
邮电出版社，2014：193.

图书在版编目（CIP）数据

心理健康教育模式创新研究 / 李冲，宁萌，李亚宾

主编 . -- 贵阳：贵州人民出版社，2024.9. -- ISBN

978-7-221-18558-7

　Ⅰ . G444

中国国家版本馆 CIP 数据核字第 2024L5Q219 号

心理健康教育模式创新研究

XINLI JIANKANG JIAOYU MOSHI CHUANGXIN YANJIU

李冲 宁萌 李亚宾 主编

出 版 人：朱文迅

策划编辑：杨　悦

责任编辑：杨　悦

装帧设计：斯盛文化

出版发行：贵州出版集团　贵州人民出版社

地　　址：贵州省贵阳市观山湖区会展东路 SOHO 办公区 A 座

印　　刷：廊坊市新景彩印制版有限公司

版　　次：2025 年 1 月第 1 版

印　　次：2025 年 1 月第 1 次印刷

开　　本：787mm×1092mm　1/16

印　　张：13.75

字　　数：230 千字

书　　号：978-7-221-18558-7

定　　价：78.00